乡村治理优化与土地流转改革法律机制研究

赖丽华／著

Study on
Rural Governance Optinizion and
Land Transfer Reform Legal Mechanism

法律出版社
LAW PRESS·CHINA
—— 北京 ——

图书在版编目(CIP)数据

乡村治理优化与土地流转改革法律机制研究 / 赖丽华著. -- 北京 : 法律出版社, 2022
ISBN 978-7-5197-6067-0

Ⅰ. ①乡… Ⅱ. ①赖… Ⅲ. ①农村—土地流转—土地法—研究—中国 Ⅳ. ①D922.324

中国版本图书馆 CIP 数据核字(2021)第 209711 号

乡村治理优化与土地流转改革法律机制研究
XIANGCUN ZHILI YOUHUA YU TUDI LIUZHUAN GAIGE FALÜ JIZHI YANJIU

赖丽华 著

策划编辑 陈 妮
责任编辑 毛镜澄
装帧设计 汪奇峰

出版发行 法律出版社
编辑统筹 法治与经济出版分社
责任校对 王 丰
责任印制 吕亚莉
经　　销 新华书店
开本 710 毫米×1000 毫米 1/16
印张 18.5 **字数** 303 千
版本 2022 年 10 月第 1 版
印次 2022 年 10 月第 1 次印刷
印刷 北京虎彩文化传播有限公司

地址:北京市丰台区莲花池西里 7 号(100073)
网址:www.lawpress.com.cn
投稿邮箱:info@lawpress.com.cn
举报盗版邮箱:jbwq@lawpress.com.cn
销售电话:010-83938349
客服电话:010-83938350
咨询电话:010-63939796

书号:ISBN 978-7-5197-6067-0
定价:96.00 元
凡购买本社图书,如有印装错误,我社负责退换。电话:010-83938349

目录

导 论

“土地是财富之母，劳动是财富之父”[1]这一格言道出了土地在农业社会中的重要性。传统的农业社会，由于缺乏农业产出以外的其他产出，上至国家赋税和国家机器的正常运转，下至每一个具体农户家庭正常生活的维持，都依赖土地之上的农业产出。农耕文明最重要的经济制度就是土地制度，最核心的利益冲突也是土地和土地产出分配的冲突。能否建立适应生产力发展的土地制度，能否有效协调基于土地产生的利益分配，不但直接关系国家赋税，关系一个国家国力的强弱与兴衰，也关系社会秩序的稳定与否。

随着整个世界政治经济文化和科学技术的突飞猛进，人类社会传统的农耕文明和农业社会逐渐被现代的城市文明和工业社会所替代。我国也从传统的农业国家转型为工业国家，迈入了工业化和后工业化时代。在这个发生了翻天覆地的变化的人类文明进程中，我国广大农村也被席卷入巨大的工业化和城市化浪潮中，广大农村的经济社会发展发生了巨大变化。继我国农村在20世纪70年代末80年代初开始进行体制改革并取得重大成效后，跨入21世纪以来，国家不断深入推进广大农村地区各项改革，取得了举世瞩目的成就。2020年10月，中国共产党第十九届中央委员会第五次全体会议（以下简称党的十九届五中全会）召开，提出了我国“十四五”时期要优先发展农

〔1〕［英］威廉·配第：《赋税论》，陈理予译，商务印书馆1978年版，第66页。

业农村,全面推进乡村振兴战略,坚持把解决好"三农"问题作为全党工作重中之重,进一步深化农村改革,加快农业农村现代化。在整个改革不断深化和推进的滚滚历史洪流中,土地作为广大农村最主要的财富和农民赖以安身立命的根本,扮演着无与伦比的重要角色。农村土地产权与流转的制度安排是解决好我国"三农"问题最重要的因素,关系我国广大农村兴衰,关系乡村振兴的成败。正是基于农村土地产权和流转制度对农村发展的高度重要性,国家不断深入推进我国广大农村以土地制度为核心的各项体制机制改革。近些年我国尤其针对土地制度以统筹改革试点方式自上而下地推动改革,试图找寻科学合理的适合我国当前农村发展需要的土地权属和流转制度模式。在新的一个五年计划中,我国如何在农村土地体制机制设计上更好地承接前期改革成果,进行更好的制度安排,以助力实现我国"十四五"时期全面推进乡村振兴战略的宏伟目标,是我国农村土地制度改革进一步深入过程中无法回避且迫切需要解决的课题。

一、研究背景

在农村改革实践层面,以优化乡村社会治理、加快农业农村现代化的目标视角进行加快农村土地流转的制度设计,是我国城镇化进程推进和农村体制改革的现实要求。发端于20世纪70年代末的我国农村体制改革,确立了"集体所有,农户承包经营"的农村土地制度,建立了家庭联产承包责任制。这一创造性的体制改革,极大地激发了广大农民的生产积极性,使我国广大农村呈现勃勃生机,生产力水平迅速提高,短短几年时间就解决了长期困扰我国的温饱问题。进入20世纪90年代中后期,随着我国经济体制改革的不断深化,尤其是随着社会主义市场经济的逐步建立和工业化城市化的发展,农村家庭联产承包责任制这种经济模式赖以生存的土壤发生了巨大变化,"集体所有,农户经营"土地制度建立的宏观和微观基础也发生了改变。广大农民改革开放初期对农业生产的积极性已不复存在。大量农村青壮年劳动力离开乡村走向城市务工,以获取比从事农业生产高得多的经济收入和更好的生存发展机会,成为游离在城乡之间的亿万名农民工中的一员。与此同时，与城市经济发展相伴的工业化和城市化进程的不断推进，需要征用大量农村土地。政府推行的以征地为主导的农村土地流转，可能会导致农民与地方政府产生冲突，影响乡村社会秩序的稳定。农村土地“集体所有，农户承包经营”的土地产权安排和流转方式，以及现行的“村民自治”乡村治理模式，阻碍了农村人口向城市居民转化，制约了有效城镇化的推进，导致乡村治理面临挑战。伴随农村老龄化问题的加剧，我国农村出现了以“空心村”为代表的“过疏化”，和农村社会经济发展难以获得内部发展动力的乡村治理“内卷化”并存的现象，乡村治理面临现实困境。随着城镇化进程的不断推进及随之而来的土地流转速度加快，现行农村土地流转方式对乡村治理造成的冲击也在不断加大，导致我国广大农村的发展滞后于城市，城乡发展差距不断加大。

在国家政策层面，基于我国广大农村和国家整体经济社会发展的推进，城乡发展差距的差异化，不断促使中央政府加大对我国农村社会的改革力度，以实现社会整体发展大致均衡的目标。对我国整个乡村发展的改革规划和谋篇布局的不断推进，不断出现在中国共产党全国代表大会的纲领性文件中，所占分量也越来越重。近些年来，每年的中央一号文件，更是以不断加大的力度和不断延伸的广度与深度，全面推动农村的改革和发展。作为牵一发而动全身的农村土地的产权制度安排及流转问题，毫无疑问成为中央政策所关注的重中之重。为适应工业化和城市化进程，推动农业现代化和农村发展，国家先后出台相关政策积极引导和促进农村土地有序流转，实现土地规模经营。2013 年中央一号文件专门提出进行农村土地确权工作，以明确农村土地产权，更好地促进土地规模流转。2014 ~ 2019 年连续 6 年，中央一号文件对农村承包地制度改革逐步提出实现所有权、承包权、经营权“三权”分置的构想，2020 年中央一号文件提出，以探索宅基地所有权、资格权、使用权“三权”分置为重点，进一步深化农村宅基地制度改革试点，旨在突破农村土地“两权”制模式的制度“瓶颈”，加大农村土地的流转力度，实现农村土地的有效规模流转。2020 年颁布的《民法典》以基本法的形式确立了农村承包土地所有权、承包权和经营权“三权”分置制度。这些关涉农村土地制度改革的重大方针政策的出台和推行,无不是国家在农村土地制度顶层设计层面大力推动农村土地流转的体现。这些政策旨在以农村土地制度改革为基础和核心,推动整个农村经济发展和乡村治理的现代化,并以此为基础推动形成工农互促、城乡互补、协调发展、共同繁荣的新型工农城乡关系,加快农业农村现代化,实现全面乡村振兴战略的宏大目标。

二、研究综述

(一)关于乡村治理相关问题的研究

随着我国现代社会快速变革,乡村发生了巨大变化,乡村治理的命题逐渐成为学者研究的重要内容。总体来看,学者从各个角度对此问题进行了研究。

1. 关于我国历史上的乡村治理的研究

有学者指出,乡村治理无论是从理论、动机还是从立法等方面来看,都具有政府行为的特征,政府从根本上规范农村治理结构,制约治理职能,引导治理方向。这使农村治理场域成为各类组织尤其是资本和行政力量延伸、分割和占有的对象。[1] 对于我国乡村治理相关的历史研究,学者基本上是从国家权力在乡村治理中的角色、功能和定位的角度展开的。王先明指出,在封建社会时期尽管国家一直想构建一个完备的行之有效的乡村管理系统,但中央政府的直接权力只延伸到县一级政权,而我国县级以下没有正式的组织机构。[2] 温铁军指出,自秦代建立"郡县制"以来的2000多年里,政权只设置到县一级,国家最低管理到县级。[3] 历史上由于农村人口庞大、农业剩余少,农民作为纳税主体,不仅数量多而且过度分散,政府征收农业税费的交易成本非常高,我国农村基层长期维持"乡村自治"的状态。虽然我国在新中国成立前县以下设有派驻性质的区、乡公所,但这并不是一级政府,农村仍然

---

〔1〕 参见杨菊平:《非正式制度与乡村治理》,上海交通大学出版社2016年版,第71页。

〔2〕 参见王先明:《近代绅士:一个封建阶层的历史命运》,天津人民出版社1997年版,第802页。

〔3〕 参见温铁军:《中国农村基本经济制度研究——"三农"问题的世纪反思》,中国经济出版社2000年版,第411页。

维持乡村自治模式。费孝通指出，在长达2000多年的封建社会里，我国农村实行的是“乡村半自治”的治理模式，即在国家正式权力之外，广大乡村存在一些曾经受过相当教育，具备相同经济基础（田产和房屋）的乡绅维护着乡村社会的秩序与稳定。[1]

新中国成立后，我国经由集体化形成了人民公社体制下的乡村治理模式。徐勇认为，在“政社合一”治理模式下，每个人都是公社成员，并被牢牢限制在土地上，导致了城乡二元结构的形成和固化。在这种结构下，农民不能离开土地发挥最大的劳动价值以满足自己不断增长的需要，抑制了生产力的发挥。[2] 许经勇指出，在农业集体化基础上发展起来的农村人民公社是一种国家直接控制农村经济权利的组织形态。[3] 改革开放后，全国各地陆续恢复乡人民政府的建制，我国乡村进入了“乡政村治”治理模式。于建嵘指出，1978年以农村联产承包责任制为主要形式的农村体制改革，并不是国家自上而下的制度安排，而是由于农民面对贫困自发组织的行为，国家最终顺应了农民的要求而作出的制度性让步。[4] 在“乡政村治”模式下，国家的基层政权组织设置到了乡镇一级，乡以下实行以村民委员会（以下简称村委会）[5]为自治组织，进行自我管理自我服务的乡村自治。王习明认为，国家

---

[1] 参见费孝通、吴晗等：《皇权与绅权》（增补本），华东师范大学出版社2015年版，第94页。

[2] 参见徐勇：《乡村治理的中国根基与变迁》，中国社会科学出版社2018年版，第91页。

[3] 参见许经勇：《中国农村经济制度变迁六十年研究》，厦门大学出版社2009年版，第5页。

[4] 参见于建嵘：《岳村政治：转型期中国乡村政治结构的变迁》，商务印书馆2001年版，第312页。

[5] 关于“村委会”这个概念，根据我国《村民委员会组织法》的规定，可以作两种理解。第一种理解：根据《村民委员会组织法》第6条第1款的规定，“村民委员会由主任、副主任和委员共三至七人组成”，和第11条的规定，“村民委员会主任、副主任和委员，由村民直接选举产生。任何组织或者个人不得指定、委派或者撤换村民委员会成员。村民委员会每届任期五年，届满应当及时举行换届选举。村民委员会成员可以连选连任”，“村民委员会”仅是指村民选举出来的“三至七人”组成的村干部小团体。第二种理解：根据《村民委员会组织法》第3条的规定，“村民委员会根据村民居住状况、人口多少，按照便于群众自治，有利于经济发展和社会管理的原则设立。村民委员会的设立、撤销、范围调整，由乡、民族乡、镇的人民政府提出，经村民会议讨论同意，报县级人民政府批准。村民委员会可以根据村民居住状况、集体土地所有权关系等分设若干村民小组”。很显然，在这里，“村委会”不再是第一种理解里的“三至七人”组成的村干部队伍，而是指包含了整个村（一般是指一个行政村）所有村民在内的一定地域范围内的组织体。在学术研究领域，不少学者也往往把村委会作第二种含义理解。参见徐勇：《乡村治理的中国根基与变迁》，中国社会科学出版社2018年版，第209～210页。本书在没有特别说明且不产生歧义的情形下，村委会作第二种含义理解，即指包含一定地域范围的全体村民的组织。

战略目标是在给农民一定自主权的基础上，维护农村社会的稳定，保证向国家提供工业化所必需的资源及市场，以及解决农民的生存、就业、教育、环境治理等问题。[1]

2. 关于村民自治相关问题的研究

李增元认为，村民自治制度是我国较具特色的“草根”民主形式，对完善我国农村民主制度具有重要的价值与现实意义。[2] 于建嵘指出，改革后乡村政治生态的重要变化是农民个人利益合理性和合法性的再次确认，村民自治是经济自主性在政治制度上的逻辑延伸，也是一种基于市场、民主和法治理念的新的乡村治理方式。[3] 不少学者对我国农村村委会制度当前存在的问题进行了研究。徐勇指出，村委会尽管在法律上属于基层群众性自治组织，但事实上属于国家对公社体之后的农村社会的重组，具备国家行政管理的功能。[4] 赵树凯认为，村委会作为自治组织，其职责主要是为社区成员进行服务和协调，但却很少办理自治事务，成为上级政府的行政工具。[5] 徐勇则认为，大量的国家行政事务需要由基层组织承担，村委会被行政化，这在客观上削弱了法律赋予其的村民自治功能，导致村民自治制度被“悬空”。[6] 白钢指出，村委会名义上的自治，实际上的行政化，又使它得不到村民的信任和支持。[7]

3. 关于我国现行乡村治理存在的问题及其完善的研究

关于乡政村治模式下我国乡村治理存在的问题，不少学者进行了研究。张艺雄认为，在农村进行税费改革之前，农业税费等负担间接影响了农民从

---

[1] 参见王习明：《城乡统筹进程中的乡村治理变革研究》，人民出版社 2012 年版，第 50 页。

[2] 参见李增元：《村民自治到社区自治：农村基层民主治理的现代转型》，山东人民出版社 2014 年版，第 5 页。

[3] 参见于建嵘：《岳村政治：转型期中国乡村政治结构的变迁》，商务印书馆 2001 年版，第 419 页；金太军、张振波：《乡村社区治理路径研究：基于苏南、苏中、苏北的比较分析》，北京大学出版社 2016 年版，第 126 页。

[4] 参见徐勇：《乡村治理的中国根基与变迁》，中国社会科学出版社 2018 年版，第 29 页。

[5] 参见赵树凯：《农村基层组织：运行机制与内部冲突》，载《经济要参》2001 年第 32 期。

[6] 参见徐勇：《乡村治理的中国根基与变迁》，中国社会科学出版社 2018 年版，第 29 页。

[7] 参见白钢：《中国村民自治法制建设平议》，载《中国社会科学》1998 年第 3 期。

事农业活动的积极性,影响了农村基层社区结构的稳定。[1] 地方政府与农民的关系紧张。[2] 进入 21 世纪以来,人口老龄化城乡倒置问题越来越严重。蔡昉等指出,20 世纪 90 年代中期以来金融体系没有起到支农作用,而是加速了农村资金的外流,形成了城市对农村的"抽血效应",农村地区可用于自身发展的金融资源越来越少。[3] 陈锡文指出,中国农民收入与城市居民收入差距拉大,城乡差距拉大,影响了城镇一体化进程。[4] 杨菊平认为,工业化和城镇化导致农村劳动力人口尤其是青壮年劳动力大量流出,使农村出现了人口"空心化"现象,更加造成农村村民自治力量不足,导致农村难以形成稳定的治理结构。[5] 温铁军等指出,农村人口的"空心化"客观上虚化了乡村治理的主体。[6]

针对乡村治理当前存在的问题,学者提出了各种对策。金太军和张振波认为,改革中国基层政府与乡村社区的关系模式,实现基层群众自治与政府行政管理的有效衔接,是基层民主建设和乡村社区治理的重中之重。[7] 徐勇指出,现代化、城镇化、城乡一体化是当下乡村治理的外部环境,而要实现有效的乡村治理,必须充分考虑其内部因素,即集体经济和村民自治这两个重要因素。[8] 项继权等则从农村集体经济产权改革,以及农村社区和社会管理创新的视角进行了探索,认为进一步明晰村民和集体的产权,将村民集体产权的享有与村籍身份脱钩,打破传统村级组织的宗族血缘封闭性,推动农民转变为城市居民、农村转变为社区、传统集体经济转变为现代合作经济

---

[1] 参见张艺雄:《新中国农民负担的阶段性分解与分析》,载《中国经济史研究》2004 年第 3 期。

[2] 参见张志英:《"乡政村治"的兴起、现状与发展趋势》,载《农村经济》2003 年第 6 期。

[3] 参见蔡昉、王德文、都阳:《中国农村改革与变迁:30 年历程和经验分析》,格致出版社、上海人民出版社 2008 年版,第 146 页。

[4] 参见陈锡文、赵阳、罗丹:《中国农村改革 30 年回顾与展望》,人民出版社 2008 年版,第 201 ~ 202 页。

[5] 参见杨菊平:《非正式制度与乡村治理》,上海交通大学出版社 2016 年版,第 88 页。

[6] 参见温铁军、杨帅:《中国农村社会结构变化背景下的乡村治理与农村发展》,载《理论探讨》2012 年第 6 期。

[7] 参见金太军、张振波:《乡村社区治理路径研究:基于苏南、苏中、苏北的比较分析》,北京大学出版社 2016 年版,第 1 页。

[8] 参见徐勇:《乡村治理的中国根基与变迁》,中国社会科学出版社 2018 年版,第 5 页。

是我国城乡统筹、社区建设、管理创新的探索、创新和发展，为乡村治理创新提供了新思路和新模式。[1]

（二）土地制度与土地流转相关问题的研究

1. 关于土地流转的界定

车裕斌指出，狭义的土地流转，是指附设于土地之上的各种权利在不同权利主体之间转移的现象或行为过程。广义的土地流转除包括土地权利的流转外，还将各种土地功能的转变（主要是土地用途改变）视为流转的一种形式，即广义的土地流转包括土地权利流转和土地功能流转。[2] 陈锡文认为，在实行土地个人所有的国家和地区，土地的权属是清晰的，土地的所有权是明晰的，土地流转往往表现为土地所有权在不同经济主体之间转移。[3] 陆道平等提出，土地流转，是指土地的权利在不同主体间转移。我国实行国家和集体所有的土地公有制，因此我国的土地流转主要表现为土地使用权的流转。[4]

2. 关于土地制度安排的研究

关于土地制度安排的代表性观点主要有以下 3 种：一是主张土地私有，自由流转。秦晖认为，土地私有能明晰产权、维护农民的土地利益，并且从史学角度论证了土地私有产生的土地市场化流转与乡村治理社会危机不存在对应关系。[5] 周其仁认为，土地私有能明晰产权维护农民土地利益，土地私有产生的土地市场化流转与乡村治理社会危机不存在对应关系。只有农民享有完整的土地所有权，农民的财产权才能得以保障；土地自由流转，农民才能享受城市化进程的成果，维护乡村秩序的稳定。[6] 二是主张维护现行农

---

[1] 参见项继权、李增元：《经社分开、城乡一体与社区融合——温州的社区重建与社会管理创新》，载《华中师范大学学报（人文社会科学版）》2012 年第 6 期。

[2] 参见车裕斌：《中国农地流转机制研究》，中国农业出版社 2004 年版，第 21 页。

[3] 参见陈锡文：《当前我国的农业、农村和农民问题》，载《生产力研究》2005 年第 10 期。

[4] 参见陆道平、钟伟军：《农村土地流转中的地方政府与农民互动机制研究》，清华大学出版社 2012 年版，第 74 页。

[5] 参见秦晖：《十字路口的中国土地制度改革》，载《南方都市报》2008 年 10 月 7 日，A30 版。

[6] 参见周其仁：《中国农村改革：国家与土地所有权关系的变化——一个经济制度变迁史的回顾》，载张曙光主编：《中国经济学——1994》，上海人民出版社 1995 年版，第 55 ~ 66 页。

村土地制度,反对农村土地市场化。贺雪峰对现行土地制度予以高度肯定,反对土地市场化,并认为当下中国特色的土地制度,可以为农民提供最基础的社会福利保障,降低城市化的建设成本。[1] 贺雪峰认为,小农经济有前途,农业介于劳动与休闲之间,所以中国农业正是应对老龄化的一个重要手段;虽然小农经济收入不高,很难仅靠农业致富,但小农经济可以"保底",也是进城农民的退路。[2] 姚洋认为,土地作为一种保障手段对穷人更重要。穷人拥有了一定数量的土地,至少可以为自己生产足够的食物。[3] 三是主张土地国有使用权归农自由流通。该观点在批评农地私有化主张的基础上,力主改变农村土地集体所有制,建立土地国有、农民长期使用、自由流转的新制度。此外,丁关良提出了按照总有的方案设计和改造集体所有权,其中包括"集合共有"。[4] 王利明主张,按照日耳曼习惯法中的总有制对我国现行的集体所有制进行改造。[5]

3. 关于我国农村土地流转试点的研究

一是关于承包地流转试点的研究。方志权总结了上海市松江区家庭农场模式,即村委会出面牵头,与农户签订土地流转合同,并向农户支付土地转让费,以实现农村承包地的集中;在此基础上,符合条件的农户向村委会申请转包已经集中的耕地来组建家庭农场。[6] 此外,李泉总结了农村土地信托流转模式,主要有"草尾模式""宿州模式""桃园模式"3 种类型。[7]

在关于承包土地流转问题的研究中,承包地"三权"分置下"三权"性质

---

[1] 参见贺雪峰:《为什么说中国土地制度是全世界最先进的——答黄小虎先生》,载《湖南科技大学学报(社会科学版)》2018 年第 3 期。

[2] 参见贺雪峰:《谁是农民:三农政策重点与中国现代农业发展道路选择》,中信出版集团股份有限公司 2016 年版,第 27~30 页。

[3] 参见姚洋:《土地、制度和农业发展》,北京大学出版社 2004 年版,第 110 页。

[4] 参见丁关良:《农村社区集体主体问题研究——以农民集体土地所有权为例剖析》,载《南京农业大学学报(社会科学版)》2008 年第 4 期。

[5] 参见王利明:《物权法研究》,中国人民大学出版社 2002 年版,第 304 页。

[6] 参见方志权:《上海松江家庭农场十年发展情况的调研报告》,载《产权法治研究》2018 年第 4 期。

[7] 参见李泉、李梦、鲁科技:《"三权分置"视域中的农村土地信托模式比较研究》,载《山东农业科学》2019 年第 1 期。

的探讨引起了较多学者的关注。有学者认为,在农户没有将经营权出让之前,承包户享有完整的土地承包经营权;而一旦承包户将土地经营权流转出去,则该农户在转让期间没有承包地的经营权,只剩下了承包权。[1] 丁文则持不同观点,其认为,土地承包权和土地承包经营权是两种不同性质的权利,土地承包经营权包含土地承包权的观点有违基本法理,“三权”分置中的农户承包权应是承包资格意义上的土地承包权。[2] 刘俊则指出,土地承包经营权的性质关系对我国农村土地制度如何进行设计的基础性理论问题,将其定性为物权,是为了便于土地承包经营权依法流转;如果允许流转,在现行土地承包经营制下又可能导致一些农民失去生存保障。正是由于这个原因,才导致了学界对承包土地权利性质的长期争论。[3]

二是关于宅基地流转试点的研究。陈胜祥认为,余江县(现鹰潭市余江区)宅基地改革释放出了大量的存量意义上的宅基地资源,能够满足全县农村 10~15 年内新增建房的用地需求。[4] 夏柱智则指出,余江县的宅基地改革没有体现宅基地资格权与宅基地使用权分离,宅基地的跨村市场化流转现象很不明显。[5] 叶剑锋等从三个方面总结了“义乌模式”:将城乡新社区集聚规划区内的合法宅基地,转为可自由交易的城市住宅和产业用房;创新“集地券”制度,并建立宅基地有偿退出机制,实现建设用地城乡统筹利用;将宅基地转化为可入市交易的集体经营性建设用地。[6] 通过特殊的财政支持政策,安徽金寨的宅基地改革能够为自愿有偿退出宅基地的农户提供高标准的补偿和奖励。[7] 这种改革取得了明显成效,实现了宅基地的异地流转,但这种改革以巨额财政支持为前提,很难在全国其他地方进行复制。

---

〔1〕 参见潘俊:《农村土地“三权分置”:权利内容与风险防范》,载《中州学刊》2014 年第 11 期。

〔2〕 参见丁文:《论土地承包权和土地承包经营权的分离》,载《中国法学》2015 年第 3 期。

〔3〕 参见刘俊:《土地承包经营权性质探讨》,载《现代法学》2007 年第 2 期。

〔4〕 参见陈胜祥:《制度嵌入的逻辑——农村宅基地制度试点改革“余江模式”解析》,经济管理出版社 2018 年版,第 128 页。

〔5〕 参见夏柱智:《关于中部安徽、江西和湖北三省宅基地制度改革试点的评析》,载《长春市委党校学报》2018 年第 1 期。

〔6〕 参见叶剑锋、吴宇哲:《宅基地制度改革的风险与规避——义乌市“三权分置”的实践》,载《浙江工商大学学报》2018 年第 6 期。

〔7〕 参见《安徽省金寨县农村宅基地制度改革试点调查》,载《国土资源》2017 年第 5 期。

三是关于集体经营性建设用地流转模式的研究。在实践中的流转模式有两种,其一,以北京市大兴区、安徽芜湖等为代表的政府主导入市模式。[1]北京市大兴区以镇人民政府为主导机构,组建镇级联营公司,将各村经营性建设用地转化为股份,再由联营公司负责土地附着物拆除和土地整理,然后由联营公司统一对外实施集体建设用地入市。对于通过土地流转陆续获得的收益,镇人民政府以收取调节基金的方式来强化发挥政府在土地收益分配中的调节作用。"大兴模式"极大地提高了农民的组织化程度,对于农村的社会治理也起到了非常好的作用。[2] 可见,政府主导入市模式即跨村设立由政府直接控制的公司,直接由该公司代表村集体向需要使用集体土地的单位或者个人出让土地使用权。其二,以浙江德清为代表的集体主导入市模式。德清县将集体组织作为入市的主体,政府统一交易平台,"就地入市"和"异地调整入市"相结合。对本身具备交易条件的土地,村集体直接进入当地交易市场进行交易。土地调整入市过程中涉及不同经济组织之间的利益协调,不同经济组织之间需进行协商,或者调换土地所有权,或者进行货币差价补偿。[3]

4. 关于土地流转原则的研究

关于我国农村"三块地"流转,无论如何进行制度设计,学者认为,土地流转应该遵从农民的内心意思。刘守英认为,"自愿",是指任何组织和个人不得强迫或阻碍农户流转土地。[4] 边燕杰认为,按照一般公共权力理论,总结我国公共权力行使过程中的经验教训,政府权力在我国处于优势,公权力介入较容易形成政府主导的现象。[5] 郭洁认为土地流转需要兼顾集体、国

[1] 参见舒宁:《北京大兴区国家集体经营性建设用地入市改革试点探索》,载《规划师》2017 年第 9 期。

[2] 参见大兴区农村土地制度改革试点调研组:《农村集体经营性建设用地入市改革的"大兴方案"》,载《中国土地》2019 年第 1 期。

[3] 参见张建军:《农村集体经营性建设用地入市范围研究》,载《中国房地产》2019 年第 12 期。

[4] 参见刘守英:《按照依法、自愿、有偿的原则进行土地承包经营权流转》,载《求是》2003 年第 5 期。

[5] 参见边燕杰主编:《市场转型与社会分层——美国社会学者分析中国》,生活·读书·新知三联书店 2002 年版,第 28 页。

家和个人三方利益。[1] 马福云等也认为,能否在国家、村集体、土地使用权人和实际的土地经营者之间进行合理分配,以达到各方利益的合理平衡,关系农村土地流转能否顺利进行。

同时,学者认为合理确定土地流转收益分配机制也是土地流转该遵循的一项原则。李太淼认为,土地是特殊商品,其开发利用具有极大的地理垄断性和环境外部性,土地增值是经济社会发展的结果,增值收益应由社会共享,因此应当由代表社会利益的政府收取大部分收益而非农民集体获取大部分收益。[2] 郭洁则指出,土地流转收益分配需要兼顾集体、国家和个人三方利益。[3] 华生则认为,必须建立政府与其他土地权利主体之间的新型利益分配机制,而这种利益分配机制便是土地流转所得税收制度,即确定一个固定比例,对每一笔农村土地流转所得进行征税。[4]

(三)关于土地因素与乡村治理相互关系的研究

谭术魁等指出,要求村委会具体组织实施征地补偿安置工作。通过这种外包方式进行的土地征收与房屋拆迁,既加快了征收拆迁的速度,又在客观上实现了征地冲突责任的"外包"。[5] 温铁军指出,农村改革 20 年来,对农业稳定性起主要影响的内部因素,是小农在市场经济的压力下逐渐从追求生存和温饱转向追求收入最大化,过去农民不计算资本回报和地租收益,不计代价地投入"劳动替代资本"从而稳定地从事农业生产的行为机制,正在朝适应市场经济发展的方向发生结构性改变。[6] 王海娟则认为,家庭承包经营制度改革是将农民共同占有的土地分配给分散的小农户,这导致了土地细

---

〔1〕 参见郭洁:《土地资源保护与民事立法研究》,法律出版社 2002 年版,第 293 页。

〔2〕 参见李太淼:《农村集体经营性建设用地入市的难点问题论析》,载《中州学刊》2019 年第 1 期。

〔3〕 参见郭洁:《土地资源保护与民事立法研究》,法律出版社 2002 年版,第 293 页。

〔4〕 参见华生:《新土改:土地制度改革焦点难点辨析》,东方出版社 2015 年版,第 143 页。

〔5〕 参见谭术魁、赵毅、刘旭玲:《防范征地冲突中地方政府与村委会的委托代理关系研究》,载《华中农业大学学报(社会科学版)》2018 年第 3 期。

〔6〕 参见温铁军:《中国农村基本经济制度研究——"三农"问题的世纪反思》,中国经济出版社 2000 年版,第 59 页。

碎化占有的状态。[1] 农村土地流转过程中政府权力的介入也是不可避免的,关键是政府以什么样的方式介入及何种程度的介入。对于农村土地流转过程中政府权力的介入,必须在介入方式上进行约束。正如席景奇提出的观点那样,农村集体土地流转过程中,地方政府应承担制度的提供者、市场秩序的维护者、公共服务的供给者、农户利益的保护者等角色。[2] 黄宗智和罗平汉指出,联产承包责任制的实施,使农户成为农村土地的具体占有者和土地经营者,人民公社、生产大队与农村承包责任制的生产经营方式不相适应。为此,到20世纪80年代初期,中央在全国范围内对人民公社和生产大队进行了改造,恢复乡镇一级人民政府以取代人民公社,将生产大队改造为具有村民自治性质的基层群众性自治组织,即村委会,生产队则成为几乎没有任何职能的村民小组。[3]

目前有关农村土地流转和乡村治理的研究,多数立足于单纯的社会学、经济学、法学等学科视角和城镇化发展的需求,从各自问题出发或者从更加宏观的乡村振兴视野加以研究分析。关于土地权属和流转的制度设计,学者更多的是侧重现实的意识形态、经济效率、社会稳定等某一研究角度,或者是从自身学科的学术逻辑角度出发开展研究。农村土地权属和流转制度的安排设计直接影响我国广大乡村治理问题的解决;同时,乡村治理如何进行改革,也影响农村土地流转的进行,影响国家顶层设计层面土地流转制度目标的实现。尽管对于我国工业化城市化转型期农村土地制度设计的问题,不少研究程度不等地涉及乡村治理,但是当前研究较少系统地从乡村治理的角度进行论述,对我国土地制度与乡村治理的整体关系把握不够。从优化乡村治理的角度来看,农村土地流转将涉及很多我国当前农村改革和发展所面临的现实且亟待解决的问题。例如,乡村治理结构与土地流转之间的内生关系存在一个怎样的逻辑联系;农民迁居城市的意愿与村民身份丧失后土地权益归

[1] 参见王海娟:《地尽其利:农地细碎化与集体所有制》,社会科学文献出版社·独立编辑工作室2018年版,第57页。

[2] 参见席景奇:《地方政府在农村集体土地流转中的角色分析》,载《兰州大学学报(社会科学版)》2013年第5期。

[3] 参见罗平汉:《村民自治史》,福建人民出版社2006年版,第79页。

属的冲突如何解决;基层政府土地财政依赖性背景下,土地流转增值收益在国家、集体和土地使用利人之间的平衡及分配机制如何设计;以及如何在“三权分置”的制度架构下,设计新型农村土地权利结构以促进土地集中流转,从而实现农业规模化经营的农业现代化发展目标等问题。这些问题的研究,需要从更加广阔的立足优化我国农村基层治理的角度进行全盘考虑。随着中央对“三农”事业的不断深化改革、乡村振兴战略的实施和城镇化步伐的持续迈进,农村土地流转与乡村治理的关系越发盘根错节,二者不断相互影响、相互作用,这更加深刻地影响广大农村的发展。因此,从优化乡村治理的视野出发,探讨如何对我国现行农村土地产权和流转制度进行改革,对于助推乡村治理机制改善、实现农村土地流转与乡村治理的良性互动、实现农村人口向城镇人口的有效转移、保障城镇化进程顺利进行、助力实现全面乡村振兴的宏大目标,具有重要理论与实践意义。

三、研究内容和框架

(一)主要内容

在农业社会里,土地是农村最大的财富。即便进入现代工业社会,农业产出也依然是社会发展的基石,是一个国家发展的基础。我国广大农村地区,广大农民及基层经济组织的生存发展仍然依附土地。土地财富分配的合理与否,决定了农村人口与其他生产要素能否合理流动,影响农村能否获得充足资源进行发展。土地权利的归属及土地流转方式存在差异的本质是,土地财富和土地收益的分配格局不同,深刻影响农民、农村自治组织和基层政权之间的利益平衡。从这个意义上来说,农村土地流转制度是影响乡村治理的核心因素。从更加优化我国乡村治理的视角,设计更加合理科学的土地流转制度,无疑具有推动农村农业发展的积极意义。本书的写作,正是站在这个角度,从以下几个方面进行探讨。

1. 我国农村土地流转与乡村治理的历史变迁。这个问题的研究,是本书写作的历史基础,也是问题分析论证的现实起点。我国农村土地流转和乡村治理的发展,可以分为 3 个阶段。第一个阶段,1949 年以前,我国的土地制度与乡村治理模式。这一阶段,主要实行以私有制为主、相对自由流通的土地制度,以及“乡村半自治”的乡村治理模式。第二个阶段,1949 ~ 1978 年,我国的农村土地制度与乡村治理模式。新中国成立初期的土地改革使农民获得了土地所有权,农村实行了短暂的土地农民所有制。后来,基于我国发展工业化战略目标的需要,农村实行了从初级合作社到高级合作社的转化,国家逐渐建立起农村土地“集体所有,集体经营”制度,并对乡村进行全面管控。到人民公社时期,国家实行完全的“集体所有,集体经营”农村土地制度。第三个阶段,改革开放以来,我国的农村土地制度与“乡政村治”乡村治理模式。我国在农村土地制度上确立了“集体所有,农户承包经营”的家庭联产承包责任制,农民取得了土地经营权。这一阶段初期的土地流转受到了严格控制,少数形式简单的土地流转基本上限于集体内部进行。随着经济社会的发展,国家逐渐实行有条件的土地流转制度。国家权力在单个农民身上逐渐“松绑”,农民无论是在生产经营还是在个人生活方面,都获得了空前自由。随着农村人口流出和以“征地”为主的土地流转加速,“两权分离”的农村土地制度与带有封闭性特征的“乡政村治”治理模式都显现出弊端,当前乡村治理和农村发展出现了治理困境。

2. 农村土地流转作用于乡村治理的基本机理。在这个方面,本书试图以实证分析为基础,着重研究土地作为农村最主要的财富,在流转过程中,如何通过土地财富和利益分配格局的变化影响乡村治理,并从理论上探讨农村土地流转作用于乡村治理的机制和一般规律。在具体研究范式上,本书重点以我国城镇化过程中农村土地流转和乡村治理模式的实践为范例,研究农村土地产权制度安排、农村土地流转的实效以及土地流转对乡村治理产生影响的过程和机理,试图建构起本研究的基本理论框架。

3. 现行土地流转方式作用于乡村治理的问题。当前,我国乡村治理存在的问题,尤其是农村发展的现实困境,折射出我国现行农村土地权属安排和流转制度的问题。我国现行农村土地制度对乡村治理产生了负面影响,然而其作用机理如何,是以什么方式对乡村治理产生非良性的影响,还需通过实证研究的方式,从现象中找出问题并加以分析论证。本书试图通过对土地流转的现实典型模式的实证研究，结合我国农村土地权利结构的逻辑阐释，分析我国城镇化进程中农村土地流转对乡村治理的冲击。

4. 现行乡村治理模式对农村土地流转的制约。在这个问题上，本书侧重分析现行“乡政村治”乡村治理模式，及该模式制约土地产权制度安排和阻碍农村土地流转的作用机理。当前，村民自治和以农民身份为前提的土地村集体所有制度，使外部资本和人员难以进入乡村，增大了农村土地市场流转的制度成本，阻碍了城市化发展所需的土地集中和规模化流转，使土地的流转规模、流转方式等均受到限制。相对封闭的乡村治理模式与非开放性非市场化的农村土地流转制度，本身就不是一个单向度作用的过程。这种作用机理本身就是原因和结果互相交织、互相影响的过程。

5. 农村土地流转试点模式成效的实证分析。在这个问题上，本书将围绕农村承包地、宅基地和集体经营性建设用地这“三块地”的试点模式分别展开论述，主要针对国家顶层设计中推行土地流转改革试点的地区，以及在国家进行统筹试点推进前，各省市地方自发进行的改革试点模式进行实证分析。对不同流转模式的内在动因、过程、经验、教训进行总结，寻找出它们的异同之处，尽量作出客观评价，确定现行农村土地流转模式对乡村治理的影响。

6. 新型农村土地流转模式的设计。在这个问题上，本书将对农村土地流转的基本原则和制度建构的理念导向进行探讨，具体以实现国家对农村土地进行“落实所有权、稳定承包权、放活经营权”“三权”分置顶层设计的政策目标，以及实现城市化过程中乡村繁荣发展为出发点和归宿点，以打破土地和人口流动的封闭性为切入点，设计新型农村土地产权制度和流转制度。

7. 土地流转的社会风险和防范，以及土地流转相关配套机制的构建。土地流转的改革，使不少学者担心土地流转出现“危机”。笔者认为，对现有一些不必要的“土地流转危机论”需要进行客观评价，但也要客观地看到现行农村土地流转可能出现的社会风险。基于我国正处于城市化和工业化转型的大背景下，农村土地的制度安排关系城市和广大农村的共同发展和繁荣，在一定程度上决定我国城乡一体化进程。为此，本书以优化乡村治理为目标，对土地流转中可能引发的社会风险和技术风险进行分析，并进行防范机制的相关设计。同时,设计相关配套制度,推动所建构的土地流转制度可顺利运行。

8. 推进农村土地流转需要辅之以乡村治理优化的配套制度构建。以“三权”分置为核心的农村土地流转制度的国家顶层设计目标的落地,受到现行身份固化和成员封闭的“乡政村治”乡村治理模式的制约。为此,为了加快农村土地流转制度目标的实现,除需对土地流转制度进行科学合理的设计外,还需要对当前的乡村治理进行优化的配套制度改革。

(二)基本框架

本书共十章,可以分为五个部分。

第一部分是本书的导论部分,主要介绍本书的相关背景、意义,研究的主要问题、思路,以及研究框架及创新点。

第二部分为第一章,着重梳理我国农村土地流转与乡村治理的历史变迁,为后续研究奠定基础。

第三部分包含第二章、第三章、第四章。本部分的重点在于问题梳理和分析,是本书研究的出发点和动因。本部分旨在通过实证研究阐释乡村治理的困境及其中的农村土地制度因素,指出现行乡村治理模式对农村土地流转产生制约,并在对两者相互作用机理分析的基础上,以实证考察方式分析我国现行农村土地流转试点模式成效、存在的主要问题以及问题背后的原因,为后续对我国农村土地制度的理论建构奠定基础。

第四部分包含第五章、第六章、第七章、第八章。本部分旨在对我国农村土地中“三块地”(承包地、宅基地、集体经营性建设用地)的流转进行具体制度设计。在对土地流转的基本原则和整体思路进行理论定位的基础上,结合“三块地”各自的属性进行各有侧重的具体制度构建。本部分是本书研究的落脚点和目标所在。

第五部分包含第九章、第十章。这部分的论证侧重保障本书得出的结论和制度构建具有更大的合理性和可操作性。对土地流转可能引发的社会风险进行分析和防范,同时辅之以乡村治理改革配套机制的设计,保障在优化乡村治理目标下的农村土地流转制度能够更具科学性、合理性和可行性。

第一章　我国农村土地流转与乡村治理的历史变迁

作为一个传统的农业国家，我国有悠久的农耕历史和农业文明。在漫长的中国经济社会发展进程中，农业一直是我国赖以生存的根本产业，自给自足的小农经济是主导中国历史的基本经济模式。这种自给自足的小农经济模式，使中国在几千年的发展进程中，大到国家政权的兴衰更替，小到普通百姓的衣食住行，都形成了对土地的高度依赖性。在中国历史上无论哪个朝代，土地权利结构模式的任何重大变动都会影响朝野上下的动静与兴衰。中华人民共和国于1949年成立，并于20世纪70年代末80年代初实行改革开放。在全球科技高速发展的浪潮推动下，中国经过40余年的快速发展，逐渐走上工业化和现代化发展道路，从一个农业国家逐步走向工业化国家。在从农业国迈向工业国的漫长历史进程中，我国的国家治理模式也与土地制度息息相关，其中国家对广大农村的治理更是受农村土地权利结构和流转制度的深度影响，二者相互交织、相互作用，形成了农村土地制度与乡村治理的深度融合与相互依赖。

历史的滚滚车轮行至今日，国家开始实施乡村振兴战略，推动形成工农互促、城乡互补、协调发展、共同繁荣的新型工农城乡关系。深入推进我国的工业化和城镇化进程，需要推动我国农村人口向城镇转移，同时需要进一步完善和优化乡村治理。这些正是我国当前进行农村土地制度改革的根本性动力和发展目标。如何更好地对农村土地制度改革进行制度设计以优化乡村治理,如何进一步完善优化乡村治理结构以助推农村土地制度改革的深化,如何让两者互助互促以加快我国农业农村现代化,这需要从我国漫长的土地制度与乡村治理变迁历史中寻找规律、经验和启示。

第一节　1949 年以前的农村土地制度与乡村治理

无论是土地所有制度还是乡村治理的历史,1949 年都是一个绝对的"分水岭"。1949 年之前,我国形成了长达 2000 多年的稳定的社会结构,并由此形成了长期的以个体农户私有为主体的土地制度,以及与之相适应的"皇权不下县,乡村半自治"的社会治理结构。因为土地私有制的存在,具体的生产经营由以自耕农为主体的一家一户负责,生产方式长期不变,政府权力不参与各家农户的具体生产经营活动,政府的职能主要在于赋税征收和地方治安维护。如此一来,封建皇权的国家权力就没有必要也没有能力延伸到社会的每一角落,所以国家权力的触角只延伸到县一级,而县以下是以乡绅为主体进行治理的半自治的乡土社会。正因如此,我国 1949 年以前,封建社会的乡村治理模式上几乎一成不变地维持了 2000 多年。

一、以土地私有制为主的多种形式土地制度并存

原始社会时期的土地制度为氏族公有、平均分配、集体耕种的制度。进入奴隶社会,夏商时期,以氏族为单位的土地公有制仍占有主要地位,农业生产方式也是集体劳作。到了西周时期,"井田制"开始实行,这是一种与分封制度相适应的多层次的贵族土地所有制。井田制将田划分为公田和私田两种,公田由村社成员集体耕种,田地产出全部上交国家;私田是村社成员的份地,村社成员对私田的占有和使用以其在公田上的无偿劳动为条件,村社成员需要定期交换私田,并随着私田的变动迁居。[1] 从理论上讲,我国西周时期的井田制实际上是另类的国家所有制。在井田制时期的土地国家所有体制下,土地不得进行流转。

---

〔1〕 参见钱穆:《国史大纲》(上册),商务印书馆 1996 年版,第 85 ~ 86 页。

春秋战国时期,井田制遭到破坏,农民加强对私田的占有,成为自耕农。同时,贵族阶级的进一步分化使一部分贵族也成为自耕农。自耕农土地所有制开始出现。至商鞅变法,井田制被废除,土地私有制度得到法律承认。进入封建社会后,秦朝颁布"使黔首自实田"法令,在全国范围内进行土地登记,确认现实的土地占有状况以稳定赋税,国家以统一法令的形式确认了土地私有权。汉朝存在封建国家土地所有制、地主土地所有制、自耕农土地所有制3种土地所有制形式。公田(封建国家所有)有两种经营方式:一种是假田制,即把国有土地出租给无地农民耕种,农民交税。另一种是屯田制,这种制度在汉武帝时期兴起。屯田分为军屯和民屯,民屯要交纳地租,屯田者多为移民;军屯由戍边士卒耕种,政府发放生产工具,收获的粮食上交国家;屯田者的衣食由政府发放。地主土地所有制,是指地主通过土地兼并、获得赏赐、买卖、抢占等方式占有土地,主要采取租佃的方式经营。自耕农土地所有制,是指农民占有小块土地,农民在该土地上从事生产经营。曹魏时期也实行屯田制,但由于国家对屯田者的剥削越来越严重,赋税徭役越来越沉重,屯田制逐渐瓦解。到西晋时期,为了加强对自耕农的控制,国家开始限制土地兼并,实行占田制,占田制主要包括占田课田制、户调制和官吏占田荫户制3项内容。[1] 北魏及隋唐时期实行均田制,均田制的内容虽然在不同时期各有不同,但大体上均是按人口分配国家掌握的土地。到了唐朝后期,由于土地兼并严重,均田制无法继续推行而逐渐瓦解。宋元时期实行"不抑兼并"的土地政策,因而这一时期土地兼并严重。明清时期租佃制度盛行,成为农村主要的土地经营方式,清初实行"更名田"。从进入半殖民地半封建社会至新中国成立前,这一时期内多种形式的土地私有制仍是主要形式。

---

〔1〕 占田制是在当时国家承认土地私有的前提下,为了防范大地主占有土地规模过大,限制每户占有土地数量的一种制度安排。参见侯绍庄:《从"占田制"到"占山制"看大土地私有制的发展》,载《贵州师范大学学报(社会科学版)》1991年第3期。

二、秦以前的乡里制度

我国古代的乡村治理，大体可分为乡里制和保甲制两种模式。[1] 乡里制度是我国古代乡村治理的典型形态，其早期的具体形态是乡官制。乡里制度萌芽于夏商周时期，"里正""族尹"等官名在商、周两代已经出现。[2] 这一时期乡里制度最基本的4种组织形式为乡、党、邻、里，其中，乡这一级的组织形式也是我国2000多年以来常常沿用的行政区划形式。春秋时期，乡里制度继续沿用，得以保留下来，而且开始出现新的聚落形式——邑。[3] 战国时期，先后出现了县和郡，这一时期还出现了"亭"这一级，相对应地设有"亭父"一职。此时，县下面有乡，乡下面有里，这已经成定制，乡、里成为这一时期的基层行政组织，乡里制度已初步具备范型。不过，这一时期的乡，既是地方行政组织，也是军队组织，即地方行政组织与军队组织的结合。

三、绵延2000多年的"皇权不下县"[4]

自秦始皇统一六国开始，在长达2000多年的封建社会里，我国一直实行郡县制。乡里制度转变为职役制，治权所代表的官治体制从乡镇退缩到县一级，县为基层行政组织，县以下为以体现族权的宗族组织为基础，以拥有绅权的士为纽带而建立起来的乡村自治政治。在正式的国家政权体系之内，县级政府是国家最基层的统治机构。在正式的国家政权组织之外，县以下出现过乡、亭、里等非正式的组织机构，有些时期甚至还出现过保甲制度，这些县级以下的社会组织机构承担了部分社会管理职能。但从整体上看，我国封建社会基层政权所承担的职能相对有限，主要是承担社会治安和税赋征收两个职能。"除了正式的国家权力体系之外，自秦朝开始，皇权体系还试图建立乡里

---

〔1〕 参见唐鸣、赵鲲鹏、刘志鹏：《中国古代乡村治理的基本模式及其历史变迁》，载《江汉论坛》2011年第3期。

〔2〕 同上。

〔3〕 同上。

〔4〕 "皇权"这一名词的应用，从公元前221年到公元1911年，有2100多年的历史。参见费孝通、吴晗等：《皇权与绅权》（增补本），华东师范大学出版社2015年版，第30页。

制度等间接的手段来达到方便征收赋税和摊派徭役的目的。如秦汉实行乡里制度,魏晋南北朝实行三长制,隋代为里乡二级制,唐代采取邻、保、里、乡四级制,宋代之后实行保甲制。"[1]我国县级以下没有正式的组织机构,中央政府的直接权力延伸到县一级政权,这就是所谓的"皇权不下县"。"庞大的帝国监控系统,上起朝廷,经由地方政府,下达每个乡民……尽管如此,完备一个行之有效的乡村控制系统,始终是清王朝梦寐以求,但又难以尽遂人愿的追求"。[2] 温铁军指出,由于小农经济剩余太少,自秦置郡县以来,历史上从来是"皇权不下县"。新中国成立前县以下虽然设有派驻性质的区、乡公所,但并不设成政权组织,不是一级完全政府。农村仍然维持乡村自治,地主与自耕农纳税,贫雇农则只交租。这种政治制度得以延续几千年的原因在于统治层次简单、冗员少,运行成本低。[3] 2000 年,温铁军针对其时正在试点的"税费改革"阐述历史时期税费制度的特征时再次指出:"历史上由于农村人口庞大、农业剩余少,农民作为纳税主体,不仅数量多而且过度分散,政府征收农业税费的交易成本高到无法执行的程度。因此,统治者才允许农村基层长期维持'乡村自治'。自秦代建立'郡县制'以来的两千多年里,政权只设置到县一级,国家最低管理到县级。这是我们这个农业剩余太少的农民国家能够维持下来的最经济的制度。"[4]

由于儒家思想一直是中国封建社会的主流统治思想,再加上中国特有的科举制度,一个庞大的乡绅群体得以产生。"乡村,而非城市,是村民利益范围内的一个有实际防御能力的联合体,在乡村内部,有一个同乡村(政权)对峙的磐石般团结的地方乡绅阶层的委员会。不管你想做什么,比方说提高传统的租税,不管你想进行什么变革,都必须同这种委员会达成协议,才能做点实事。不然的话,你这个知县就会像地主、房东、东家,一言蔽之,一切族外的

〔1〕 赵秀玲:《中国乡里制度》,社会科学文献出版社 1998 年版,第 1 ~7 页。

〔2〕 王先明:《近代绅士:一个封建阶层的历史命运》,天津人民出版社 1997 年版,第 802 页。

〔3〕 参见温铁军:《半个世纪的农村制度变迁》,载《战略与管理》1999 年第 6 期。

〔4〕 温铁军:《中国农村基本经济制度研究——"三农"问题的世纪反思》,中国经济出版社 2000 年版,第 411 页。

‘上司’一样,遇到顽强的抵抗。”[1]正如韦伯所言:“官僚制的理性主义在这里碰上了破釜沉舟的传统主义势力,从整体和长远的角度来看,传统主义都绝对占有上风,因为它一直有影响,而且受到至亲的私人组织的支持。”[2]

这些乡绅在地方上具有较高的文化水准,相对一般农民也更富裕。他们深受正统儒家思想的影响,往往成为地方族群的领袖人物。“领头绅士的地位与能力虽然不尽相同,他们却具备了相同的条件,这就是曾经受过相当的教育,具备相同的经济基础——田产和房屋。”[3]他们在正式的体制之外,教化民众,调解纠纷,协调政府与民众之间的利益,成为政府和基层民众之间沟通的桥梁。“处在社会分化状态中的宗族,其领袖具有有效性,他们既不被官府所任命,又不听命于衙门的命令。由于他们本身是士人,他们与衙门的地位实际上是同一的……因为绅士这种缓冲器的存在,所以宗族可以一方面与国家形成对立,另一方面使自己的立场富有官方色彩”[4]因此,在长达2000多年的封建社会时期,一个庞大的乡绅群体的存在,使乡村的治理可以半游离于国家权力之外,实现社会的有序治理。“在乡村社会,地方权威控制着地方区域的内部事务,他们并不经由官方授权,也不具有官方身份,而且很少与中央权威发生关系,这在事实上限制了中央权威进入基层治理。表面上,中央下达政令,有一个自上而下的正规渠道贯彻着皇权的整体秩序,但在实际运作中,经过各级人员的中介变通处理,皇权并不能真正触及地方管辖的事务。”[5]我国2000多年的乡村治理模式大体可以概括为“皇权不下县,乡村半自治”,这种情况一直延续到清朝末年。

需要指出的是,民国时期,作为我国前现代化社会开始的前身,由于科举制度的废除和现代工商业的兴起,国家社会精英的选拔途径已经发生了变化,中国社会的乡绅地位在某种程度上遭到了削弱。一方面,从民国时期开

---

[1] [德]马克斯·韦伯:《儒教与道教》,王容芬译,商务印书馆1995年版,第149页。

[2] 同上书,第150页。

[3] 费孝通、吴晗等:《皇权与绅权》(增补本),华东师范大学出版社2015年版,第94页。

[4] [英]莫里斯·弗里德曼:《中国东南的宗族组织》,刘晓春译,上海人民出版社2000年版,第176页。

[5] 张静:《基层政权:乡村制度诸问题》,浙江人民出版社2000年版,第18页。

始到新中国成立,中国一直处于战乱状态,这促使我国社会形成了地方自治与国家权力加强的矛盾集合体。尽管理论上中央政府没有对地方绝对控制的权力,但在地方自治理论指导下的乡村自治,具有了法律上的正当性。在此种情形下,虽然乡绅的地位大不如前,但由于历史惯性,以及历史原因形成的乡绅社会阶层在我国广大农村地区仍然具有地方组织能力和号召能力,以乡绅治理为代表的乡村自治在广大农村地区仍然存在。另一方面,经济现代化和南京国民政府本质上的非民主性,又决定了国民政府一直在加强自上而下的社会控制,其中当然包含了对我国乡村地区的直接控制,其最主要的形式就是保甲制度。[1] 但是我国沿袭千年的宗族社会结构,以及乡绅作为宗族的天然领袖,特别是自给自足的小农经济和土地私有制的存在,决定了国家权力不可能深入每一个家庭和农户。因此,民国时期,虽然我国乡村治理的方式较以前发生了许多形式上的变化,国家权力在乡村地区也有所加强,但农村半自治的地位仍然得以保存。

四、土地自由流通与"乡村半自治"的契合

在我国2000多年的封建社会以及后来的半殖民地半封建社会时期,县级以下广大农村地区的乡村治理之所以实行以乡绅为领袖的半自治模式,主要是因为我国封建社会的统治方式、生产力水平以及土地所有制的关系。与我国延续2000多年的皇权为唯一正统权力的政权结构不同,欧洲中世纪的国家统治和社会治理的权力结构是教权、皇权、贵族并存制衡的。欧洲中世纪之所以被称为典型的封建社会,主要是因为欧洲特殊的土地分封制。通过土地分封这种方式,等级大小不一的土地封建贵族控制了全国的绝大部分土地,封建贵族通过对农奴的直接控制,直接掌握农业生产,而游离于封建贵族控制之外的自耕农人口数量极少。虽然欧洲中世纪的土地制度同样是封建

[1] "保甲制度起源于西周,形成于宋代,是传统中国对基层社会实行有效统治的政治管理体制,清末民初曾一度被废弃。南京国民政府将保甲纳入地方自治,作为统治和管理基层社会的政权组织,既是其整合和控制地方社会,吸取地方资源的利益诉求,亦为其寻求基层政治突破的一种积极尝试。"肖如平:《民国时期的保甲与乡村社会治理——以浙江龙泉县为中心》,社会科学文献出版社2017年版,第11页。

土地所有制,但欧洲中世纪的封建土地所有制不是自耕农拥有土地的小农经济。特殊的土地分封制度使大小贵族之间以及贵族和封建农奴之间,在土地的占有和收益上形成了极其复杂的土地关系,以至于欧洲中世纪的土地几乎没有市场化流转,因而一个独立的自耕农社会阶层无法形成。由于大小不等的封建贵族直接控制和支配了全国大部分的土地,国家政权体系也体现为枝强干弱。在很多时期,由于缺少可以直接支配和统治的自耕农,国家政权体系无法直接深入生产经营的每一个单位,高度中央集权的王权体制一直无法形成,贵族势力足以与王权相抗衡。欧洲中世纪典型的社会治理模式,呈现国王、贵族和教会三权鼎立的形态。这种形态直到文艺复兴和工业革命开始,随着独立的市民社会阶层的出现,才得以逐渐打破,并最终消亡。

我国长达2000余年的封建社会,是皇权绝对统治的社会。自秦始皇统一六国在全国范围内实行郡县制开始,皇权自上而下对每一个郡县的统治被强化,后来科举制度的实行更是加强了皇权的统治。之所以形成这种局面,主要是因为以下两方面原因:第一,土地继承制的实行。我国自从商鞅变法实施“废井田开阡陌”以后,土地分封制度便宣告瓦解,从此我国一直实行土地私有制,国家拥有的土地在土地总量中占比不大。为了巩固中央集权统治,中央政府及其派遣的地方官员对地方豪强进行严厉打击,并且通过每一个继承人有权同等继承包括土地在内的财产的封建土地继承制度,将大家族的土地分散成各继承人均等占有的小块土地,由此每一个家庭所占有的土地规模远远无法与欧洲中世纪庄园主的相比拟。第二,我国封建社会允许土地买卖,这也是我国难以形成大地产地主的主要原因。在我国封建社会的不同时期,虽然政府对土地买卖的态度有所差别,对土地买卖的限制程度有所不同,但允许土地买卖仍然是我国封建社会的一个主要特征。土地买卖,一方面会加剧土地的市场化兼并,另一方面可以依靠市场的力量消解大土地所有者,使大土地所有者在市场力量的冲击下,占有土地的数量逐渐减少。我国历史上发生了多次规模远比欧洲封建社会时期大得多的农民起义,这在短时间内导致大土地所有者拥有土地的规模急剧缩小,多次造成大规模的土地撂荒,原来无地或者失地的农民通过重新开垦这些土地,形成了庞大的自耕农群体。自耕农群体成为国家赋税制度的基础,大量自耕农的存在为中央政府提供了充足的兵源和税赋来源,使我国的皇权在长达2000多年的历史长河中得以巩固和加强。从某种意义上说,大量占有小块土地的自耕农的存在,是封建皇权得以实行中央集权统治的基础和根本,也是皇权得以将统治权力延伸到每一个县的根本原因。由于地方豪强所能直接控制的农民数量不多,难以形成占有广阔土地并且能与中央政府抗衡的势力。

数量众多的自耕农的存在,为中央政权将其统治权力直接延伸到县这一层级,提供了充分的财力和人力资源,但同时也在一定程度上构成了对绝对皇权的限制,这就是我国所谓的"皇权不下县"的社会经济根源。占有小块土地并且以家庭作为生产经营单位的自耕农数量众多,每一个家庭均自行组织生产经营活动,并且为国家提供赋税和兵员作为国家统治的物质基础和人力资源基础。因为每一自耕农所占有的土地面积很小,加上农业生产技术不发达,每一农户能够为国家提供的财税资源相当有限,再加上这些自耕农在广大农村地区分散居住,如果皇权欲将统治权力直接延伸到每一个乡村,对农民进行直接的强有力控制,那么必然需要大大增加官僚数量,皇权维持所需要的财政成本就不可想象了。在这种情况下,为了维持中央集权统治,中央政府就不得不采取国家权力向乡村延伸的自我约束政策,大部分时候对县级以下的地区实行间接统治,在广大的乡村地区依靠乡绅这一特殊的社会阶层,作为连接国家政权与农民的纽带。广大农村地区事实上的半自治状态,维持了国家政权与社会之间相对稳定的社会关系。中央集权、土地自由流转、小农经济和乡村地区半自治的乡村治理模式,便形成了一种特殊的相互依存关系。

第二节　1949～1978年我国农村土地制度与乡村治理

1949年新中国成立,中国的乡村治理开始发生了翻天覆地的变化。然而,经济社会的发展并非一帆风顺,而是历经多次反复和曲折。土地改革之初,我国实行的是均分土地的农民土地私有制,但是这种小农经济很快就与快速工业化的国家政策产生了矛盾。工业化,尤其是快速发展重工业,是我国实行了相当长时期的基本国策。工业化需要大批的劳动力从农村转移到工业生产中去,尤其是需要大量的农产品供给城镇居民。为了快速实现工业化,在经历了短暂的农民土地所有制以后,我国快速实行土地公有制和生产经营方式集体化制度,由此便形成了由中央政府自上而下对农民和农业生产管理的社会治理模式。

一、新中国初期的土地改革与“政权下乡”

新中国成立后,中央人民政府政务院(现为国务院)决定在新解放区进行土地改革,这次土地改革将农村与大城市郊区区别开来,分开处理。1949年冬,中央人民政府在华北若干地区及河南地区,进行了土地改革实验。自1950年秋开始,大规模的土地改革在全国全面开展,至1953年春,除中央规定暂不进行土地改革的少数地区外,全国范围内的土地改革基本完成。[1] 农村土地改革主要按政务院《关于划分农村阶级成分的决定》和《土地改革法》两个文件的相关规定进行。[2] 主要依据土地占有量和是否参加劳动两个标准,将农村人口进行阶级成分划分。农村阶级成分主要有地主、富农、中农、贫农以及工人5种。[3] 在对阶级成分进行划分后,对不同阶级和社团组织所占有的土地分别予以没收、征收或保留。对地主的土地及其在农村中多余的房屋予以没收;富农出租的土地数量超过其自耕和雇人耕种地数量的,对其出租地予以征收;将农村原来存在的学校、祠堂、庙宇等拥有的土地全部征收;对中农的土地给予保护;对依法应予没收和征收的土地,以出卖、出典、赠送或其他方式转移分散的,一律无效。[4] 对土地作出没收、征收或保留处理之后,再将土地重新分配给无地或者少地的农民,大体实现每一个农户人均家庭占有土地数量平等。农民协会接收所有被没收以及征收的土地,然后

---

〔1〕 参见张水泉、赵泉钧:《中国土地改革史》,武汉大学出版社1985年版,第314页。

〔2〕 参见廖洪乐:《中国农村土地制度六十年——回顾与展望》,中国财政经济出版社2008年版,第30页。

〔3〕 参见中央人民政府政务院《关于划分农村阶级成分的决定》,1950年8月4日中央人民政府政务院第四十四次政务会议通过,1950年8月21日公布。

〔4〕 参见《土地改革法》(1950年6月28日中央人民政府委员会第八次会议通过)第二章。

再将土地重新分配给贫困的无地、少地的农民，并特别强调地主分得的份额也应同样等份。[1] 对于无地、少地人口区分不同情况，分别处理。[2] 随着土地改革的完成，中国农村的土地占有情况发生了根本变化：占农村人口90%以上的贫农、中农（雇农已不复存在）占有全部耕地的90%以上，原来的地主、富农只占有全部耕地的8%左右，另有2%左右的土地为农村其他人所占有（包括部分公用土地）。[3] 这一时期，农村土地流转主要是由土地改革政策引起的，土地主要由地主、富农流向了贫苦农民，土地属于农民私有。政府对每一家庭农户拥有的土地和房屋颁发房屋土地所有权证书，允许农民有权对分配的土地和房屋自行买卖。但是由于土地改革本身造成的"寒蝉效应"，土地改革以后农村土地买卖的现象非常少见。

1949年以后的土地改革，除重新划分土地，将土地分给无地或少地的农民外，还通过成分划分和基层政权建设。除建立各级县人民政府外，还在县以下设立了若干乡级人民政府，并派出土地改革工作组定住在每一个村庄，发动贫苦群众进行土地改革，对地主富农的土地房屋等财产进行重新分配。在土地改革的过程中，吸收土地改革积极分子加入党组织，形成中国共产党基层政权的骨干和中坚力量。土地改革过程中，除对土地房屋等财产重新分配外，还对农村权力结构进行了再造与重建。"面对中国分散的，长期以来脱离国家正式权力体系的乡村社会，如何将'一盘散沙'的乡村社会整合进国家的整体框架，是新中国成立后共产党人面对的挑战。"[4] 土地改革过程中成长起来的贫困农民骨干，取代了昔日的乡绅，成为农村地区的实际领导者。与古代自然形成社会地位的乡绅不同，土地改革骨干分子组成的乡村基层政权，其重要组成人员是中国共产党党员，是中国共产党直接任命和信任的人

---

〔1〕 参见中央人民政府政务院《关于处理老解放区市郊农业土地问题的指示》，1950年1月13日中央人民政府政务院第十五次政务会议通过，载《山东政报》1950年第2期。

〔2〕 参见廖洪乐：《中国农村土地制度六十年——回顾与展望》，中国财政经济出版社2008年版，第33页。

〔3〕 参见张永泉、赵泉钧：《中国土地改革史》，武汉大学出版社1985年版，第315页。

〔4〕 徐勇：《"政党下乡"：现代国家对乡土的整合》，载《学术月刊》2007年第8期。

员。“彻底推翻乡村旧的秩序，使中国借以完成20世纪的历史任务：重建基层。”[1]除乡村政府人员直接受中国共产党和国家的委派和领导外，新中国成立初期的乡、村都是基层政权，实行议行合一。在农村地区，我国采取了一条非常特殊的国家政权建设的路径那就是在当时特殊的经济环境下，把农村的核心资源——土地和农民通过重建集体组织的形式整合进入党和国家的体系。这种整合是建立在集权体制、计划经济的基础之上，是以实现政治目标为中心任务的。[2] 很显然，从形式上来说，这种整合在国家政权建设方面是成功的，使我国社会结构完成了从松散状态向以国家为中心的国家和大众高度融合状态的转型。[3]

在经济层面，国家通过农村土地改革，使广大无地或者少地的农民分配到了土地，大大提高了生产经营的积极性，数千年来国家与农民紧张的社会关系得以舒缓。农民自主进行生产经营，除缴纳必需的农业税外，农民可以自由支配剩余的粮食，在满足自身生活需要外，他们可以将粮食拿到市场进行交易。在粮食流通领域，除政府领导的粮食公司外，还有众多的私营粮食经销商。除公粮外，政府需要的粮食由中国粮食公司在市场上按市场价格收购。国有粮食经销企业通过在市场上购买粮食和向市场供应粮食，稳定粮食市场价格，调节粮食的区域流通。我国广大农村地区实行以小农经济为主体的自由市场经济体制。这种土地农民私有、农产品市场自由流通的体制，得到了农民的拥护。从1950年开始，全国各地的粮食价格趋于稳定，结束了持续10余年的粮食价格急剧上涨的态势。

农民土地私有制以及农业产出的市场化流通，决定了粮食市场价格会根据粮食等其他农产品丰欠程度波动，而多种粮食经营主体的存在以及粮食自由流通的体制，使国家难以有效稳定粮价和掌握粮源。政府通过市场收购的粮食总量也无法完全保障，由此引发了1952年开始的“粮食危机”。1952年

---

〔1〕 杜润生：《杜润生自述：中国农村体制变革重大决策纪实》，人民出版社2005年版，第103页。

〔2〕 参见陆道平、钟伟军：《农村土地流转中的地方政府与农民互动机制研究》，清华大学出版社2012年版，第15页。

〔3〕 参见孙立平：《改革前后中国国家、民间统治精英及民众间互动关系的演变》，载《中国社会科学季刊》1993年第6期。

到1953年年初，由于我国部分地区发生了自然灾害，粮食价格上涨，私营粮商的收购价格甚至比国有粮食企业的销售价格还高，我国部分地区出现了农民惜售粮食的现象，部分私营粮商借机囤积粮食。章乃器（时任国家粮食部部长）在第一届全国人民代表大会第一次会议上的发言中也谈道："一九五三年春天开始，情况发生了显著的改变，过去行之有效的利用自由市场进行斗争的方式从基层开始遭遇到困难……大中城市粮食市场虽然一般是稳定的，但回流到农村去的粮食数量日益增多。"[1]国家粮食部（现国家粮食和物资储备局）报告显示：1952～1953年，国家粮食收入547亿斤，粮食支出587亿斤，收支相抵，赤字40亿斤，形势相当严峻。[2] "但是全国粮食购少销多的问题日渐突出出来，粮食购销差额不断扩大。到了1953年夏秋，国家粮食部门购销逆差急剧扩大。"[3]

与此同时，我国在1951年2月制定了从1953年开始的发展国民经济的第一个五年计划的方针政策。"一五"计划的核心，重点是建设苏联援助我国的156个工业重点项目，全面发展我国的工业，工业化发展的重心又是重工业。"一五"计划是我国实行计划经济体制的第一次尝试，需要投入大量的物资和劳动力。除苏联的贷款和技术援助外，所需人力资源和物质资源主要依靠我国自行提供。我国长期以来工业不发达，而不发达的工商业和城市难以为快速实现工业化提供财力和人力资源保障。[4] "国家汲取能力是指政府从社会获取财政资源的能力，它是国家制度建设的首要任务。"[5]"汲取

---

[1] 章立凡编：《章乃器文集》（上卷·学术编），华夏出版社1997年版，第650页。

[2] 参见薄一波：《若干重大决策与事件的回顾》（上卷），中共中央党校出版社1991年版，第256页。

[3] 田锡全：《1953年粮食危机与统购统销政策的出台》，载《华东师范大学学报（哲学社会科学版）》2007年第5期。

[4] 毛泽东同志早在1949年3月举行的中国共产党第七届中央委员会第二次全体会议中就指出："中国的工业和农业在国民经济中的比重，就全国范围来说，在抗日战争以前，大约是现代性的工业占百分之十左右，农业和手工业占百分之九十左右……中国还有大约百分之九十左右的分散的个体的农业经济和手工业经济，这是落后的，这是和古代没有多大区别的，我们还有百分之九十左右的经济生活停留在古代。"参见国家农业委员会办公厅：《农业集体化重要文件汇编1949－1957》，中共中央党校出版社1981年版，第2页。

[5] 陆道平、钟伟军：《农村土地流转中的地方政府与农民互动机制研究》，清华大学出版社2012年版，第41页。

能力和现代国家在很大程度上是一对密不可分的双胞胎。"[1]"农村和农业都将不可避免地承载起国家工业化的经济重负,农业剩余成为工业化初始资本的重要来源。"[2]从农村和农业体系中汲取财富进行快速工业化建设,成为中央政府的首选路径。"可以把小农看作一个阶级社会和政权体系下的成员,其剩余产品被用来供应非农业部门的消费需要。"[3]换言之,需要将获取数量充足和价格低廉的农产品作为我国实现国民经济计划的基本手段。我国农村地区通过土地改革形成的农民土地私有以及农产品市场化流通的体制,必然制约国家快速工业化目标的实现,由此,我国农村土地制度和农产品的流通体制与我国 1953 年开始实行的重点发展重工业的国家经济战略产生了矛盾。

为了解决快速工业化所需农业产品不足的问题,为工业化筹集足够数量的廉价农产品,从 1953 年 10 月开始,中共中央和政务院陆续出台了一系列对粮食和其他重要经济作物进行统购统销的政策。禁止粮食、油料、棉布这些重要物质进行市场流通,转由政府统一采购、统一销售,采购和销售数量按照国家计划进行,销售价格和销售数量也由国家统一确定。"粮食统购统销政策具体包含四个方面的内容:(1)在农村向余粮户实行粮食计划收购(简称'统购')的政策;(2)对城市人民和农村缺粮人民,实行粮食计划供应(简称'统销')的政策;(3)实行由国家严格控制粮食市场,对私营粮食工商业进行严格管制,并严禁私商自由经营粮食的政策;(4)实行在中央统一管理之下,由中央与地方负责的粮食管理政策。"[4]

二、农村高级社时期的土地制度与高度管控治理模式

农村土地改革完成以后,国家便在农村地区鼓励实施农业生产互助合

---

[1] 王绍光:《国家汲取能力的建设——中华人民共和国成立初期的经验》,载《中国社会科学》2002 年第 1 期。

[2] 陆道平、钟伟军:《农村土地流转中的地方政府与农民互动机制研究》,清华大学出版社 2012 年版,第 41 页。

[3] [美]黄宗智:《华北的小农经济与社会变迁》,中华书局 1986 年版,第 1 页。

[4] 罗平汉:《票证年代:统购统销史》,福建人民出版社 2008 年版,第 28 页。

作。最初级的农业生产互助合作运动,是指不同农户之间通过相互调剂劳动力和生产工具形成农业生产互助组,但土地所有权并不改变,各个农户自主生产经营的基本格局也没有发生根本改变。这种劳动力和生产工具相互调剂的做法,在一定程度上促进了农业产量的提高。国家统购统销政策的实施,使政府必须直接面对数量众多的分散农户,国家必须直接从每一农户处征购粮食。因为粮食的征购价格与粮食的真实价格存在相当数量的差价,统购统销政策遭到农民程度不等的抵触,这不仅导致了国家和具体农户之间的矛盾,而且使粮食等其他重要农作物征收任务的完成存在一定程度的不确定性。此外,从分散的农户手中征收到足额的粮食和其他重要农产品,也必须付出高昂的人力成本和经济成本。要保证能够足额地从农村征集到粮食和其他重要农产品以支持工业化发展,降低征购粮食和重要农产品的人力和经济成本,并且让国家从直接面对分散农户的矛盾中抽身出来,就必须对 1949 年以来的乡村治理方式进行根本性的结构改革。这种结构性改革便是中国农村的社会主义合作化运动,加快农村社会主义合作化改造被紧急地提上了议事日程。按照薄一波的说法,粮食征购和互助合作合称为改造个体农业的一翼。[1] 陈云在第一届全国人民代表大会第二次会议上作了《坚持和改进粮食的统购统销》的讲话,再次确认了办合作社对于粮食增产的优越性,1955 年一年之内,全国兴起了办高级社的热潮,出现了几十万个农业生产合作高级社,1 亿多名农户被整合到高级社中。"国家对农业社的粮食统购、统销数量,不论高级社或初级社,一般以社为单位,根据 1955 年分户、分社核定的粮食定产、定购、定销数字,统一计算和核定。"[2] 基层政府直接领导的农业生产合作社,替代亿万个体农民承担起国家征购任务,粮食统购统销工作转为以社为单位计算任务,政府不再向农户直接征购粮食。国家在农村统购统销的户头,由原来的一亿几千万名农户简化成了几十万个合作社。这给加快粮

[1] 参见薄一波:《若干重大决策与事件的回顾》(上卷),中共中央党校出版社 1991 年版,第 277 页。

[2] 参见 1956 年 10 月国务院下发的《关于农业生产合作社粮食统购统销的规定》。

食收购速度、简化购销手段、推行合同预购等带来了便利。[1] 在合作社的组织体系中，农民仅仅是被组织起来从事农业生产的对象，粮食的征收、征购以及余粮的分配变成了由基层干部支配的“集体行动”。通过农业合作社运动，国家只需要直接向合作社组织发布指令即可，从而避免了直接与数量巨大的分散农户进行交涉的高额经济和社会成本。此外，农业合作社运动还有一个好处是，“国家通过农业合作社的组织运作成功建立起一个‘利益缓冲区’，使其既能有效避免国家与农民之间因粮食问题所产生的各种紧张关系和利益冲突，又能通过集体化的组织控制获取粮食购销不断满足和实现国家的工业化之需要”。[2]

合作社体制降低了国家征收粮食以及其他重要农产品的难度，在没有市场刺激机制的前提下，基本保障了农业生产的正常进行。但是，合作社毕竟只是农村集体经济运行组织，合作社有自身的利益。按照当时的规定，理论上农民有退社的自由和权利。一旦合作社运行效果不好，就很可能发生农民退出合作社的情况，合作社面临解体的风险。况且，虽然合作社的干部是党在基层的重要骨干，但这些人的身份仍然是农民，他们与社员之间存在血缘和伦理上的各种现实关系。他们自身的利益与合作社的利益长期密切关联，他们的个人利益和家庭利益整体上与合作社的利益相互依存。这就决定了合作社与政府之间存在合作的同时，也存在不同的利益诉求。特别是当政府制定的各项政策、指令与合作社的利益发生矛盾时，合作社可能会拒不执行相关政策，国家统购统销政策的实施以及工业化进程仍然可能受到影响。合作社的不稳定因素以及政府难以对合作社进行全面控制的现实，决定了合作社只能是过渡性选择方案。之后，国家把作为基层政权组织形式的乡与作为农业集体经济组织的合作社合并，于是政社合一的人民公社体制诞生了。

---

〔1〕 参见薄一波：《若干重大决策与事件的回顾》（上卷），中共中央党校出版社 1991 年版，第 277 页。

〔2〕 秦程节：《粮食统购统销视域下国家与农民关系（1953－1956）》，载《北京工业大学学报（社会科学版）》2015 年第 6 期。

三、人民公社时期的土地制度与“政经合一”治理模式

与农村高级社相比,人民公社体制存在以下不同:其一,人民公社将基层政权和集体经济组织合二为一。1958 年开始的人民公社,承担了原来乡人民政府的职能,同时也承担了农村集体经济组织生产经营的功能。国家将原先农村高级社功能并入新成立的人民公社,人民公社既是基层政权组织,也是基层生产单位,国家达到了直接管控农业生产的目的。其二,人民公社的规模远比高级社的大。到 1958 年年底,原先的初级社已不复存在,而且全国原先存在的 74 万多个高级社也基本全部消失了,全国 1.2 亿名农户全部编入 2.6 万多个人民公社。[1] 其三,人民公社不仅是一个生产单位。在农村高级社时期,高级社只是基本的生产经营单位,是纯粹的农业生产经营主体,除农业生产外,高级社没有对社员生活的其他方面进行控制。然而,人民公社在组织农民从事生产劳动、行使国家基层政权的同时,还具有管理农民生活等全方面的社会职能,是我国社会的基本单位。每个公社都有自己的农业、工业体系,有服务业和交通事业,有托儿所、小学、中学、医院、商店、公共食堂和俱乐部,也有维持治安的民警等。[2] 国家通过人民公社整合了农村生产生活的各方面职能,并且禁止任何形式的私人生产经营和服务,实现了对农村社会的全面控制。其四,土地和生产资料全部归人民公社所有。在农村高级社时期,虽然高级社是基本的生产经营单位,全部社员的土地和其他生产资料集中于高级社统一使用,但高级社本身不对这些土地和其他生产资料享有所有权,土地和其他生产资料仍然归农户个人所有,因此高级社在理论上没有改变土地改革所确立的农民土地所有权属性。但在人民公社体制下,原先农户所有的土地全部归公社集体所有,农民彻底丧失了对土地和其他生产资料的所有权和支配权,国家达到了将农村土地收归集体所有的目的。农民在土地改革时期分得的土地所有权全部丧失,生产资料公社所有制

---

〔1〕 中共中央文献研究室编,逄先知、金冲及主编:《毛泽东传(1949－1976)》(上),中央文献出版社 2003 年版,第 826～827 页。

〔2〕 同上。

使人民公社牢牢控制了农村基本生产资料,为确保统购统销政策的贯彻实施提供了充分的制度保障。"强制性的低价农产品统购统销制度,没有集体化特别是'人民公社化'的制度保障,是很难长期坚持下去的。在农业集体化基础上发展起来的农村'人民公社化'是国家直接控制农村经济权利的一种组织形态。"[1]

中共中央对人民公社体制进行了调整。中共中央于 1959 年作出决定,对农村人民公社实行"统一领导、分级管理、三级核算、队为基础"的体制。1961 年 3 月中央人民政府出台《农村人民公社工作条例(草案)》(也就是著名的《人民公社六十条》[2]),对农村人民公社体制作了详细规定:农村人民公社的基本核算单位是生产队,生产队实行独立核算,自负盈亏,直接组织生产和进行收益分配,这种制度至少保持 30 年不改变;生产队范围内的土地包括社员的自留地、自留山和宅基地都归生产队所有,不准出租和买卖;社员可以耕种由集体分配的自留地,这些自留地占生产队耕地的一定比例。1962 年全国 7000 人大会上,中共中央讨论和通过《关于改变农村人民公社基本核算单位问题的指示》,确立了生产队是基本核算单位。同年,中国共产党第八届中央委员会第十次全体会议通过的《农村人民公社工作条例修正草案》规定:"生产队是人民公社中的基本核算单位。他实行独立核算,自负盈亏,直接组织生产,组织收益的分配。这种制度定下来后,至少三十年不变。"从此以后,以生产队为基础,以生产队为最基本核算单位的人民公社体制基本未发生大的变动,直到中国共产党第十一届中央委员会第三次全体会议(以下简称中共十一届三中全会)召开后,全国实行家庭联产承包责任制,人民公社体制才宣告终结。

1953 年全国范围内统购统销政策的实施带来的另外一个后果是,全国范围内城乡户籍二元结构逐步形成。按照全国统购统销政策,除在农村地区确定每一农户必须交售的粮食数量外,还在城镇确定每一居民可以从政府购

---

〔1〕 许经勇:《中国农村经济制度变迁六十年研究》,厦门大学出版社 2009 年版,第 5 页。

〔2〕 《农村人民公社工作条例(草案)》于 1961 年 3 月 22 日中央工作会议通过,共 10 章 60 条,故常被简称为《农业六十条》或《人民公社六十条》。

买的粮食数量。这一政策的实施,事实上使居民个体无法在自由市场上购买粮食和其他重要农业产品,只能从政府获得配额。国家通过控制居民必需的生存资料控制了人口的自由流动,没有得到政府的允许,农村居民无权从农村地区迁入城市,城乡二元的户籍制度逐渐形成。1958 年全国人民代表大会常务委员会颁布《户口登记条例》,把全国居民户口分为农业户口和城镇户口(非农业户口)两大类,这种具有身份属性的社会地位一旦确立以后,全国所有居民的子女后代也按照这个身份确定户口类别。二元户籍制度下,国家的乡村治理强度提升,国家实现了对农村人口的全面管控,具体而言:其一,严控农村居民由农村迁入城市。除拥有学校录取证明、政府劳动部门录用证明、城市户口登记机关准予迁入证明者外,其他农村人口都不能由农村迁入城市。[1] 其二,户籍制度与每个人的基本生活消费品供给相挂钩。农村人口在农村地区从人民公社或者生产队处获取粮食供应,并按照农村居民标准每年从供销社处获得数量不等的其他工业生活用品的供应。城市户口居民可以凭各种供应证享受国家低价供给的各种生活必需品。[2] 其三,户籍制度与居民就业紧密相连。对城市户口居民,政府安排就业工作,将这些人安置在国家机关、事业单位和政府开办的企业,而农村居民的就业问题不在国家的考虑范围之内。其四,户籍与社会福利制度相结合。城市户口居民和农村户口居民在医疗、劳保、退休、住房、子女上学等福利保障方面享受不同的福利待遇,政府为城市居民提供各种优先权。这种城乡二元格局的户籍制度,将城镇人口与农村人口明确区分开来,农村人口不经政府有关部门的许可不得变更农村户籍。户籍制度和与之配套的票证制度、人事档案制度及劳动用工制度,与人民公社制紧密结合,把所有农民都置于行政控制之下,实质上政府是通过控制生活资源来控制农民的社会流动的。

到 1958 年,党和政府通过统购统销政策、"政社合一"的人民公社体制以及城乡分割的二元户籍制度,将国家权力的触角直接延伸到社队之中,直接

---

[1] 参见王海光:《当代中国户籍制度形成与沿革的宏观分析》,载《中共党史研究》2003 年第 4 期。

[2] 参见何家栋、喻希来:《城乡二元社会是怎样形成的?》,载《书屋》2003 年第 5 期。

将农民纳入国家完全控制的网络体系中。党和国家的意志可以没有任何障碍地贯彻到全国每一个基层社会组织，国家获得了对全国农民空前的组织能力和社会动员能力，得以迅速快捷地调拨农村人力、物力、财力资源，为国家工业化建设和发展提供供给，对我国建立较完备的工业体系发挥了巨大作用。[1] 1952～1978 年，中国通过工农业"剪刀差"的方式，向工业部门转移 6320 亿元，加上农业税共计 7264 亿元。扣除国家给农业部门发放的发展资金 1730 亿元，农业部门实际向工业部门净提供 5534 亿元，平均每年 205 亿元。[2]

土地和其他生产资料归集体所有，生产队直接组织社员从事生产活动的人民公社体制，是国家计划经济在我国农业和农村中的集中反映。在这种计划经济体制下，农业集体化生产的首要目标是满足国家工业化发展的需要，为国家工业化提供原始积累。这就决定了农村的产出首先要保障国家对农产品的高征购任务，在扣除集体提留以后，剩余产出才能由生产队的社员按照劳作进行粮食和其他消费品的分配。实行多年的统购派购制度，[3] 除对粮、棉、油 3 项实行统购外，还对生猪、鸡蛋、糖料、桑丝、蚕茧、黄红麻、烤烟、水产品等实行派购，派购品种多达 132 种，几乎包括了所有的农副土特产品。其中，多项农产品的派购量占总产量的比重达 90% 以上，事实上，农村产品交易均由公营商业垄断。资金、土地、劳动力的流动性又受到生产资料公有制、人民公社组织制度以及城乡二元户籍制度的限制。[4] 根据这种分配制度的安排，在集体经济组织产出的分配秩序当中，农民自身的分配份额被安排在最后的顺序，挤占农民应有的收入份额实属常态。长期以来农民的收入一直很低，农民家庭收入仅仅能够维持最低水平的人口再生产，甚至农民的

---

〔1〕 参见王海光：《当代中国户籍制度形成与沿革的宏观分析》，载《中共党史研究》2003 年第 4 期。

〔2〕 参见李茂岚主编：《中国农民负担问题研究》，山西经济出版社 1996 年版，第 136 页。

〔3〕 从 1993 年 4 月 1 日起，上海和天津两市同时放开粮食价格，取消粮食凭证定量供应的办法，到该年 7 月初，全国已有 90% 的县市放开粮价。随后，剩余 10% 的县市也陆续将粮食价格放开，持续了 40 年的粮食统购统销政策结束了其历史使命。参见罗平汉：《票证年代：统购统销史》，福建人民出版社 2008 年版，第 339 页。

〔4〕 参见杜润生：《中国农村改革漫忆》，载《文史月刊》2016 年第 7 期。

温饱问题在很长一段时间内都得不到解决。除农民在分配体制中处于最后次序的安排挫伤了农民的生产积极性外,集体所有和集体经营的人民公社体制也与我国农业发展水平和生产经营方式发生了矛盾。1949 年新中国成立后实行的土地改革,虽然改变了我国长期以来的农村地主土地所有制,但是从 1949 年到 1978 年,我国农业的生产力水平和基本生产方式仍然没有发生大的改变。随着我国工业化的发展,化肥、农药和农业机械的供应尽管相比以前大有增加,但是一直无法满足基本农业生产的需要,长期处于短缺状态。到 1978 年,和 1949 年相比,我国农业的生产力水平并没有显著提高,精工细作仍然是我国农业生产的主要方式,农业生产没有明显分工。与工业化发展要求细致分工不同,在农业领域采用集体经营的方式显然不符合提高生产力水平的内在分工协作要求,农业生产经营的集体化违背了特定生产力水平下生产组织规律的内在要求,导致劳动力效率低下。每个农户付出的劳动与农户本身的收入没有明显相关性,这挫伤了农民的生产积极性。此外,用于计量农民从事农业生产劳动量的工分制本身也存在无法完善的技术性缺陷,农民生产过程中出工不出力的现象普遍存在,农民的工作强度、劳动质量与工分本身没有紧密联系。劳动力生产效率低下,再加上凭借工分能够得到的产出分配数量极其有限,农民的生产积极性被挫伤。“公社制是一种‘政社合一’体制,每个人都是公社成员,并牢牢限制在土地上,形成并固化了城乡二元结构。在这种结构下,农民不能离开土地发挥最大的劳动价值,以满足自己不断增长的需要。农民的收获必须先提交给国家,由集体再分配给个人。这对于生产者而言,是更大程度的不公平。这种不公平性,也会抑制着生产力的发挥。”[1] 为此,20 世纪 70 年代末期到 80 年代初期,我国农村实行的以家庭联产承包责任制为主的经济体制改革,为农村发展提供了强大动力。“政社合一”的人民公社体制被家庭联产承包责任制和村民自治取代是历史的必然。

在人民公社体制下,我国发展工业和设立国有农场所需要的土地,通过

---

〔1〕 徐勇:《乡村治理的中国根基与变迁》,中国社会科学出版社 2018 年版,第 91 页。

征收农村土地得以满足。特别是我国优先发展重工业的战略确立后,矿山、铁路、交通、水利等各方面建设需要使用大量农村土地。虽然中央政府也多次强调,发展工业应当节约用地,最大限度地少占用耕地,但当时一切以工业化为重心,在战略执行过程中对农业用地的保护往往被忽视。在整个农业集体化时期,1953 年颁布并于 1958 年修订的《国家建设征用土地办法》,是国家征收农村土地的主要政策和法律依据。

按照 1958 年修订的《国家建设征用土地办法》,因国家建设所需征收农村土地要进行补偿,补偿主要包括经济补偿和就业安置补偿两方面内容。《国家建设征用土地办法》针对的是耕地补偿;如果国家建设使用的农村土地并非耕地,可以不予补偿。征用耕地的,已被征用土地 2 ~ 4 年的总产值可以货币方式补偿;农村土地被征用以后,被征用单位可向国家申请农业税减免;因为土地被征用减少了就业机会的,进行就业安置补偿的通常做法是安排一定数量的农民在新建的项目上就业。在当时特殊的社会背景下,土地不存在市场价值。由于公社大队和生产队都在国家的控制之下,国家对土地的直接划拨一般不会直接影响农民个体的利益,因此整体上虽然国家对农村土地基本是无偿划拨的,但也没有产生严重的对立。因农村土地征收而产生的利益冲突,是在个体农户获得了土地权利以后。随着我国商品经济和社会主义市场经济体制的确立,土地的商品属性得以显现,有关征地的矛盾与冲突才开始出现。

第三节　改革开放以来的农村土地制度与“乡政村治”

20 世纪 90 年代以后,我国工业化和城市化的快速发展,工业建设和城市建设需要大量土地,我国土地市场随着市场经济体制的确立逐步形成。随着我国城市地区商品房的出现和大规模建设,国家开始大量征用农村土地,并采取由国家定价的土地征用政策。农村土地征用在保障了地方经济发展的同时,也引发了一些利益对立问题。

一、改革初期的艰难探索与土地“包产到户”

1977 年 10 月全国普及大寨县工作座谈会会议纪要指出,我国面临农业危机,农业的停滞不仅是个经济问题,也是一个政治问题,是摆在全党面前的一项紧迫任务。[1] 农村改革率先在安徽拉开帷幕。1977 年年底,安徽省委在深入调查研究的基础上,制定了《关于目前农村经济政策几个问题的规定》,提出应当尊重生产队生产经营自主权,鼓励农民经营自留地和家庭副业。安徽省委的地方做法显然已经构成了对当时人民公社体制的冲击,在一定程度上突破了当时人民公社体制的禁区,但却因为符合农村和农民的实际情况,大大提高了农民的生产积极性,受到了农民的欢迎。1978 年 2 月,四川省制定了《关于目前农村经济政策几个主要问题的规定》,广东省委也于 1978 年 4 月制定了《关于减轻生产队负担加强农业生产第一线的意见(试行草案)》。这些地方的政策松动,也鼓励了农民探索新的农业生产方式。在此情形之下,以安徽省凤阳县小岗村农民为代表的部分农民,自行突破体制障碍实行包产到户制。这些农村包产到户的试验,虽然与人民公社体制相抵触,却得到了一些具有改革意识的地方党委领导人的默许。农村包产到户制在我国南方一些省份的部分地区得到了发展,尤其是在安徽、四川两省的广大农村地区得以蓬勃发展。这些农村包产到户的试验产生了良好的效果,得到了农民的支持,贵州、云南、广东、河南、内蒙古等省区的部分农村农民自发推进包产到户制。但是,包产到户作为新的农业生产经营方式,把土地和其他生产资料分给每户农民,由农户自主生产经营,实际上对"三级所有,队为基础"的人民公社体制构成了挑战。从中央到地方各级党委对包产到户这种可能瓦解人民公社体制的做法存在不同看法,有些地方允许农村自主推进包产到户,而有些地方仍然维持原有的人民公社体制。在一段时间内,农村包产到户的做法还受到部分中央领导同志的批评,被认为是走资本主义道路。

1978 年 12 月召开的党的十一届三中全会,确立了邓小平同志在党中央的领导地位,开始一系列的拨乱反正,为全国范围内农村和农业改革奠定了基础,但中共十一届三中全会仍然没有确立农村包产到户的正当性和合法

---

[1] 参见肖冬连:《崛起与徘徊——十年农村的回顾与前瞻》,河南人民出版社 1994 年版,第 132 页。

性。中共十一届三中全会以后,中共中央对农村包产到户的态度慢慢发生了转变,从最初的基本否定逐步过渡到有条件地放开。1980 年中共中央《关于进一步加强和完善农业生产责任制的几个问题》指出,“凡有利于鼓励生产者最大限度地关心集体生产,有利于增加生产,增加收入,增加商品的责任制形式,都是好的和可行的,都应当加以支持,而不可拘泥于一种模式,搞一刀切”。“在那些边远山区和贫困落后的地区,长期‘吃粮靠返销,生产靠贷款,生活靠救济’的生产队,群众对集体丧失信心,因而要求包产到户的,应当支持群众的要求,可以包产到户,也可以包干到户,并在一个较长的时间内保持稳定。”农村包产到户第一次在中央文件中被确认了合法性。该中央文件发布后,不少农村地区的农民自发突破该文件规定,开始扩大包产到户的范围。1981 年 12 月全国农村工作会议在北京召开,会议形成了《全国农村工作会议纪要》。1982 年 1 月 1 日,中共中央以 1982 年中央一号文件的形式发布该纪要,该纪要规定:“目前实行的各种责任制……都是社会主义集体经济的生产责任制。”1983 年中央一号文件《当前农村经济政策的若干问题》,对家庭联产承包责任制(包产到户)作出高度评价,认定“这是在党的领导下我国农民的伟大创造,是马克思主义农业合作化理论在我国实践中的新发展”。由于国家对家庭联产承包制的充分肯定,到 1983 年年底我国农村基本实行了家庭承包经营,家庭承包经营与集体统一经营的双层经营体制在农村基本形成。这一文件的颁布标志从 1958 年开始实施的人民公社体制在制度上的终结。此后,中共中央多次以中共一号文件的形式,进一步强调要稳定家庭联产承包责任制,保障农民的生产经营自主权。

发端于 1978 年以家庭联产承包责任制为主要内容的农村经济体制改革,并不是国家自上而下的制度安排,最初是农民面对贫困自发组织的行为。实行了多年的人民公社体制以后,我国部分地区对农业生产经营方式和经营体制改革进行了探索。国家面对农村和农业的问题,“最终顺应了农民的要求而做出的制度性让步。可以说,‘新时期的乡村经济改革是那些长期受到压抑的农业制度变迁的内驱力'的必然结果"。[1]

按照家庭联产承包责任制的要求,生产队在保持土地归生产队集体所有的前提下,将土地和其他生产资料分配给农户,由各个农户自行组织生产经营活动。生产队也将应当向政府缴纳的农业税和征购粮分配到各个农户,由各个农户自行向国家缴纳公粮并按照国家规定的价格和数量交售征购粮。此外,每个农户须向集体缴纳一定数量的提留粮,用于集体的部分公益性活动。农村土地集体所有,农户自主经营,"交够国家的,留足集体的,剩下都是自己的"构成了我国家庭联产承包责任制的主要内容。

家庭联产承包责任制的实施,极大地激发了广大农民的生产积极性,在国家没有增加农业投入的情况下,农业产值和农民收入在短短数年内快速增长,取得了巨大成就。正如黄宗智教授所指出的,家庭联产承包责任制通过提高劳动力产出来实现真正的农业发展,从根本上提高了农民的收入水平。[2] 从1979年到1984年,农业总产值增长455.40%,平均每年增长7.9%,比1978年前26年平均2.7%的增长速度高1.8倍。全国粮食产量由1978年的30,477万吨增加到1984年的40,731万吨,平均每年增加1709万吨,增长率达4.95%,比1978年前26年2.41%的年均增长率高1倍多,仅用短短6年时间就实现了粮食增产1亿吨。农民的人均收入由1949年的64元增加到1978年的134元,只增加了70元,而在仅5年农村改革的时间里,人均年收入就增加了176.2元。[3] 尤其重要的是,家庭联产承包责任制的实施基本上一举解决了我国多年一直没有解决的农民温饱问题,这在中国历史上是一大创举。在随后的年代里,随着我国农业育种技术的发展,化肥农药等农业生产资料的不断优化,我国农村的粮食产量一直保持稳定增加的趋势。

---

[1] 于建嵘:《岳村政治:转型期中国乡村政治结构的变迁》,商务印书馆2001年版,第312页。

[2] 参见[美]黄宗智:《中国的隐性农业革命》,法律出版社2010年版,第1页。

[3] 参见中共中央文献研究室综合研究组、《党的文献》编辑组编著:《三中全会以来的重大决策》,中央文献出版社1994年版,第110页。

二、土地承包责任制与“乡政村治”

实行了家庭联产承包责任制以后,虽然集体在名义上仍然存在,原来的生产队转换为村民小组,但是无论是人民公社、大队还是生产队转化而来的村民小组,在农业生产经营领域都已经名存实亡,具体的生产经营活动由各家各户自行组织。这种生产经营方式的变化,无可避免地引起了乡村治理结构的变化。这一时期,农村管理体制改革的主要任务是建立与土地集体所有、家庭承包经营相适应的管理体制。国家在农村的战略目标是在给农民一定自主权的基础上,继续维护农村社会的稳定和向国家提供工业化所必需的资源及市场,包括解决农民的就业生存问题、向国家提供粮食和税费、落实国家的计划生育政策、征兵及民兵训练、烈军属优抚、困难户补贴、孤寡人员照顾、义务教育、村庄环境整治等任务。[1]

在农用地规模经营出现之前,农民通过分配来承包农用地,这种分配一般采用按人口均分的办法,土地归集体组织所有。在农地规模经营出现之后,土地仍然归集体所有,但土地承包权开始流转,这是基于农业生产发展的需要。这一时期,农村集体建设用地制度经历了从人民公社制度后期的集体所有、免费使用、无偿划拨流转,到集体所有、试行集体建设用地补偿制度,再到对部分集体建设用地实行补偿制度或有偿使用制度,最后到禁止农村集体土地出让、转让的农村土地制度。[2] 1982 年第五届全国人民代表大会第五次会议对《宪法》进行修改,废除原先政社合一的人民公社国家政权组织,规定乡、民族乡、镇为我国最基层行政区域,乡镇人民政府为最基层国家政权;同时将原先的大队改为村,将农村地区按户籍所在地设立的村委会规定为基层群众性自治组织。建立乡级人民政府主要是将人民公社改为乡(镇)人民政府,将生产大队改为农村村委会,把生产队改为村民小组。到 1984 年年底,我国最基层行政区域的改制基本完成。截至 1985 年,全国共建 79,306

---

〔1〕 参见王习明:《城乡统筹进程中的乡村治理变革研究》,人民出版社 2012 年版,第 50 页。

〔2〕 参见中共中央文献研究室综合研究组、《党的文献》编辑组编著:《三中全会以来的重大决策》,中央文献出版社 1994 年版,第 110 页。

个乡、3144 个民族乡和 9140 个镇，948，628 个行政村和 588 万多个村民组。[1] 1988 年实施的《村民委员会组织法（试行）》开创村民直接选举村委会主任、副主任和委员的制度，由村民民主选举、民主决策、民主管理、民主监督，“乡政村治”管理体制由此确立。

“乡政村治”社会治理模式的基本内容：（1）乡人民政府作为国家最基层政权，行使国家行政权力，在其所属辖区进行必要的管理和提供社会公共服务，农民个体的经济活动不再受体制内的随意调遣和控制；（2）村委会是基层群众性自治组织，本身不是一级国家政权，也不是农村集体经济组织；（3）乡镇人民政府与村委会之间不存在直接的隶属关系，乡镇人民政府对村委会进行指导，村委会协助乡人民政府开展必要工作，并向乡镇人民政府反映村民的意见和要求，是村民和乡镇人民政府之间沟通的桥梁；（4）农民对乡镇基层政权机关和村委会不再存在强烈的人身依附关系，无论是乡镇基层政权机关还是村委会，都无权直接干涉农民的具体生产经营活动和农民的正常生活。相较人民公社体制，“乡政村治”模式下，国家权力在单个农民身上逐渐“松绑”，农民无论是在生产经营还是在个人生活方面，都获得了空前自由。农村劳动力从对集体的依附中解放出来，除进行农业生产外，还有一部分开始从事工商业活动或进城务工，这部分农村劳动力发展到后面成为数量巨大的农民工群体。这就促进了我国农村地区，尤其是我国东部地区，乡镇企业和私营经济的发展，东南沿海少数农村地区工业化和城市化发展迅速，以长三角、珠三角为代表的农村地区工业化的程度更是不断提高，部分农村地区出现了以工补农、农工协同发展的良好局面。

在我国农村经济体制改革之后，我国工商业领域的改革也逐渐开始探索和推进。通过对内改革和对外开放的协同政策，我国各地逐渐出现个体工商业和私营经济，境外资本逐渐进入我国投资办厂，私营企业和外资企业等非国有经济逐渐发展壮大，改变了原先国有经济“一统天下”的经济格局。从人民公社体制中解放出来的农村劳动力，正好为这些非国有经济的发展提供

---

〔1〕 参见国家统计局：《中国统计年鉴 1997》，中国统计出版社 1997 年版，第 366 页。

了充足的劳动力,两者结合促进了国家工业化的快速发展。农民离开自己原来的住所到工业发达地区务工,获得了相当数量的收入。这改变了农村地区收入仅依靠农业生产这一途径的局面,实现了农村家庭收入来源的多元化,在很大程度上弥补了农业产出增长有限的不足,对提高农民家庭收入起到了重大作用。

家庭联产责任承包制的实施极大地激发了农民的生产积极性,使我国农业产值在短时期内获得快速增长。然而,这并不能改变农业本身就是弱势产业的本质属性。而且,家庭联产承包责任制只是实现了土地所有权和土地经营权的分离,使农民获得了农业生产经营活动的自主权,并没有从根本上改变我国城乡二元结构的基本体制,统购统销和其他摄取农村资源以支持城市化和工业化的政策也未发生根本性改变。家庭联产承包责任制,本身并没有从根本上协调好农民与国家之间的分配关系。20 世纪 80 年代中期以后,家庭联产承包责任制的制度红利已经达到了最大限度。在此后相当长的一段时间内,虽然我国农业产出依旧保持较高的增长速度,但是农民的可支配收入并没有保持同步增长,甚至出现了"增产不增收"的现象,部分年份还出现了农民收入增幅下降的现象。例如,1989～1991 年虽然农业生产获得丰收,但农民人均纯收入实际增幅仅为 0.7%,1991 年为负增长。1996 年农民人均纯收入比上年实际增长 9%,1997 年增幅降至 4.6%,1998 年进一步降至 4.3%。[1]

一方面农民收入水平没有得到快速提高,另一方面农民的负担却不断加重。有关调查数据显示:"三提留、五统筹"和其他收费,1990 年为 381 亿元,1991 年为 428 亿元,1992 年为 484 亿元。农民承担的税费额 1990 年为 55.8 亿元,占农民收入的 9.3%;1991 年为 60.8 亿元,占农民收入的 8.9%;1992 年为 71.1 亿元,占农民收入的 10%。[2] 至 2000 年,农民承担的税费总额达 1359 亿元,比 1990 年的 469 亿元增长 1.89 倍。其中,农业税收负担增长

---

〔1〕 参见朱守银:《农村基层制度创新与税费体制改革问题研究——减轻农民负担的制度环境与制度创新》,载《经济研究参考》1999 年第 8 期。

〔2〕 参见赵云旗:《中国当代农民负担问题研究(1949－2006)》,载《中国经济史研究》2007 年第 3 期。

4.28倍，村级提留的费用增长0.62倍，乡级统筹的费用增长1.29倍，其他收入增长4.70倍，农民人均负担增长2.01倍，农民税费负担占农民收入的比重大约上升了7%～12%。贫困地区和低收入农户的税费负担更加沉重。20世纪90年代初，山西、甘肃、河南、安徽农户总负担(各种税费加农户教育支出)占家庭纯收入的15%～20%。人均收入最低农户的各种税费占家庭纯收入的比重，1986年为10.5%，1999年增加到25.5%，增长了1.5倍。如果再加上教育支出，最低收入农户的总负担占比就从1986年的13.7%上升到了1999年的55.1%。[1] "据有关专家估计，2000年农村的其他乱收费数额可能在724亿～1086亿元，远比以上统计数据高。""这一时期是新中国成立以来农民负担最重的时期，税费都在大幅增长，2000年的税费总额比1994年增加401亿元，农业税增长234亿元，三提五统及其他收费增加137亿元。农业税费特别是费的增长让农民难以忍受。"[2]

造成农民负担加重的因素较多，其中主要的因素有：(1)农村公共产品和准公共产品的供给基本上全部依靠对农民财富的直接摄取。改革开放以后相当长一段时期内，国家对公共产品的供给仍然采取城乡二元体制。城市公共产品的供给由国家财政直接提供，而农村公共产品基本上由农民自行负担。国家对农村的农业基础设施和基本公共产品的供给投资不足。1998年，农业基本建设投资占全部固定资产投资比例仅为1.9%。[3] 农业支出占国家财政支出的比重一直呈下降趋势，1991～1995年分别为：7.19%、7.18%、6.96%、6.90%、6.30%，1996年提高到6.42%，1997～1998年又依次下降为6.07%、5.79%。[4] 这种公共产品二元供给体制使农村地区公共产品短缺，农业水利设施的建设与维护以及交通运输、电力供应、教育设施、

---

〔1〕 参见陶然、刘明兴、章奇：《农民负担、政府管制与财政体制改革》，载《经济研究》2003年第4期。

〔2〕 参见赵云旗：《中国当代农民负担问题研究(1949－2006)》，载《中国经济史研究》2007年第3期。

〔3〕 参见陶勇：《农村公共产品供给体制与减轻农民负担》，载《北京科技大学学报(社会科学版)》2003年第2期。

〔4〕 参见国家统计局：《1999年统计年鉴》，载国家统计局官网，http://www.stats.gov.cn/yearbook/indexC.htm，最后访问日期：2022年10月15日。

农村公共卫生等公共事业的建设与发展缺乏资金来源。在国家财政投入短缺的情况下,地方政府只能通过非税收入弥补资金缺口,地方基层政府只能通过向农民摊派这一途径获取必要资金,农民在税收之外的负担必然越来越重。(2)没有以法定化方式固定农民和国家之间的分配关系。在农村家庭联产承包责任制内,农民的核心义务是"交足国家、留够集体",剩下的才是自己的,实行家庭联产承包责任制以后,农民除必须缴纳公粮外(后来又增加了农林特产税),还应当向集体和乡镇人民政府缴纳公积金、公益金、管理费,即3项"提留",以及办学、计划生育、优抚、民兵训练和交通这5项公共事业所需费用,即5项"统筹"。无论是3项"提留"还是5项"统筹",都没有法定化标准。(3)我国中央和地方财权和事权不匹配。地方基层政府事权较多、财权较少,地方政府的资金不足以支持基层的正常运行,而在制度设计上又没有赋予农民与基层组织增加农民负担的行为相抗衡的力量。因此,针对农民负担过重的问题,中共中央和国务院曾经多次下达文件,禁止地方政府向农民进行不合理的摊派。但是,合理的判断本身就具有较大弹性,但实际上收效甚微。

三、"乡政村治"的问题及其与农村土地制度的关系

农村和农业稳定是社会稳定的基础,农业产业原本就是弱势产业,农业产出相对有限,让农民长期承担过重的税赋,不但制约了我国农村的发展,也带来了问题。与人民公社体制下生产大队直接维护控制农民的生产生活不同,人民公社体制下政府可以通过生产大队征收粮食和其他人力、物力,对农民有极强的控制力,因而政府不需要与每一农户发生直接的联系就可以取得所需的人财物。20世纪80年代中后期开始,尤其是到了2000年前后,随着农民负担的加重,各种形式的税费遭到农民的抵触,给地方政府和乡干部的征收工作带来了困难。

随着改革开放的推进,我国工商业快速发展并取得了巨大成就,政府积累了雄厚的财力资源。同时,随着中国加入世界贸易组织,政府面临农产品对外开放的问题。到2006年,中央政府正式取消长期存在的农业税,我国延

续了2000多年的农业税正式消亡。在取消农业税的基础上，中央政府通过转移支付等方式，加大对我国农村地区基础设施建设的投入，并彻底消除了广大农民的税收与非税收负担。同时，面对我国农村农业不发达的现实，政府对每一农户进行农业生产补贴。上述一系列措施的实施，大大减轻了农村和农民的负担，农村税费导致的农民负担过重问题基本消失，政府和农民的关系大大缓和，从此我国进入了后农业税时代。

“乡政村治”农村治理体制的确立，再加上农村家庭联产承包责任制的实施，农民获得了生产经营活动的自主权。但是，此时农村土地权利的结构仍基本保留了人民公社体制所确立的土地所有权结构。这表现在两个方面：一方面，农村土地归集体所有，农民或者农户对其经营管理的土地不具有所有权，只能享有经营权；另一方面，农村集体土地所有权残缺。从表面上看农村集体对其土地享有所有权，但这种所有权不是法律意义上的所有权。因为按照我国物权法律制度的规定，所有权，是指土地所有权人对土地享有的占有、使用、收益和处分权利，而人民公社体制解体以后，作为土地所有权人的农村集体经济组织，对其享有的土地不拥有处分权。也就是说，虽然农民集体对土地享有所有权，但农村集体无权对其享有的土地进行转让。任何农业用地要转化为非农建设用地，一律由国家对农村土地进行征用，由国家按照自己确定的价格对农村集体和土地使用权人——农民进行补偿。征地补偿制度相对于人民公社体制下国家可以随意调拨农村土地的制度，有一定的进步。但是，在这种土地集体所有的制度下，农村集体不能对其所有的土地进行流转处分，农民对其承包经营的土地以及农民宅基地和其他集体建设用地不能进行市场化流转。这为国家大规模征地以发展工业和城市化建设提供了便利，土地财政由此产生。

20世纪90年代初期开始，我国在经济领域进行全面的改革开放，经济体制开始从计划经济向社会主义市场经济转变。新的税收分成制度实行以后，主要的税种和税源都归中央政府所有，地方政府的税收来源主要是营业税。由于中央和地方政府的财权和事权不匹配，地方工业发展、教育投入、城市基础设施建设、交通运输等各项支出都需由地方政府筹取资金；同时，地方官员面临政绩压力，区域经济竞争进一步加剧。在此情形下，地方政府通过低价征收农村土地，来支持工业园区、城市基础设施建设和房地产开发，便成了一种自然而然的选择。由此引发了两大问题。

第一，全国耕地面积不断减少，耕地质量有所下降。据2011年2月全国人大农业与农村委员会审议国家发展和改革委员会《关于落实全国人大常委会对国家粮食安全工作情况审议意见的报告》，1997年我国的耕地总量为19.51亿亩，到2006年则下降到18.27亿亩，10年间我国耕地面积减少了1.24亿亩。2006年全国人均耕地面积已下降到1.39亩。"目前，我国人均耕地面积由10多年前的1.58亩减少到1.38亩，仅为世界平均水平的40%。"[1]正因如此，2008年10月，党的十七届三中全会明确提出："坚持最严格的耕地保护制度，层层落实责任，坚决守住十八亿亩耕地红线。划定永久基本农田，建立保护补偿机制，确保基本农田总量不减少、用途不改变、质量有提高。"2017年国土资源部（现自然资源部）、国家发展改革委印发《全国土地整治规划（2016～2020年）》。该规划指出，随着"五化"同步加快推进，"十三五"期间因生态退耕、农业结构调整、建设占用等预计耕地面积将减少7000多万亩。同时，我国耕地后备资源总面积约8000万亩，其中，集中连片的耕地后备资源仅2800多万亩，中低等耕地比例达70%，有灌溉条件的耕地只占51.5%，耕地数量质量现状与推进农业现代化的要求存在较大差距。因此，必须大力推进土地整治，努力补充优质耕地，加强基本农田建设，全面提升耕地质量，提高粮食产能，切实落实"藏粮于地"战略。该规划同时指出，2020年我国户籍人口城镇化率将达到45%左右，每年将有1600多万人进城落户，同时协同推进四大板块、实施三大战略，需要提供建设用地保障，"十三五"期间全国新增建设用地需求达到3200多万亩。上述建设用地占用农业用地，都是国家通过对农村土地的征收来完成的。

第二，征地制度造成了土地财政问题。为了推动工业化和城市化的快速

---

[1]《我国目前耕地面积约18.26亿亩　已经减少1亿多亩》，载中央政府网2011年2月24日，http://www.gov.cn/jrzg/2011-02/24/content_1810106.htm。

发展,地方政府大量征用农村土地,通过低廉价格征用农村土地进行招商引资,低价出让工业用地,降低工业生产成本,扩大税基。1994 年中国实行住房商品化社会化制度改革以后,城市房地产市场快速发展,政府管控一级土地市场,以招、拍、挂的方式获得高额土地出让金。有学者对 30 多个城市进行分析测算,得出土地平均出让收益是其成本的 18 倍的结论。1999 ~ 2010 年,地方政府土地出让收入从 639.76 亿元提高到 2.91 万亿元,年均增长率高达 41.53% ,与地方财政一般预算收入、地方政府财政收入总量的比值,分别从 11.43% 、5.6% 提高到 71.79% 、39.99% 。[1] 我国土地出让金收入从 2007 年的 12,216.72 亿元上升到 2016 年的 36,361.68 亿元。政府土地出让金收入和政府一般预算收入的比值在 2016 ~ 2017 年有升有降,呈现曲折上升的趋势,比值基本上在 40% 以上。[2] 这表明,土地出让金收入是政府收入的一个重要组成部分,地方政府对土地财政的依赖程度相当高,土地出让金收入成为地方税收收入的支柱,由此带来房地产业和建筑业的繁荣发展。[3] 上海易居房地产研究院 2019 年 1 月 24 日发布《地方政府对土地财政的依赖度报告》。该报告指出,2018 年房地产“五税”[4] 总收入为 17,968 亿元,创下历史新高;以“五税”加土地出让金的口径来计算,2018 年土地财政收入占地方财政收入的 51.0% ,较 2017 年上升 3.3 个百分点,创下历史新高,贡献了超过一半的地方财政总收入。[5] 土地财政收入是一次性收入,注定了其具有不可持续性,对经济的不可持续发展显而易见的。这些年来,我国地方政府债务高居不下。其中的重要原因就是,地方政府利用土地储备,将土地抵押

---

[1] 2010 年的数据来自财政部 2011 年 3 月 5 日提请第十一届全国人民代表大会第四次会议审议的《关于 2010 年中央和地方预算执行情况与 2011 年中央和地方预算草案的报告》。其他数据源于国家统计局编写的 2000 ~ 2010 年的《中国国土资源统计年鉴》《中国统计年鉴》。

[2] 参见国家统计局编:《中国统计年鉴 2017》,中国统计出版社 2017 年版。

[3] 参见王晓阳:《重新审视土地出让金改革——一个国有产权和公共财政的框架》,载《当代财经》2007 年第 2 期。

[4] “五税”,是指房产税、城镇土地使用税、契税、耕地占用税、土地增值税。这 5 个税种涵盖了房地产开发交易的所有环节,是房地产税收体系中的主体税种。另外,企业所得税和增值税中也兼顾房地产类税收,因此,与房地产相关的共有“七税”。

[5] 参见《报告:2018 年地方政府对“土地财政”依赖度创新高》,载腾讯房产网,http://www.my68.com/news/20190125120246284418O.html。

给银行和非银行金融机构进行举债。这成为我国经济运行不稳定的风险源。

我国城市化发展和工业化进程所需要的土地,绝大部分源于对农村集体土地的征收。中央政府一直在严格控制地方政府的征地行为,严厉要求保护耕地,要求在土地征收过程中保护农民利益。但由于征地补偿的标准低于土地市场价格,征地遭到了农民的抵触。在此背景下,村民自治可能受到伤害。村民自治的主要方式是村委会,村委会干部理论上是农民利益的代表者,但是按照规定村委会干部必须接受基层政府的指导。

农村土地征用与拆迁会引发问题的重要原因之一,在于我国的土地城乡二元结构。在工业化和城市化进程中,需要占用农村土地是无可回避的现实,但由此引发的治理问题的根源在于土地的城乡二元结构,与我国现行农村土地制度的缺陷存在密不可分的关系。单向度非市场化的农村土地流转制度,决定了对任何农村土地的占用都只能采取征地模式。地方政府在将农村土地转化为国有用地的过程中,利用土地出让金与土地补偿款之间的价差在短期内可快速积累资金。同时,地方政府通过与房地产有关的税费来获取土地财政收入,支持城市化和工业化的快速发展。根据我国 2004 年之前的《宪法》以及 2004 年修订之前的《土地管理法》的规定,国家为了国家建设的需要,可以对非国有的农村土地进行征收;农村集体土地不能进行市场化流转,在集体土地上所建的房屋只能在集体成员内部流转。后来针对农村征地损害农民利益日益严峻的问题,国家于 2019 年对《土地管理法》进行了修改,将农村土地征收范围缩小为“为了公共利益的需要”,但是农村土地仍然无法进行市场化流转,通过征地将农村土地转化为国有土地仍然是农村土地非农化的唯一途径。在集体土地上建造的房屋仍然不能进行市场化流通。因此,尽管《土地管理法》等相关法律和政策缩小了农村征地的范围,但是在农村集体土地禁止入市的背景下,限缩征地范围的法律和政策事实上很难执行到位。近几年来,我国各地政府逐步提高了征地补偿标准,征地拆迁引发的矛盾有所缓和。要从根本上解决问题,就要减少地方政府因土地财政冲动进行的土地征收,必须对我国的房地产税制重新进行全面设计,并对我国现行的农村土地制度进行改革,使我国的承包地和集体建设用地能够进行合理的市场化流转，在保障农业用地的同时，化解建设用地的城乡二元结构，才是解决我国农村土地问题的根本之道。

四、近些年我国农村土地流转的探索

发端于1978年的农村土地改革，是我国农村生产经营方式和乡村治理的巨大变革，也是我国改革开放以来取得的巨大成就之一。但是，我国广大农村地区存在的隐性失业、农业生产经营碎片化的问题，以及基于工农业产品"剪刀差"和农业本身的弱势产业属性，决定了农村的贫困问题难以从根本上得以解决。与此同时，在我国农村改革之后，国家开始了工商业改革。20世纪80年代后期开始，我国广大城市和城镇地区及东南沿海农村地区出现了大量的个体工商业者，乡镇企业、私营企业和外资企业如雨后春笋般快速发展，吸收了大量的农村劳动力，开始了持续近40年的农村劳动力向城市转移的现象。这些外出务工的农民在城市获得的收益远高于在农村务农获得的收入。青壮年劳动力离开农村地区进城务工，农村常住人口急剧减少，工业不发达的农业地区只剩下老人和小孩留守，我国广大农村地区呈现萧条破败的"空心化"现象。大量农村土地撂荒，以规模化生产经营为标志的现代农业无法在我国农村地区建立起来。宅基地和其他农村集体建设用地不得进入市场流转，农民无法从土地房屋转让中获得应有收入，既浪费了农村土地资源，又打击了相当部分进城务工人员在城市定居的积极性。

此外，随着20世纪80年代后期90年代初期我国经济体制改革的推进，我国城市化进程不断加速。针对地方政府在经济建设过程中占用农业用地，我国耕地面积不断缩小的现实（详见图1－1），自1998年开始，国土资源部（现自然资源部）每年均对各省、自治区和直辖市下达年度建设用地指标，严格禁止突破年度用地指标，并且要求各地方不得减少耕地面积。

自2006年开始，我国实施了耕地占补平衡政策。任何地方政府若因为建设需要占用耕地，必须通过复垦等其他方式补充同等数量面积和同等质量的耕地，补充的耕地面积指标与各省、自治区、直辖市可以获得的建设用地指标总量相挂钩。这些政策在一定程度上减缓了城市化和工业化建设占用农

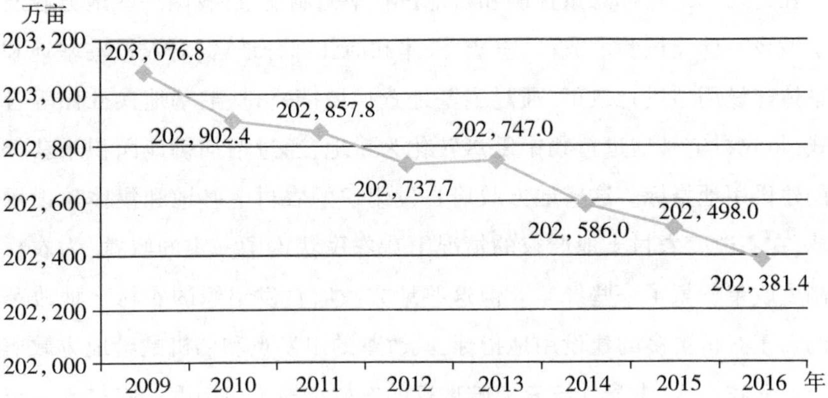

图 1-1　2009~2016 年我国耕地面积情况

注：根据自然资源部"土地调查成果共享应用服务平台"公布的 2009~2016 年全国土地调查数据整理而得，载自然资源部官网，http://tddc.mnr.gov.cn/to_Login。

业用地的增长速度。根据有关统计数据，2015 年，全国因建设占用、灾毁、生态退耕、农业结构调整等原因减少耕地面积 30.17 万公顷，通过土地整治、农业结构调整等增加耕地面积 24.23 万公顷（详见图 1-2）。

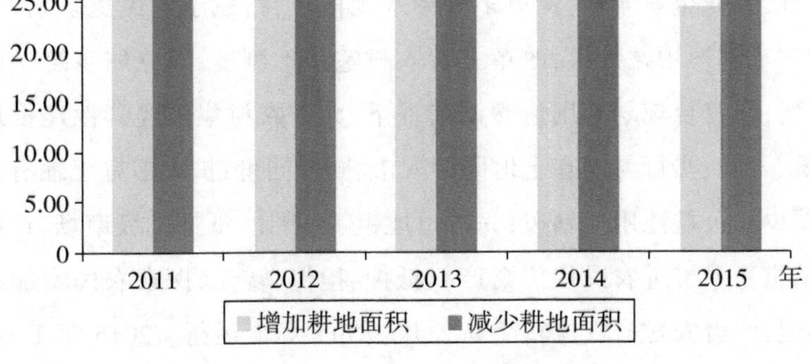

图 1-2　2011~2015 年耕地增减变化情况

资料来源：自然资源部公布的《2016 年中国国土资源公报》。

在建设用地指标总量控制和耕地占补平衡制度下，我国一些地方政府开始了城乡一体化试验。成都、重庆、天津和浙江部分地区，对农村宅基地和其他集体建设用地进行改革，通过宅基地置换城镇户口、宅基地换社保等各种方式，将农村宅基地进行集中复垦转化为耕地，通过增加耕地面积来获得更多的建设用地指标。这些地方政府自发组织的农村宅基地和集体建设用地改革，在不改变农村土地产权的情况下让农民获得了一定的收益，为农村土地制度改革积累了一些经验。但这些地方政府自发组织的农村土地改革的目的在于获得更多的建设用地指标，其改革的出发点和动机是给地方政府增加土地财政收入，本身并没有突破现行的农村土地法律制度。农村土地权利制度的改革及农村土地流转方式的变化，需要由中央政府通过顶层设计，在全国范围内进行我国农村土地制度根本性变革来推动。

中国共产党第十八次全国代表大会开启了全面深化改革的战略部署，会议指出要推动城乡一体化建设。2013 年 11 月，中共中央十八届三中全会通过了《中共中央关于全面深化改革若干重大问题的决定》，该决定提出，坚持家庭经营在农业中的基础性地位，推进家庭经营、集体经营、合作经营、企业经营等共同发展的农业经营方式创新；稳定农村土地承包关系并保持长久不变，在坚持和完善最严格的耕地保护制度前提下，赋予农民对承包地占有、使用、收益、流转及承包经营权抵押、担保权能，允许农民以承包经营权入股发展农业产业化经营；鼓励承包经营权在公开市场上向专业大户、家庭农场、农民合作社、农业企业流转，发展多种形式规模经营；赋予农民更多财产权利，保障农户宅基地用益物权，改革完善农村宅基地制度；建立城乡统一的建设用地市场，在符合规划和用途管制前提下，允许农村集体经营性建设用地出让、租赁、入股，实行与国有土地同等入市、同权同价；扩大国有土地有偿使用范围，减少非公益性用地划拨；完善土地租赁、转让、抵押二级市场，选择若干试点，慎重稳妥推进农民住房财产权抵押、担保、转让，探索农民增加财产性收入渠道，使得农村产权流转交易公开、公正、规范运行。2015 年 1 月，中共中央办公厅和国务院办公厅联合印发了《关于农村土地征收、集体经营性建设用地入市、宅基地制度改革试点工作的意见》。该意见提出建立农村集体经营性建设用地入市制度，针对农村集体经营性建设用地权能不完整，不能同等入市、同权同价和交易规则亟待健全等问题，提出要完善农村集体经营性建设用地产权制度，赋予农村集体经营性建设用地出让、租赁、入股权能；明确农村集体经营性建设用地入市范围和途径；建立健全市场交易规则和服务监管制度。2015 年 2 月，中共中央、国务院印发了《关于加大改革创新力度加快农业现代化建设的若干意见》。该意见提出稳步推进农村土地制度改革试点，在确保土地公有制性质不改变、耕地红线不突破、农民利益不受损的前提下，按照中央统一部署，审慎稳妥推进农村土地制度改革；分类实施农村土地征收、集体经营性建设用地入市、宅基地制度改革试点；制定缩小征地范围的办法；建立兼顾国家、集体、个人的土地增值收益分配机制，合理提高个人收益；完善对被征地农民合理、规范、多元保障机制；赋予符合规划和用途管制的农村集体经营性建设用地出让、租赁、入股权能，建立健全市场交易规则和服务监管机制。2015 年 2 月 27 日全国人民代表大会常务委员会通过《关于延长授权国务院在北京市大兴区等三十三个试点县（市、区）行政区域暂时调整实施有关法律规定期限的决定》。2015 年 12 月 27 日，第十二届全国人民代表大会常务委员会第十八次会议通过《全国人民代表大会常务委员会关于授权国务院在北京市大兴区等 232 个试点县（市、区）、天津市蓟县（现蓟州区）等 59 个试点县（市、区）行政区域分别暂时调整实施有关法律规定的决定》，该决定指出，为了落实农村土地的用益物权，赋予农民更多财产权利，深化农村金融改革创新，有效盘活农村资源、资金、资产，为稳步推进农村土地制度改革提供经验和模式，在试点区域暂时调整实施《物权法》和《担保法》（均已失效）关于集体所有的耕地使用权不得抵押的规定。2018 年 12 月，全国人民代表大会常务委员会《关于延长授权国务院在北京市大兴区等三十三个试点县（市、区）行政区域暂时调整实施有关法律规定期限的决定》选择了 33 个地区进行试点，试点成果呈报上级部门进行验收和评估，对实践证明可行的，修改完善有关法律；对实践证明不宜调整的，恢复施行有关法律规定。

此后，我国展开了一系列农村土地制度改革试点工作。中共中央、国务院以及相关部委多次下达文件,重申坚持农村土地集体所有,稳定家庭联产承包责任制,鼓励农村承包地的流转,发展家庭农场等多种形式的农业生产经营主体,达到土地的适度规模化经营。保护农民的土地房屋财产权、增加农民的财产性收入、探索承包地经营权改革是试点工作的重要内容。2015年8月国务院出台《关于开展农村承包土地的经营权和农民住房财产权抵押贷款试点的指导意见》。该意见指出要引导农村土地经营权有序流转,慎重稳妥推进农民住房财产权抵押、担保、转让试点,做好农村承包土地经营权和农民住房财产权抵押贷款试点工作。2015年12月,中共中央、国务院出台《关于落实发展新理念加快农业现代化实现全面小康目标的若干意见》,该意见提出要深化农村集体产权制度改革,具体而言:到2020年基本完成土地等农村集体资源性资产确权登记颁证、经营性资产折股量化到本集体经济组织成员,健全非经营性资产集体统一运营管理机制;稳定农村土地承包关系,落实集体所有权,稳定农户承包权,放活土地经营权,完善"三权"分置办法,明确农村土地承包关系长久不变的具体规定;继续扩大农村承包地确权登记颁证整省推进试点;依法推进土地经营权有序流转,鼓励和引导农户自愿互换承包地块实现连片耕种;研究制定稳定和完善农村基本经营制度的指导意见。2020年中央一号文件中共中央、国务院《关于抓好"三农"领域重点工作确保如期实现全面小康的意见》提出要抓好农村重点改革任务,具体而言:完善农村基本经营制度,开展第二轮土地承包到期后再延长30年试点,在试点基础上研究制定延包的具体办法;制定农村集体经营性建设用地入市配套制度;以探索宅基地所有权、资格权、使用权"三权"分置为重点,进一步深化农村宅基地制度改革试点。《民法典》正式以法典形式确立了我国农村承包土地的"三权"分置制度。自此,我国对承包地、宅基地、集体经营性建设用地实行分类改革,拉开了农村土地权利结构改革和入市流转的新序幕。

第二章　当前乡村治理及其中的土地制度因素

发端于20世纪70年代末的中国农村体制改革,是我国农村社会发展历史上具有划时代意义的转折。这场改革,使广大农村迸发前所未有的活力。这场改革,在经济层面是以农户取得土地的承包经营权为核心的,实行土地集体所有、农户承包经营的生产经营制度;在乡村治理层面,形成了以"乡政村治"模式为核心的乡村治理格局。"乡政村治"的乡村治理模式具有封闭性,在我国工业化和城市化浪潮下,难以适应当前经济社会发展的特性,广大农村出现了"空心化"、老龄化等现象,乡村治理面临前所未有的困境,极大地制约我国农村发展和城乡一体化进程的推进。乡村治理困境的出现固然有"乡政村治"治理模式自身局限性的原因,但我国农村"集体所有,农户承包经营"的土地制度安排,在新时代发展的背景下,使农村生产力受到束缚,加剧了我国乡村治理的困境。中共十九届五中全会提出要实施乡村建设行动,深化农村改革,加快农业农村现代化。要使这些重大方针政策能够有效实行,就要对我国现行乡村治理和发展及其制约因素加以深刻剖析,并从这些问题出发找寻应对之策。

第一节　当前我国乡村治理问题

改革开放以来,中央政府一直根据社会发展的需要,不断推进乡村治理建设,但由于土地制度改革滞后以及城乡二元结构没有从根本上得以改变,在城镇化和快速工业化大潮的冲击下,我国现行乡村治理出现了一些问题。这些问题主要表现为,农村人口老龄化程度严重、农村"空心化"程度高、农村公共产品供给不足与低效、农村面源污染严重等。

一、农村人口老龄化比城市更加突出

按照世界卫生组织的标准,当某国或地区60岁以上(包括60岁)的人口占该国或地区人口总数的10%时,或者65岁以上(包括65岁)人口占人口总数的比例超过了7%时,该国或地区即步入人口老龄化社会。根据国家统计局2010年第六次全国人口普查数据,我国60岁及以上人口占全国总人口的13.26%,比2000年上升2.93个百分点,其中65岁及以上人口占8.87%。同2000年第五次全国人口普查数据相比,60岁及以上人口的比重上升2.93个百分点,65岁及以上人口的比重上升1.91个百分点。至此,我国已经进入老龄化社会。截至2016年年底,我国65岁以上老年人占比已达10.85%,约1.26亿人。

一个社会的平均寿命水平和老龄化程度,取决于居民的生育意愿和生育水平、居民营养程度、环境卫生状况、医疗资源水平等要素。近几年,基于我国人口增长数量下降和生育年龄妇女生育意愿降低的情况,我国先后实行了"单独二孩"政策和"全面二胎"政策,但是育龄妇女生育意愿并不高,"单独二孩"和"全面二胎"政策没有从根本上扭转人口出生率进一步下降的趋势(见图2-1)。[1]

〔1〕 根据国家统计局官网公布的年度"人口"数据整理而得,载国家统计局官网,http://data.stats.gov.cn/easyquery.htm? cn=C01,最后访问日期:2022年10月15日。

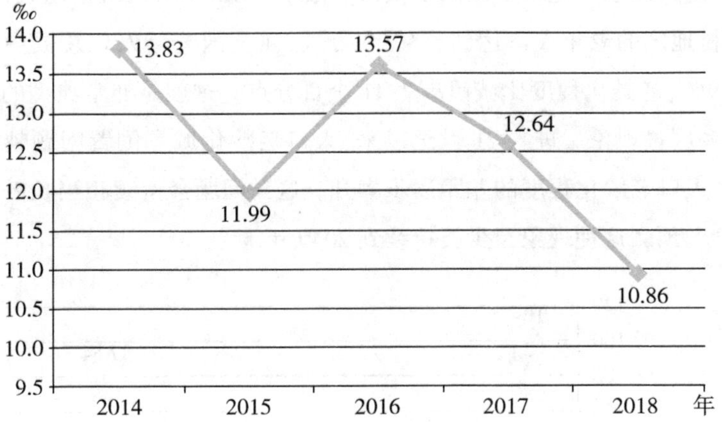

图 2-1　2014～2018 年我国人口出生率

同时，由于城乡二元结构存在时间较长，我国城乡之间在营养条件、环境卫生状况、人均医疗资源等方面，一直存在较大差距（城乡人均卫生资源比较见图 2-2）。[1] 正因为上述城乡差距的存在，人们一般认为我国农村居民的平均寿命低于城市居民，农村人口老龄化程度应当比城市的低。然而，相关统计数据表明，我国农村人口老龄化程度高于城市。新中国成立后前 30 年，由于我国注重工业化建设而忽视了城镇化建设，我国城市化进度缓慢。1980 年中国人口总数量是 98,705 万人，其中，农村人口数量为 79,565 万人，大量人口都聚集在乡村。在我国 1982 年第三次全国人口普查到 2000 年第五次全国人口普查期间，农村及城市地区人口老龄化程度均有一定幅度的提高，其中，城市地区人口老龄化程度上涨了 2.3 个百分点，而农村地区比城市涨幅更高，增加了 3.1 个百分点。1993 年我国农村地区人口老龄化程度还低于城市地区，农村地区老龄人口占比为 5.92%，而城市地区的为 6.63%；到 1995 年，农村和城市的人口老龄化程度趋于接近，农村为 6.68%，城市为 6.96%；而到 2010 年，我国农村地区人口老龄化程度已超过城镇，65 岁以上（包括 65 岁）人口占比 10.06%。也就是说，虽然农村经济发展水平远远低

---

[1] 根据国家统计局官网公布的年度“卫生”数据整理而得，载国家统计局官网，http://data.stats.gov.cn/easyquery.htm? cn=C01，最后访问日期：2022 年 10 月 15 日。

于城镇，但人口老龄化水平却高于城镇。截至2010年第六次全国人口普查，我国农村地区的老年人口达到了9330万人，在全国老年人口总数中的占比为68.19%，老龄化程度比城镇高2.41个百分点。这就是非常典型的人口老龄化城乡倒置现象。进入21世纪以来，人口老龄化城乡倒置问题越来越严重，城乡人口老龄化程度的差距逐步攀升。这一问题会持续相当长的一段时间，有学者预测这种现象至少要持续到2040年。[1]

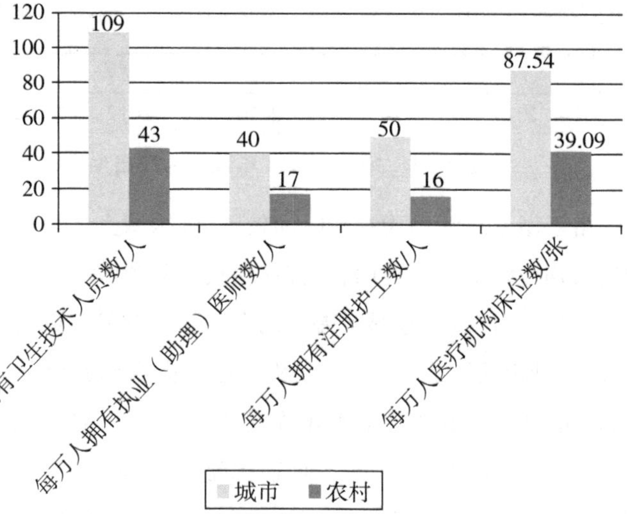

图2-2 2017年城乡人均卫生资源比较

我国农村人口老龄化程度高于城市，主要是因为以下两个原因：一是我国农村地区基本上不受近几年计划生育政策松绑的影响。自从20世纪80年代我国开始实施计划生育政策以来，无论是城镇还是农村地区的人口增长速度都不断放缓，人口出生率不断下降。近几年，中央政府对人口政策进行了适当的调整，在全国范围内先后实施了"单独二孩"和"全面二胎"政策。但是我国农村地区计划生育政策执行的严厉程度原本就比城市更宽松，单独一胎的家庭数量较少，大部分农村家庭都是二胎或者二胎以上。因此，"单独

[1] 参见李辉、王瑛洁：《中国人口老龄化城乡倒置现象研究》，载《吉林大学社会科学学报》2012年第1期。

二胎”和“全面二胎”政策对计划生育政策的放宽,本身未给农村人口出生率带来增长。二是大量农村青壮年人口向城市转移。我国农村人口老龄化速度快以及农村人口老龄化程度高于城市的主要原因在于,随着我国城市化和工业化进程的加快,大量农村青壮年劳动力从农村向城市转移。1980 年中国人口总数为 98,705 万人,其中,农村人口数量为 79,565 万人;到 2016 年中国人口总数达到 138,271 万,其中,农村人口数量为 58,973 万人。从 1980 年到 2016 年,我国人口总量增加 39,566 万人,但是农村人口总量仍然减少了 20,592 万人。[1] 这说明在这 36 年间,超过 2 亿农村人口进城落户,而绝大部分进城落户的农村人口是青壮年劳动力,有相当数量的家庭只有儿童和青壮年进城定居,老年人仍然留在农村居住生活。除农村居民进城定居外,还有数量极其庞大的农村青壮年劳动力常年在城市务工。根据国家统计局《2016 年农民工监测调查报告》的数据,2016 年从农村进城务工的青壮年农民工总量达到 28,171 万人。[2] 在这些进城务工的青壮年劳动力中虽然相当数量的人最终会返回农村地区,但他们常年在城市工作和生活,已成为城市的常住人口。大量农村青壮年劳动力从农村地区向城市地区转移,降低了城市人口的老龄化程度,同时也提高了农村地区人口的老龄化程度。再加上部分城市居民退休后返回农村定居,更加剧了我国农村地区的人口老龄化程度。

农村人口老龄化制约了我国农村经济的发展。在我国广大农村,家庭是最基本的生产单位及经济单位。青壮年原本是农村的主要劳动力,是进行农村建设的“主力军”,但我国农业的实际情况是,以土地经营为主的农业产业无法吸收数量巨大的农村劳动力人口,无法为广大农村居民提供足够的就业机会。如果全部农村人口仍然滞留在农村地区,农村地区势必出现大量隐性失业人口。工业化进程中农村劳动力向城市转移,是任何国家在向现代化国

〔1〕 参见国家统计局:《中华人民共和国 2016 年国民经济和社会发展统计公报》,载国家统计局官网,http://www.stats.gov.cn/tjsj/zxfb/201702/t20170228_1467424.html。

〔2〕 参见国家统计局:《2016 年农民工监测调查报告》,载国家统计局官网,http://www.stats.gov.cn/tjsj/zxfb/201704/t20170428_1489334.html。

家迈进的过程中都必然经历的过程,而我国特有的城乡二元户籍制度和土地的城乡二元结构使农村地区的经济环境进一步恶化。大量农村青壮年劳动力涌入城市寻找工作机会,儿童和老年人被留在农村。这些涌入城市就业的青壮年劳动力在年老体衰之时,很大一部分人将只能返回农村地区。大量老人和儿童留在农村地区,导致农业技术及机械化生产模式无法在农村推广,同时也使那些设立在农村的企业无法招聘到满意的产业工人,而只能向人力资源更丰富的城市地区转移,这最终使我国广大农村地区的经济发展受到制约,城乡差距不断拉大,阻碍城镇一体化发展。"改革开放以来,中国农民收入与城市市民收入差距逐步拉大,城乡居民收入比由改革开放之初的1978年的2.57∶1,1985年的1.8∶1,扩大到2007年的3.33∶1,绝对差距达到9646元。"[1]

农村人口的快速老龄化带来比城市更加严峻的养老问题。1949年新中国成立以后,我国一直实行城乡二元社会结构,国家通过工农业产品"剪刀差"以及其他政策,从广大农村地区吸取财富以支持我国工业化发展,因而我国农村地区几乎没有剩余和积累,农村经济的发展一直处于缓慢状态。这种城乡二元结构也体现在城乡居民养老制度的差别方面。国家对农村和城市的养老实行双轨制。20世纪80年代开始,我国实行城镇职工国家补贴的养老政策,城镇居民享有基础养老金,机关和事业单位人员享受财政支付的退休金待遇。虽然农民向国家缴纳农业税赋,并且为我国城市化和工业化贡献了大量低价土地,为国家经济的发展作出了巨大的贡献,但是我国农村地区却没有建立起以财政保障为基础的农村养老金制度。从2009年开始,我国农村地区逐步实施农村养老保险制度,但是养老金的给付标准和城镇职工的仍然无法相比。根据2014年国务院《关于建立统一的城乡居民基本养老保险制度的意见》的规定,非城镇职工参加城乡居民养老保险的人员应当按规

---

〔1〕 世界银行专家1997年的研究认为,如果按照统一口径来计算城镇和农村居民家庭用于生活支出部分,城乡人均收入相对差距将会超过4∶1。而根据国际劳工组织1995年发表的36个国家的资料,在绝大多数国家,城乡人均收入比小于1.6,很少有国家的城乡人均收入比超过2。参见陈锡文、赵阳、罗丹:《中国农村改革30年回顾与展望》,人民出版社2008年版,第201~202页;贺雪峰:《地权的逻辑——中国农村土地制度向何处去》,中国政法大学出版社2010年版,第208页。

定缴纳养老保险费，缴费标准设为每年 100 元、200 元、300 元、400 元、500 元、600 元、700 元、800 元、900 元、1000 元、1500 元、2000 元 12 个档次。该意见还规定，地方政府应当对参保人缴费给予补贴，对选择最低档次标准缴费的，补贴标准不低于每人每年 30 元；对选择较高档次标准缴费的，适当增加补贴金额；对选择 500 元及以上档次标准缴费的，补贴标准不低于每人每年 60 元。在制度实施初期，受经济发展水平限制，我国最初 55 元/人/月的城乡居民基础养老金最低补贴标准远没有满足受保人群的实际需要。2014 年 7 月 1 日，城乡居民基础养老金最低补贴标准由原定的 55 元/人/月提高至 70 元/人/月。实际的养老金替代率仅为 7.6%，远小于 50% 的目标替代率水平。[1] 农村老年人生活主要还是依靠子女供养，仅靠政府的基本养老金无法维持最基本的生活，甚至难以满足最低限度的生存需求。然而，我国农村进城务工人员基本上是普通工人，工资收入不高，扣除在城市生活的必要费用以后，能够给予留在家乡的父母和子女的费用相对有限。相较城镇地区的老年人，我国农村地区老年人的生活质量处于较低层次，相当部分的农村老年人生存状态堪忧。

二、农村“空心化”现象

工业化和城市化的发展进程，实际上是农村人口大量向城镇转移，农村人口比重不断下降的过程。这是任何一个国家在工业化和城市化过程中都必然会遇到的现象，我国也不例外。城镇化水平的稳步提升也从侧面说明农村常住人口规模在不断缩减。改革开放以后，我国的城镇化进程开始加速，1996 年我国城镇化水平突破 30%，2003 年超过 40%，2011 年跨越 50%，2014 年进一步升至 54.8%。2021 年年末，我国常住人口城镇化率达到 64.72%。2021 年全国总人口约为 14.13 亿人，城镇常住人口达 9.14 亿人，农村常住人口为 4.98 亿人。城市人口增加，城市化水平提高，意味着农村人口减少。根

---

〔1〕 参见穆怀中、沈毅、陈曦：《农村养老保险综合替代率及其结构分析》，载《人口与发展》2013 年第 6 期。

据2015年国家统计局的人口统计数据,2011~2015年,我国农村平均每年减少人口1327万人。若再加上虽然没有定居城市却长期在城市居住和生活的数量巨大的农民工群体,农村人口减少的数量会更大。2016年,进城务工农民工总量达到28,171万人,比上年增加424万人,增长1.5%,增速比上年提高0.2个百分点。[1] 与此同时,由于城乡二元体制的存在和户籍管理、房屋建设制度的不完善,村庄反而不断向外膨胀,村庄外部急速扩张而内部却加剧荒芜,农村地区出现了"空心化"现象(也被称为农村过疏化现象)。农村"空心化"现象指的就是大量青壮年劳动力从农村转移至城市,农村人口数量不断减少,同时因为不合理的村庄建设,村庄外延膨胀而内部急剧荒芜的"外扩内空"过程。

农村"空心化"是伴随城镇化进程而来的一种不利于农村发展的现象,主要表现为以下五个方面的问题:一是农村常住人口急剧减少。农村常住人口急剧减少是农村人口"空心化"最核心的表现。大量农村青壮年劳动力外出务工成为当前我国社会经济发展的重要特征之一。随着我国社会主义市场经济体制逐步完善以及户籍制度改革的不断深化,我国工业化及城市化发展进程突飞猛进,大量农村青壮年劳动力流向城市,农村常住居民呈现老龄化、贫困化的发展趋势。二是农村产业"空心化"。我国人口从农村向城市的转移,不仅表现为农村人口数量减少,更体现在农村的青壮年劳动力向城市转移。任何一个国家或地区的经济和产业发展,都离不开充足的劳动力供给。除我国东南沿海极少数农村地区,尤其是长三角和珠三角地区,因为特殊的地理位置和便利的交通条件,诞生了一大批乡镇企业、私营企业和外资企业,农村就地城市化发展很快外,我国大部分农村地区,长期以来由于交通等基础设施落后,在区域竞争和与城市的竞争中处于绝对不利的地位。再加上大量的农村劳动力转移到了城市,在我国广大农村地区,无论是农业还是工业,都因为缺乏劳动力和消费人口而难以发展。与此同时,农村居民在向

---

[1] 参见《2016年农民工监测调查报告》,载国家统计局官网,http://www.stats.gov.cn/tjsj/zxfb/201704/t20170428_1489334.html。

城市转移定居的过程中,为了应对物价水平更高的城市生活,必然把资金等资源一起带入城市,这使资金本就不足的农村地区更是缺乏发展动力。三是农村发展的金融资源"空心化"。任何一个地方的经济社会发展都离不开有效的金融支持。1979~2000年,通过金融系统由农业流向工业和由农村流向城市的金融总额分别为14,785亿元和10,337亿元,而且农村资金外流的趋势似乎越来越严重。若依照县城经济的概念来观察,2005年农村资金通过金融管道流入城市的数量至少应在45万亿元。从农村地区流向城市地区的金融资金无论是在数量规模还是在占比数上都在不断增长,这意味着农村地区可用于自身发展的金融资源越来越少,形成了城市对农村的"抽血效应"。20世纪90年代中期以来金融体系不仅没有起到支农作用,反而加速了农村资金的外流。[1] 四是房屋居住"空心化"现象。由于农村人口大量向城市流动,大量农村房屋被闲置、年久失修、无人打理致使无法居住,返乡的农民一般会盖新房,导致了村庄整体格局的破坏。五是农村基础教育"空心化"。农村基础教育"空心化"主要体现为教师"空心化"、学生"空心化"和教学设施"空心化"。和城镇地区相比,农村地区因为自然条件恶劣和生活不便,吸引不了优秀教师前来任教。近年来,因为农村实施计划生育和进城务工人员的子女随迁进城等政策原因,在农村接受基础教育的学生人数不断减少。在城镇化不断推进的过程中,大量农村学生到城镇就读,农村学校在校学生数迅速减少。与此相伴随的是,农村中小学不断地进行政策性撤点并校。根据2012年21世纪教育研究院发布的对农村教育布局调整的十年评价报告,从2000年到2010年,我国农村的中小学数量锐减一半,平均每一天就要消失63所小学、30个教学点、3所初中,几乎每过一小时就要消失4所农村学校。这给大量低年级学生上学带来了极大不便,甚至容易引发安全事故。正因如此,到2010年教育部不得不下令暂停撤点并校。与此同时,在农村吸纳人才能力本来就薄弱的前提下,农村本身就为数不多的人力资本的流失,导致我

---

〔1〕 蔡昉、王德文、都阳:《中国农村改革与变迁:30年历程和经验分析》,格致出版社、上海人民出版社2008年版,第146页。

国广大农村地区在人力资本、教育资源供求等方面出现结构性失衡,农村教育"空心化"现象由此产生。

农村"空心化"现象涉及的领域日益宽泛,农村"空心化"问题发展至今已给全社会带来了不容忽视的影响。农村"空心化"问题的危害包括:首先,劳动力的不断流失导致农村养老问题的解决存在困难。青壮年劳动力是农村发展的主力军,在他们不断迁往城市后,农村与农业的发展缺少了体力与脑力的支持,发展就更缓慢了。我国已处于人口老龄化阶段,农村人口老龄化本就十分严重,同时伴随农村人口"空心化"的出现,农村人口数量与结构都发生了巨大变化。农村留守人员不仅在结构上由起初的以儿童、妇女与老人为主向以老年人口为主转变,且数量上在不断减少。在农村资金不充足的情形下,农村养老问题的形势愈发严峻。其次,农业资源浪费严重,住房缺乏充分利用,居住环境恶化。农村人口大量流失导致大量农业耕地被抛荒,农业资源浪费严重。同时,闲置的房屋也不断变多,房屋缺少合理的利用与维护,荒废情况严重。回村的居民发现旧屋维修费用较高就会选择修筑新房,而新房建设的无秩序与不规范使村庄布局发生了明显改变。这种改变往往是缺乏规划的体现,使村庄形成了犹如空心之树的格局,居住环境也变得更加混乱。再次,资金外流导致农村产业发展与基础设施建设缓慢。去往城市发展的农民在对比过城市与农村的不同后,往往选择将资金抽离农村带去城市寻求进一步的发展,而不是将资金投入农业生产和再生产中。同时,人口外流导致农村企业发展困难,企业为了发展要尽量搬往城市,这使农村的产业发展变得更加缓慢。最后,农村教育发展日益困难。由于我国实行的计划生育政策,农村的适龄儿童本身就不多,所以农村学校入学总人数在不断减少,农村学校缺乏生源,只能减少学校数量。同时,外出务工农民因在外就业,他们的经历变得丰富,更加懂得了教育的重要性。很多农民越来越重视对子女的教育,会尽可能地让他们接受更好的教育。农村学校的数量及质量无法与城市相比,在农村教育发展日益困难的情形下,农村地区的教育往往不能满足家长的这种要求。所以外出务工农民只要在城市发展得还可以,有一定条件的务工农民大多会尽自己所能将孩子接到城市接受教育,以获得更好的教育资源。这样就进一步加剧了农村教育的“空心化”。

农村“空心化”除有形地阻碍乡村地区发展外,也给我国农村地区的乡村治理造成了冲击。第一,乡村治理权利主体缺位。农村村民自治制度的运行包括四个方面:民主选举、民主决策、民主管理和民主监督。因为大部分青壮年进城务工,村里留下的只是老人、妇女、儿童,作为具体实施上述自治内容的组织——村民会议,由于缺乏村里的青壮年的参与势必会产生召集难、实施难的问题。目前,我国“乡政村治”的乡村治理模式重在村治,“农村人口的空心化客观上虚化了乡村治理的主体”。[1] 第二,乡村治理质量下降。通过就学获取高学历的年轻人几乎都离土离乡,村委会和村党支部、村民会议中大部分是些学历较低、年龄较大的成员,缺乏一定数量和质量的年轻干部人选。这样组成的作为自治组织的村委会、作为村民自治决策机构的村民会议、作为农村基层党组织的村党支部,政策执行力不够,难以组织村里事务,难以提供公共服务。

三、农村公共产品供给不足

我国农村公共产品供给的不足,已经制约了我国农村和农业的发展,成为乡村治理的难点。

(一)农村公共产品供给现状

与改革开放前相比,改革开放40余年来,我国农村公共基础设施建设取得了巨大成就,农村公共产品供给日益丰富。我国农村公共产品供给,从总量上看在不断增加,种类也日益丰富。我国农村早期的基础设施建设只集中在农业、电力、教育、医疗上,着重农田建设、科技发展方面,而现在新增了有线电视、网络、供水、文化娱乐等建设,不再只着重经济发展,更开始关注农村农民的文化休闲娱乐建设、人居环境建设等方面。农村道路越来越平整,九年义务教育开始普及,卫生服务水平在不断提高,政府对农村基础建设的拨

---

〔1〕 温铁军、杨帅:《中国农村社会结构变化背景下的乡村治理与农村发展》,载《理论探讨》2012年第6期。

款也不断增加。1978 年我国财政支农支出只有 150.66 亿元,到 2015 年已达到 17,380.49 亿元,37 年增长了 114 倍,年均增速达到 14.3%。[1]

以上种种都说明了农村公共产品供给在不断进步,但这是相对改革开放之前的纵向对比。如果从横向与我国城市的发展相比,我国农村在公共产品供给方面还存在很大差距,公共产品供给无法满足农民需求。以公共教育和公共文化事业为例,城乡在公共教育资源供给方面仍有较大差距。教育部有关统计数据显示,全国小学办学条件在部分指标上仍存在明显的城乡差距(详见表 2-1)。[2] 同样,在公共文化事业投入上,2010 年前城乡差距明显,但令人欣喜的是,中国共产党第十八次全国代表大会以后城乡差距明显缩小,甚至在 2017~2018 年连续两年县及县以下在文化事业费用投入上均超过县以上(详见表 2-2)[3]。

表 2-1 2018 年全国城乡教育资源比较

项目	教学及辅助用房/平方米	运动场地面积/平方米	教学用计算机/台	网络多媒体教室/间
城镇	271,609,703.2	425,965,100.96	8,051,015	1,656,236
乡村	149,246,860.19	323,114,539.97	3,442,714	794,688

表 2-2 全国文化事业费城乡分布情况

年份	总量/亿元		文化事业费用占比/%	
	县以上	县及县以下	县以上	县及县以下
1995	24.44	8.95	73.2	26.8
2000	46.33	16.87	73.4	26.7
2005	98.12	35.70	73.3	26.7

---

[1] 资料来源:中国统计出版社出版的我国 1979~2016 年《中国统计年鉴》及《中国农村统计年鉴》。

[2] 参见教育部:《2018 年教育统计数据》,载教育部官网,http://www.moe.gov.cn/s78/A03/moe_560/jytjsj_2018/qg/index_3.html。

[3] 参见文化和旅游部:《中华人民共和国文化和旅游部 2018 年文化和旅游发展统计公报》,载《中国文化报》官网,http://www.ce.cn/culture/gd/201905/30/t20190530_32220256.shtml。

续表

年份	总量/亿元		文化事业费用占比/%	
	县以上	县及县以下	县以上	县及县以下
2010	206.65	116.41	64.0	36.0
2015	352.84	330.13	51.7	48.3
2017	398.35	457.45	46.5	53.5
2018	424.96	503.37	45.8	54.2

(二)现阶段农村公共产品供给存在两个主要问题

第一,公共产品供给不足。这主要表现在:一是农村基础设施建设不健全。基础设施的建设关乎农村居民的生活质量,现阶段我国农村基础设施的数量与质量还远远未达到满足农民生活需求、保障农民生活质量的要求。二是农村义务教育供给水平低。在很多农村地区的学校,师资力量薄弱、教学设备单一、基础设施陈旧老化的问题屡见不鲜。问题的主要原因在于,我国农村教育经费统一由当地县财政负责,而县财政由于负担重、压力大,无法投入足以保障农村地区义务教育质量的资金。三是农村医疗公共卫生事业形势严峻。农民一直受"看病难、看病贵"问题的困扰。尽管自2003年开始,我国实施了新型农村合作医疗保障制度,缓解了农民看病难的压力,但在实际执行过程中,医疗保障制度还存在一些不足,如报销比率低、程序冗杂等。农民遇上严重疾病时仍很有可能因为负担不了高额医药费而陷入贫困。特别是在城镇化进程中,城乡收入差距被进一步拉大,优秀医务人员从农村向城镇转移,从不发达地区向发达地区转移,导致我国农村地区医疗人力资源匮乏。四是财政供给的社会保障水平低下。在我国农村地区,以商业保险形式开展的养老保障几乎空白。在少数经济发达地区,农村凭借邻近城市的地理优势发展起地产经济和工商业,60岁以上的农村居民可从村集体领取一定数量的养老保障金。但是对绝大部分地区的农村来说,由于经济不发达,几乎没有村集体经济,村集体经济组织缺乏财力为村集体成员提供任何形式的养老保障。自2009年开始,我国在全国范围内统一实施农村居民养老保险制度。按照我国大部分农村地区的标准,60岁以上的农村居民每月可以从政府领取100元养老金。这种政府项目的养老保险制度,其形式意义大于实质意义。农村地区的养老保障水平远低于城镇地区,政府提供的养老金连最基本的生存保障都难以维持。因此,在我国广大农村地区,老年人的养老问题仍然主要由子女负责,我国千百年来形成的养老保障模式没有被改变。这也在一定程度上导致农村养老存在较大风险。

第二,农村公共产品供给效率低下。农村公共产品的供给效率,是指在农村公共产品供给过程中,从农民的实际需要出发,将公共产品优先安排供给最急需的农村居民。在供给过程中,必须尽量节约成本,不增加农民负担,不出现供给过程中的腐败问题,不产生浪费性投资。然而,当前我国农村公共产品的实际供给部分偏离农民的真实需要,农村公共产品存在供需结构性失衡。根据我国农村公共产品供给体制的实际情况,我国大多数公共产品供给由当地政府决定,采用"由上而下"的模式,农民几乎没有机会主动提出需求。这导致农村的公共产品供给与农民的真实需求不一致,公共产品没有实际投入真正利于农民生活的地方,不仅浪费了社会资源,也造成供给效率不高。在农村,最需要解决的问题还是基础设施基础服务的供给不足、社会保障不够的问题。水利、电力电网、教育、医疗的建设问题才是关乎农民生存的大问题。但在一些贫困地区,因未考虑实际情况而将一部分资金投入一些非生产性公共产品供给上,如建设农贸市场、休闲场所,这些设施对农民来说基本用不上,造成了资源浪费。此外,政府部门执行效率不高,也是导致农村公共产品供给效率不高的因素。

农村公共产品供给存在上述问题有多方面的原因,包括:第一,农村公共产品供给受城乡二元化机制的制约。在改革开放之前,我国实行"先工后农"政策,优先发展工业,优先发展城市,而农村经济发展受制,最后就形成了现在城乡发展二元化的经济体制。这种体制使农村公共产品供给方面供给主体较单一,政府供给不足,致使农村集体成为农村公共产品供给资金的主要来源。近些年,我国在全国范围内实行农村扶贫脱贫政策,通过转移支付的方式向农村贫困地区注入中央财政资金,但就全国范围而言,大部分农村地区所需的公共产品大多由农民自费提供的现状没有根本改变,与城市所需公共产品全部由政府财政拨款提供的情况形成了对比。第二,农村公共产品供给主体较单一。自从取消农业税以后,农村"提留"和"统筹"收费政策也被取消了,在多数农村地区,政府是农村公共产品供给的唯一主体。第三,农村公共产品供给决策制度有待完善。我国农村公共产品供给决策是各级人民政府,往往是县、乡两级人民政府。这样就可能会导致政府实际作出的决定偏离农民的实际需求,致使农村公共产品供需结构失衡、公共产品供给的执行效率不高。

四、农村面源污染问题

伴随工业化城市化的发展,我国全国范围内尤其是城市地区,以空气污染为代表的环境污染问题日益突出。我国的污染问题,除有空气污染、水污染和土壤污染外,还有农村地区存在的面源污染。农村面源污染问题已经较严重地影响了农村经济社会的进一步发展。所谓农村面源污染,是指农民在农业生产活动以及生活中,在不特定区域过量使用或不当使用要溶解的或固体的污染物,使大量污染物在降雨和地表径流的冲刷作用下,未经处理就流入江河湖泊、水库等水体中产生的污染,也是对农村生态环境造成的污染。农村面源污染主要是农药污染、农膜污染、养殖业排放污染以及农村生活排放污染等。

中国是农药生产及消费大国,每亩耕地平均每年播洒农药的有效成分约0.8千克,而施用的农药仅有30%左右被农作物吸收,其余70%左右会直接降到地面或者飘浮在空气中,过量施用农药以及农药的低利用率破坏了土壤水体以及农作物,污染了过半数的水体及大量城市地下水。[1] 我国农膜年残留量高达35万吨,残留率达42%。[2] 农膜在使用后自身降解缓慢,如果不清除干净就造成了白色污染。同时,残存的农膜会改变土壤的孔隙连续性,阻碍水分下渗导致土壤盐碱化,致使农作物产量下降,影响了我国的农业

〔1〕 参见杨斌:《农村面源污染现状及对策研究》,载《山西农经》2017年第7期。
〔2〕 参见邵丽华:《我国农业面源污染的现状分析及对策》,载《现代化农业》2016年第9期。

生产。[1] 农村养殖业排放污染也不容乐观。有关数据显示，我国畜禽粪便的产生量比工业固体废弃物高出5倍，畜禽养殖污染物的排放总量比农村生活污染排放总量高2.5倍，畜禽养殖业是我国问题最突出的污染排放行业。我国总体的畜禽粪便土地负荷量达到了0.49这一环境胁迫水平，早已超过0.4的警戒值，北京、广东等发达地区甚至达到了严重的环境胁迫水平。[2] 此外，生活污水污染也是造成我国农村地区面源污染的重要因素。当前，我国农村人口将近7亿人，产生的污水量每天有千万吨，从全国污染源普查的结果来看，农村水环境污染物排放总量在全国占比达到48%。[3] 因为农民对水环境的保护意识不足，且全国大部分村庄缺少相应的排水渠道及污水处理系统，农村地区的生活污水往往不经处理就直接排放。这给农村地区的生态环境带来了重大破坏，威胁了当地农村居民的饮用水安全。

农村面源污染是我国农村环境污染的主要形式，与城市化和工业化直接产生的集中污染相比，农村面源污染的防控难度要大得多。我国农村面源污染之所以会产生，除因为农民对污染问题及其危害性认识不足外，主要还是因为我国落后的农业生产方式和滞后的农村环保设施。一是生产经营理念及土地利用方式有待提高。伴随生产力的加速提高，我国进入了“工业反哺农业”和建设现代化农业的阶段。在这种社会背景下，以家庭为基本单位的分散式经营模式成为制约农村环境问题解决的主要因素。在农户分散经营的背景下，家庭联产承包责任制下的精耕细作模式对于我国目前农业生产来说确实发挥了重大作用，但是这种精耕细作模式的弊端在于，农户基本凭借经验种田，缺乏农业清洁生产的环保理念，缺乏相应的技术指导。对灌溉用水、农药及化肥等对土地环境安全造成重大影响的因素，大部分农村地区尚未进行有效管理及监督。这使我国农村土地污染问题进一步加剧。二是需要增强农村环保基础设施建设。我国农村社会的发展在相当长的一段时间

---

〔1〕 参见张兰庆：《黑龙江垦区农业面源污染现状与治理对策》，载《现代化农业》2014年第4期。

〔2〕 参见郭薇：《资源化原则拓开市场空间》，载环境生态网，http://www.eedu.org.cn/news/envir/homenews/201102/56994.html。

〔3〕 参见《两会科教界代表委员关注焦点分析》，载中国新闻网，http://www.chinanews.com.cn/cul/news/2010/03-05/2153965.shtml。

里落后于城市,农业发展几乎都在为国家工业化的进程服务。我国城乡二元结构的问题,致使农村社会无论是在发展理念方面,还是在制定具体规章制度或引进配套环保设施方面,都与城市有一定的差距。随着作为农村基层政府财政重要来源的"农业税费"的逐渐取缔,农村环境执法开展及基础设施建设受制于经费投入不足。

第二节　乡村治理中的土地因素

乡村治理因素涉及经济、政治、文化、制度等各方面,而其中不容忽视也是最重要的,当属农村土地制度方面的因素。在农村土地制度中,造成乡村治理困境的最核心因素就是,农村土地权利是不完全产权,以及农村土地不能作为正常的商品要素流通。

一、家庭联产承包责任制促生乡村治理问题

在市场经济不发达、农业生产力不高的情况下,家庭联产承包责任制实际上已经取得了很大成功。和人民公社体制下的生产能力相比,家庭联产承包责任制使农村生产力得以解放,在很大程度上促使农民积极投入农业生产,解决了我国广大农村地区农民的温饱问题。但是,家庭联产承包责任制仅仅解决了农业用地的生产经营问题,将生产经营的决策权从国家控制的集体转到具体的农户手中,而没有解决农村土地的产权问题,农村集体建设用地、农村宅基地产权仍然不完整。无论是农村集体建设用地还是农村宅基地,都不是可以正常交易的生产要素,都不能作为商品进行市场化流通。农村建设用地流转的唯一途径是国家征地,这导致了在我国广大农村地区城市化的过程中,农民无法享受土地房屋的财产性收益,农村和农民的相对贫困问题没有得到有效解决,甚至因为土地征收等产生程度不等的矛盾。在我国快速工业化城市化和经济全球化的背景下,以农户为单位进行农业生产的家庭联产承包责任制的弊端也逐步显现,成为乡村治理的"瓶颈"。因此,我国农村地区社会治理产生的原因固然复杂多样,但是不可否认土地因素是其中一大重要原因。

僵化的农业用地产权制度阻碍了农业用地的集中利用,阻碍了农业现代化的发展。我国的家庭联产承包责任制是农民自下而上自发形成的,而非基于发展工业化和城市化需要进行的土地经营制度顶层设计的结果。从实际执行情况来看,承包制几乎与“均田制”相同。“家庭承包经营制度改革是将农民共同占有的土地分配给分散的小农户,由此导致土地细碎化占有状态。”[1]当时之所以采取这种“均田制”的土地分配模式,是为了解决长期以来人民公社体制下农村粮食无法满足农民的基本生活需要的问题。农村家庭联产承包责任制实施的结果,也表明这种生产方式的改变大大提高了农民生产经营积极性,使农业产量一直处于持续提高的状态。正是农村家庭联产承包责任制解决了我国农民的吃饭问题。实行家庭联产承包责任制,以“均田制”的方式平均分配农村生产用地,还避免了农村地区出现严重的贫富分化现象。然而,这种“均田制”模式的家庭联产承包责任制仅仅能满足长期处于贫困状态的农民的温饱需求,而难以满足随着温饱问题解决后,农民需要富裕的需求。温铁军曾经指出,农村改革20余年来,对农业稳定性起主要影响的内部因素,是小农在市场经济的压力下逐渐从以生存和温饱为目标转向以收入最大化为目标,过去农民不计算资本回报和地租收益,不计代价地投入“劳动替代资本”从而稳定地从事农业生产的行为机制,正在朝与过去相反,但却是适应市场经济的方向发生结构性改变。[2]

农村土地的难以流转妨碍了现代农业生产经营技术的采用。世界各国工业化的经验表明,和其他产业相比,农业是固有的弱势产业。农业是技术进步最缓慢的产业,一定时期内单位面积农产品产量的提高幅度非常有限,而且农业土地面积也是固定有限的,故而农业产值的快速增长很难实现。此外,农业生产受自然因素影响巨大,其中气候因素的影响最明显,在一定程度上“靠天吃饭”的现象在相当长的时间内都无法消除。现代农业技术的使

---

〔1〕 王海娟:《地尽其利:农地细碎化与集体所有制》,社会科学文献出版社 · 独立编辑工作室2018年版,第57页。

〔2〕 参见温铁军:《中国农村基本经济制度研究——“三农”问题的世纪反思》,中国经济出版社2000年版,第59页。

用,必然会增加农业生产投资成本,往往使农业成为无利可图甚至亏损严重的产业。也正因如此,各经济发达国家不但不征收农业税费,还为农业生产提供巨额补贴,以维持农业规模和保障一个国家的基本粮食安全,保证整个国家的食品供给充足。因此,家庭联产承包责任制的实施,固然解决了我国农村地区的温饱问题,但同时也造成了农业生产经营者因为生产经营规模过小、农产品缺乏市场竞争力,无法通过经营农业生产获得维持一般生活水准的收入的问题。为了谋求更高收入,大量的农村青壮年人口涌入城市寻找工作机会,只剩下老人、妇女以及因为年迈从城市返回农村的务工人员在农村从事农业生产。农村主要依靠留守老人、妇女从事农业生产经营活动,而这些留守的老人、妇女往往缺乏现代农业科学技术知识,所能从事的农业生产规模也极其有限,因而其在数量有限的土地上生产经营所获收益也极为有限。在此种情形下,农业生产经营收入只够维持最低限度的生存水平,而无法实现持续性的提高。要改变这种低效益的农业生产状况,就要在土地上开展规模化生产经营,采用现代农业科学技术,通过品种改良和现代农业设备的投入,发展现代农业,实现农业生产经营的现代化。此时,解决问题的最佳途径就是通过市场这个无形之手,实现土地的适度集中经营。

城乡二元户籍制度与农村土地权属结构特殊,农村土地适度集中经营的实现面临体制性的障碍和困难。当前,我国的子女教育、老人养老等一系列现实问题均与户籍紧密相连。在城乡户籍制度二元化以及进城定居成本不断攀升的环境下,进城务工的青壮年劳动力很难举家搬迁进城。前往务工的城市成为他们换取更好经济生活条件的前方“阵地”,而农村老家仍然是他们的父母和孩子留守的后方,也是他们年老或丧失劳动能力时返回居住的家。这就决定了大部分农村家庭很难放弃在农村承包经营的土地,承包地在某种程度上仍然是农民的最后一道“社会保障”。这种最后一道“社会保障”局面的形成,导致了家庭联产承包责任制下土地碎片化经营模式的固化,进而导致了土地难以集中以形成规模化的现代农业经营体系。

二、城乡二元土地制度影响农民城市化

我国现行的土地权属制度区分了城市国有土地和农村集体土地。国有

土地使用权可以按照法律的规定进行市场化出让和转让，在经过市场化出让和转让的土地上建筑的房屋，可以进行自由交易。经过这种土地制度的设计，近年来我国城市居民的居住条件大为改善，城市房地产业成为我国的重要支柱产业之一，房地产成为我国城市居民的重要财富储备。虽然我国城市房地产业的发展存在一些问题，但我国城市商品房建设毫无疑问取得了重大成就。与城市国有土地不同，长时间以来，我国农村无论是村集体自主占有的土地，还是村民占有生产经营和生活的集体土地，只有生产生活要素的属性，而没有商品要素的属性，不能作为商品进行市场化流通。由于农村土地不能市场化流通，土地的财富效应得不到应有的发挥，集体不能从土地流转中获得应有的收益，农村集体收入被挤压。作为集体成员的农村居民也无法因土地不断增值而取得分红，村集体成员的收入也相对减少了。农民不能按照自己的意愿，以市场化方式转让自己的宅基地及其房屋以获取货币收入，不能抵押自己的宅基地及其房屋进行融资。农村居民本可以通过转让自己的房屋和宅基地来获得一定的货币收入，为在城市定居奠定一定的财富基础，但这一途径被城乡二元土地制度切断了。通过处置自己在农村的土地房屋资产来定居城市的道路被堵塞，农民举家进城定居的能力和意愿也被大大降低了。这也导致部分农村居民即使想完全进城定居，但因为城市的高房价也无力购买住房，随时可能返回农村。“农民工进城打工不能落户是中国人口城市化亟待解决的核心问题。因此，公平分配和分享城市和郊区土地的巨大增值是实现农民工市民化从而人口城市化的关键。”[1]从农村暂时转移到城市的青壮年劳动力人口，在拥有劳动能力期间一直在城市工作和生活，已经成为城市的常住居民，但在丧失劳动能力之后却只能返回农村。土地资产不能变现导致了相当部分农村居民进入城市缺乏资本，影响了我国农村居民向城市居民的转化，间接加剧了农村人口的老龄化。

三、僵化的土地产权制度加剧农村“空心化”

世界各国实践表明，一个国家在从农业化向工业化和城市化转变的过程

[1] 华生：《新土改：土地制度改革焦点难点辨析》，东方出版社2015年版，第101页。

中，会出现程度不等的农村“空心化”现象，包括日本在内的现代发达国家在城市化和工业化过程中都有过严重的农村“空心化”经历。[1] 但我国农村的“空心化”现象，除有市场原因引发的城乡经济发展不平衡因素外，还掺杂了特殊的农村土地产权制度因素。一般国家的农村“空心化”主要表现为城市经济发展速度远超农村地区，城市能够提供更好的就业机会和更高的收入，大量人口从农村移居城市，农村地区出现人口总量稀少、青壮年劳动力缺乏、大片土地荒芜、农村公共基础设施建设薄弱等问题。我国在快速工业化和城镇化过程中，也出现了上述农村“空心化”现象，但我国农村特有的土地产权制度安排进一步加剧了农村的“空心化”程度。

一方面，不完整的农村集体土地产权和不能自由流转的农村土地，妨碍了农村人口的适度集中。在人民公社体制下，生产队是农业生产的基本组织单位，也是农民获得生产资料的基本来源。实行家庭联产承包责任制以后，虽然人民公社体制已经解体，生产大队和生产队已经不复存在，但农村土地集体所有的性质仍然未能改变。理论上，集体土地所有权属于村民小组、村集体和乡镇农民集体。在没有寻找到并设计出实现集体所有的有效路径的前提下，农民作为集体成员，如何从集体所有的土地中获得利益，以及农民享有何种土地权利的问题仍然不明确。这决定了，即使大量农村劳动力进城务工，甚至相当数量农村人口举家搬迁至城市定居，在农村居住的剩余人口也仍然以原先的村民小组和村集体为中心进行居住，以使自己作为集体成员的利益得以更好实现。另一方面，按人口数量均分土地的家庭联产承包责任制，在保障了农民生产经营自主权的同时，也带来了农业生产经营零碎化的问题。农户生产经营的土地不能进行合法的市场化转让，也不允许跨村流转。这导致农户难以通过用地流转来扩大生产规模，同时也导致农户不能跨村进行土地置换和交易以达到耕作的最优化。农民还是按照历史沿袭的自然村落进行定居、组织农业生产，而无法按照经济最优原则适度集中居住，导致我国农村地区居民居住分散化和过疏化。

---

[1] 参见王国华：《日本农村空心化治理特征分析》，载《世界农业》2015 年第 9 期。

农村土地资源不能转化为财政资源,加剧了我国农村公共基础设施的“空心化”。在改革开放初期,我国农村地区的基础设施落后。改革开放以后,因为城市人口集中度高,同等数量的人均基础设施投入产出的收益远大于人口密度小的农村地区,国家基于经济效益最优化原则,把公共基础设施建设的资金主要投入到城市地区,农村基础设施建设没有得到应有重视。因此,改革开放以来,我国基础设施投入资源主要集中在人口密集的城市地区和东部地区。然而,我国是农村人口大国,农村地区的基础设施数量与农村人口的基数不相匹配。少数工业发达地区的农村尚可以乡镇企业的收益支持农村地区的基础设施建设,大部分经济欠发达农村地区则主要依靠财政资金投入。无论是经济发达地区还是经济欠发达地区,我国广大农村地区的主要资源均在于土地资源。工业化和城市化所必需的大量土地都由农村地区提供。在土地市场化的体制下,村集体和农民可以通过出让土地获得巨额财富,并将其中相当大的比例投入农村基础设施建设之中。但是,我国产权不完整的集体土地不能进入市场交易,经济建设所需的土地基本上是农村土地通过政府征收的方式转化为国有建设用地,而对村集体和农民进行的土地补偿标准低于土地出让金标准,地方政府通过土地出让金与土地补偿款的差价获得了财政收入。也正是意识到了这一问题,近些年来我国开始全面推开农村集体土地流转试点,2019 年修改的《土地管理法》大大限缩了国家征地的范围,允许农村集体经营性建设用地进行市场化流转。

此外,农村土地流转引发的人口流动对我国乡村治理也产生了巨大冲击。土地流转引发的农村人口流动问题,除有人口流出引起的农村“空心化”问题外,也有外来人口的流入问题,外来人口的流入导致了乡村社会治理的难度加大。受土地流转因素的影响,一些外来的农业企业主入驻农村投资建厂、兴办企业。这些企业主在从事生产经营过程中由于很难融入农村本地的特殊文化环境,参与乡村治理的需求表达存在障碍,极易因为土地流转与当地村民发生矛盾。这就给当前乡村治理中外来资本和本地村民利益的平衡造成了困难。同时,因为家庭联产承包责任制的制约,当地农村新增的外来人口并不能承包耕地。这样导致的后果就是,当需要集体成员合作提供公共服务产品时,新流入的外来人口成员因为没有承包地而不愿集资,而不少离开当地农村进城务工的农村居民因无须享用农村服务也不愿集资。无论是将公共服务成本按人分摊还是按地分摊都会遇到巨大阻力,农村居民在参与社会治理和提供公共服务等方面都出现了合作问题。

第三章　现行乡村治理模式对农村土地流转的制约

任何一个正常社会,随着商品生产和交易范围的扩大,必然会出现不同地域之间的人员迁移,并伴随商品和土地等财富的流转。但我国特殊的城乡二元社会结构,农村地区“乡政村治”和乡村内部“村社合一”的治理体制,以及我国特殊的土地制度,制约了农村土地和房屋的流转。村民资格的封闭性以及村集体经济组织名存实亡等乡村治理的问题,制约了农村土地权利结构的有效构建,妨碍了农村土地的市场化流转。虽然我国现在已实行农村土地“三权”分置改革,但如果不对现行乡村治理结构进行适当改革,则“三权”分置政策框架范围内的土地市场化流转也难以实现,农民土地财产的最大化收益很难保障,农村土地流转政策性目标难以达成。

第一节　“村社合一”乡村治理体制影响土地流转

我国《村民委员会组织法》明确规定,村委会是村民自我管理、自我教育、自我服务的基层群众性自治组织。村委会本身不是集体经济组织,村委会无法替代人民公社体制下生产大队的职能。但是,在人民公社体制解体以后,我国并没有在全国范围内重建统一的集体经济组织。除极少数经济发达的农村地区外,我国绝大部分农村地区,甚至包括相当数量经济发达的农村地区,都是由村委会代为行使农村集体经济组织的权利,接管包括农村土地在内的全部农村集体资产。村委会实际行使了村集体经济组织的职能,我国农村地区形成了所谓的“村社合一”的乡村治理体制。村委会同时具有村民自治组织与村集体经济组织的双重身份,在特定的“乡政村治”治理模式下,两者功能合二为一。大量的村民自治事务由村委会负责,而本该由村集体经济组织管理的经济事务,在“村社合一”体制下,也被村委会替代负责,村委会甚至出现行政化趋势,此外,在当前城镇化进程不断推进的背景下,农村居民身份之上附着一定的利益,而村民资格具有封闭性特征。村民资格自身的封闭性以及村集体经济组织名存实亡等乡村治理的缺陷,制约了农村土地权利结构的有效构建,妨碍了农村土地的市场化流转。

一、城乡二元的土地和户籍制度影响土地城乡流转

中国社会户籍制度与土地制度的双重城乡二元结构的形成,与中国农村集体化运动的开展和人民公社体制的建立相伴随。我国自 1953 年开始实施主要农产品统购统销政策,城镇居民得到定量配给的粮食和其他农产品。为了最大限度地从农村获得稳定的粮食及其他农产品供应,我国从 1953 年开始分阶段实行农业合作化运动,1958 年全国人民代表大会常务委员会颁布《户口登记条例》,从法律层面直接将全国居民分为城镇居民和农村居民。农村户口和非农户口居民享受完全不同的社会待遇,任何农村居民未经官方许可不得从农村迁入城市,由此关闭了农村居民自由迁入城市的大门,户籍制度的城乡二元结构得以确立,并得到严格执行。城乡二元户籍体制确立以后,农村居民不得从农村迁入城市,而城镇居民仍然可以迁回老家农村。20 世纪 50 年代我国之所以将居民通过户籍制度实行城乡二元划分,主要是为了通过身份的固化,防止农村居民流入城市,减轻城市粮食配给供应负担,从而最大限度地从农村提取社会财富并转移到工业化建设领域,快速建立我国工业尤其是重工业体系。虽然 1982 年我国正式废除了人民公社体制,但是与人民公社体制相配套的城乡二元户籍体制并没有随之消失,农村居民仍然无法在不同社区之间自由流动,同时农村土地房屋等资源的不可市场化流转等与人民公社体制相关的配套体制也仍然被保留下来。近些年来,国家户籍

制度逐步放松,除大城市和超大城市外,农村居民被允许有条件地进入城市。这加快了我国城市化和工业化的进程,城乡二元户籍体制呈现瓦解趋势。然而,这种瓦解的趋势目前只是放松了单方向的户籍流动,各地实际上几乎是禁止城镇居民将其户口迁入农村的,由此产生了新型的二元户籍体制。此外,农村居民在不同社区之间的自由流动仍然高度受阻。

与城乡二元户籍体制出现了一定程度的松动不同,土地的城乡二元体制仍然根深蒂固。在20世纪50年代初,土地改革完成以后、集体化运动之前,农民获得了土地房屋的所有权。按照当时的政策和法律,农民对其所有的房屋和土地有权自由买卖。应该说,在人民公社体制建立之前,我国城乡之间不存在土地和人员流转的制度性隔离。人民公社体制确立后,农民私人所有的土地全部转归集体所有,国家建设所需的土地直接通过向农村集体调拨和征收的方式取得。人民公社时期国家对农村土地征用的补偿标准极低,补偿方式主要是将部分农村居民转化为城镇居民,或者划拨一定数量的就业指标让部分农民在工业项目上就业。因此,在人民公社体制下,农村土地不存在经济学意义上的土地流转。

20世纪80年代初期,全国农业生产经营体制发生了巨大变化,"政社合一"的人民公社体制与家庭联产承包责任制的经营方式不相适应,因而被改为"乡政村治"的村民自治体制。但是与人民公社建立相伴随的城乡二元土地体制仍然保留了下来,并没有随着人民公社的消亡而消失。人民公社体制确立的农村土地集体所有制度,在《宪法》层面被进一步确定为城市的土地归国家所有及农村和城市郊区的土地属于集体所有,严厉禁止农村土地买卖,也不允许农村土地的变相流转。20世纪80年代后期到90年代初期,我国开始实施城市国有土地使用权有偿出让政策,但农村土地的流转仍然被牢牢禁锢,农村土地被严禁以市场流转的方式流入城市。因为经济建设确实需要使用农村土地的,只能由政府先行向农村集体征收土地,将农村集体所有的土地转化为国有土地,然后按照划拨或者出让的方式,流转给用地单位。严禁除农民集体和农民外的任何组织和个人以任何方式取得农村集体土地使用权。虽然国有土地使用权市场化流转的一级土地市场被政府管控,但一级土地市场的交易仍然受市场经济规律的影响,可采取招、拍、挂等形式竞价交易,且受让人可以自由转让国有土地使用权,由此存在国有土地二级市场。政府通过一级土地市场的土地出让金,和二级土地市场的土地转让费税,获取了相当多的利益。农村集体土地既不存在土地出让,也没有土地转让,城市建设所需使用的农村土地,只能按照政府确定的补偿标准直接进行征用。城市土地价格的高低与政府的征地补偿标准没有特别直接的关系。

在这种户籍制度和土地制度双重二元的体制下,国家通过严格的一级土地市场控制,直接关闭了城镇居民以市场化手段获得农村土地的通道,城乡之间的土地流转只能通过政府的征收手段进行。这直接限制了农村土地在城乡之间的流转。

二、农村社区封闭性影响村集体内土地有效流通

"乡政村治"的乡村治理体制替代了人民公社体制,让农民获得了土地生产经营自主权,这是家庭联产承包责任制取得巨大成就的根本原因。然而,当时乡村治理体制的改革并不彻底,"乡政村治"治理体制并没有彻底放开对农民和农村土地的管束。因此,这种治理体制存在天然缺陷,那就是村委会替代了农村集体经济组织,导致了农村集体经济组织的虚化。村民身份与集体经济组织成员身份合二为一,在制度层面上造成了我国农村社区及其土地资源的享有具有高度封闭性。

当前,随着我国城镇化进程的不断推进,我国从农村流向城市的户籍管理制度有所松动,国家甚至鼓励农村人口向小城市和中等城市转移。与此同时,出于城镇化规模的考虑,基本上不允许居民将城镇户口转为农村户口,城市人口迁入农村地区的通道基本上已被切断,形成了对"非转农"的控制。即使是原先拥有农村户口的居民,因为工作及其他需要已经将户口从农村迁入城市的,年老退休以后或因其他需要想重新回农村地区定居,也无法将户口从城市迁回农村。而在我国农村地区,土地房屋的取得往往又与户籍紧密相连。只要没有当地农村户口,就不能成为当地居民,不能在当地购买房屋。户籍二元体制导致的农村社区高度封闭性,限制了农村土地房屋的流转。这

种限制的根源在于村委会与集体经济组织合二为一的农村治理体制。

首先,村集体经济组织事实上被村委会所取代。在人民公社体制下,生产大队执行来自人民公社和更上级政府的政策,完成上级交办的任务,同时指导和协调各生产队的生产活动。生产队则是真正的经济实体,负责集体的生产经营活动,并作为所有权人对包括集体土地在内的所有集体财产进行管理。人民公社体制解体后,原先的生产大队和生产队的组织形式已不复存在,生产大队转变为村委会,原先的生产队变成了村民小组,即村农民集体。在理论上和国家正式的政策和法律层面,村委会和村农民集体是两个性质不同的组织。村委会是基层群众性自治组织,是村民进行自我管理、自我服务的社区组织,本身不承担任何的经济功能;而由生产队转化而成的村民小组,即村农民集体,才是承继原生产队的村集体生产经营管理职能,以及集体财产所有权主体权能的组织。但是,在由人民公社体制向"乡政村治"模式转轨的改革过程中,村民小组并没有保留原生产队所享有的集体财产所有权人的身份,没有具体的资金和费用,没有相应的组织机构来保持正常的运作。而且经过这些年的发展和变迁,即使是名义上的村民小组在很多地方也都已经不复存在,作为土地所有权人的村农民集体早已经消失。与此同时,经济发达的农村地区存在相当数量的乡镇企业,在客观上累积了大量集体财产。大部分经济发达地区的农村又没有将原先的集体资产进行股份化改造,让农村居民直接成为公司股东。理论上,这些集体资产以及包括农村土地这一特殊资产在内的所有集体财产,仍然属于村集体经济组织所有,且国家法律和政策也一直强调这些农村集体财产必须是村农民集体所有。这就形成了事实和制度规定的相互矛盾。一方面,村农民集体组织已经名存实亡,有些地方甚至连名义上的村集体组织也不存在;另一方面,政策法律又明确规定土地等农村集体财产归村农民集体所有。在此情形下,村委会这一农村地区唯一存在且受到政府支持的社会组织,自然而然地取代了由原先的生产队或者大队,转变成为村集体经济组织,成为村农民集体的代表,行使集体财产所有权人的经营管理权能。原本行使公共服务和自治职能的村委会,在客观上替代了村集体经济组织,行使村集体财产所有权,对包括土地在内的集体财产进行占有、使用、收益和处分。现实情况是，我国绝大部分农村地区的村集体经济组织与村委会合二为一，在村委会之外，不存在独立的村集体经济组织。而从成员身份认定的角度来看，界定是否为村集体经济组织成员，往往看其本身是否具有本村村民的资格。取得村民资格往往意味着同时取得村集体经济组织成员身份，丧失村民资格即丧失村集体经济组织成员身份。村集体经济组织无论是在理论层面还是在实践层面都被虚化。这就是学术界所称的农村社区治理的"村社合一"体制。[1]

其次，村委会体制下的行政村是高度封闭的社会组织。村委会体制下的行政村作为乡村的社区，村民成员资格的获得与户籍紧密联系在一起，如果不具有本村户籍则不可能成为本村村民。除极个别例外情形外，村民户籍的获得基本上都是基于出身或者婚姻关系。居民因为迁居等原因丧失了本村户籍的，他们作为本村村民的资格也相应地丧失。非因这些特定原因获得或取消户籍的，居民没有自由加入或退出村委会的权利。根据《村民委员会组织法》第 3 条的规定，村委会根据村民居住状况、人口多少，按照便于群众自治，有利于经济发展和社会管理的原则设立。村委会的设立、撤销、范围调整，由乡、民族乡、镇的人民政府提出，经村民会议讨论同意，报县级人民政府批准。村委会可以根据村民居住状况、集体土地所有权关系等分设若干村民小组。该条条文明确规定，村委会的设置、撤销、范围调整等都需要经过法定程序。每一个农民都有相对应的村委会，村委会是国家强制设立的社会组织，村民资格的取得以户籍为依据。国家建立村委会制度的初衷，是想通过村委会取代原来的生产大队，协助上级政府执行国家政策和任务，并且通过村委会来协调村民与基层政府之间的关系，确保每一个农民隶属于具体的某一个村委会管理下的行政村，确保国家对农民的管理和组织动员能力，以实

---

〔1〕 严格来讲，"村社合一"并非学术界的专门学术概念，而是部分地方对实践经验或现象的形象概括，尚未有严格的学术定义。目前，"村社合一"主要是对村两委领办村合作社，促进村集体经济组织发展的乡村治理模式的高度概括与形象描述。参见姜露、戴玉琴：《协调与博弈："村社合一"治理机制的建构逻辑与发展路径》，载《中共郑州市委党校学报》2017 年第 4 期；曾益、陈才锐：《推进"村社合一"壮大集体经济——基于沙洋县的分析》，载《中国集体经济》2019 年第 10 期；迟仁斌：《稳步实现乡村振兴的"村社合一"党建领航》，载《国家治理》2018 年第 39 期。

现国家对乡村社会的治理。然而,随着“民工潮”的兴起,大量农村劳动力因进城务工或者其他原因定居城市,但他们的户口仍然留在农村,他们仍然隶属于农村特定的村委会。只要农民没有将自己的户籍迁离原先的村委会,那么该农民即使长期不在本地定居和生活,也同样是本村村民。这种数量巨大的农村人口长期处于人户分离的状态,并不是村委会制度设立的初衷。在村民资格的取得、丧失与农村户口实行严格挂钩的制度下,以及在国家对农民有相当数量补贴的现实利益背景下,即使是进城定居的农民,除非是为了方便子女就学或者在城市购房,否则他们也不愿意将户籍从农村迁入城市,这就造成了我国农村地区目前存在数量众多的“僵尸户口”。这种村民户籍与村民身份紧密捆绑的村委会制度,直接造成了村民资格的封闭性。

村民成员利益的固化加剧了农村社区的封闭性。村民户籍与村民身份紧密捆绑的村委会制度,以及村集体经济组织与村委会合二为一的治理体制,直接将村民资格带来的利益与村集体经济组织的利益高度结合。在这种体制下,只要具有本村村民户籍,就享有本村村民资格,进而成为本村集体经济组织成员。我国经济发达的农村地区一般都有发展较好的集体经济企业,这些企业所经营的产业除制造业外,还有依靠集体土地发展的物业产业。集体经济企业可获得相当大的收益,可以从每年的收益中拿出一部分,按照户籍确定的村民资格在村民之间分配。此外,还有相当大一部分利润被用于给农村居民提供养老、医疗等社会保险福利。可见,本村村民可以从集体经济中获得不少收益。再就是,无论是经济发达的农村地区还是经济欠发达的农村地区,都可能因政府征地而获得收益,即一定数额的补偿资金。这些征地补偿金一般都会按照一定比例发放给具有本村户籍的村民,行政村成员可以从土地流转补偿款项中获得一定的收益。而无论是经营集体企业所产生的收益,还是土地征用补偿所产生收益的分配,都不需要村民付出劳动。农村村民之所以取得这种收益表面上是因为他们隶属于村集体经济组织,是村集体经济组织成员,但本质上是因为他们具有本村村民户籍,是村委会管理服务的行政村成员。在这种情况下,我国农村居民特别是经济发达地区的农村居民,缺乏离开本村进城定居的意愿和动力。即使富裕地区的农村村民因为一些特殊情况不得不迁入城市定居,或者是经济不发达地区的农村居民,需要离开相对落后的农村去往城市务工以获取更高的经济收入,他们也仍然会尽可能地保留农村户籍,以保住他们的村民资格,保障他们可以从集体土地等农村集体财产中获得利益。

按户籍确定的农民优惠政策,也加剧了农村社区的封闭性。近些年来,虽然我国的城乡二元户籍体制有所松动,甚至政府还鼓励农村居民从农村地区迁入城镇和小城市。但是,农村居民从农村地区迁入大城市还是有较高的制度壁垒,且国家严格控制人口迁入特大城市,而大城市和特大城市恰恰是集中了我国最优质的医疗和教育资源、就业机会最多、工资收入最高的地区。这样,户籍体制便由原先的城乡二元户籍体制演变成为以城乡二元户籍体制为主体的多元户籍体制。当然,农村和城镇之间经济社会发展的鸿沟仍然较明显。城乡居民区别对待的城乡分治政策,导致了各种资源在城乡间分配不平等,进一步拉大了城乡差距。在此情形下,国家逐渐意识到了城乡二元体制导致城乡发展不平衡的弊端。从 21 世纪初,国家开始采取措施来缓解城乡发展的不平衡,通过政策上的倾斜,加大对农村的扶持力度,在部分领域给农民一些特殊的照顾和优惠,希望由此促进城乡一体化发展。相对于没有固定职业的城镇居民,农村居民户口和农民身份的价值有所提高。为了巩固自己的身份利益,农村居民会排斥外来人口的入户,对外来的城市人口持谨慎甚至敌对态度,这就导致了农村非制度化的封闭性。

上述无论是制度性还是非制度性利益造成的农村社区的封闭性,都会成为农村土地在社区组织内部流转的障碍,进一步加剧农村土地流转的难度。进城定居的农村村民不愿意放弃原先因为村民资格取得的承包地和宅基地。农村承包地因为农业收益低的特殊属性,流转可以获得的收益相当有限,而宅基地由于只能在本村范围内进行流转,且法律对购买宅基地的主体资格有严格限制,价格也相对较低。在这种体制下,进城定居的农村居民往往宁可将承包土地撂荒,将宅基地上长期无人居住的房屋闲置,也不愿意将宅基地和承包地流转,其目的在于保住村民资格,进而保住从集体财产中获得收益的身份。我国城市周边或者城市内部出现了大量城中村,这些城中村居民不愿意离开卫生、治安等条件不好的城中村,不愿意与周边城区形成区域一体化,而选择维持固定的村落共同体的根本原因在于,凭借城中村村民身份可以无偿获得集体财产的收益,尤其是城中村的地产经济收益。这些在客观上造成了农村土地在农村社区内部流转的巨大障碍。

三、封闭性成为农村土地流转障碍

国家以极其严苛的法律规定限制农村土地流转,我国20世纪70年代末期和80年代初期实施的农村联产承包责任制,以及20世纪90年代开始的国有土地使用权制度,无疑是我国土地制度的重大改革。但是,对于土地流转仍然实行双轨制,土地征收补偿款跟土地的市场价格也没有直接的关系,只能按照政府确定的补偿标准确定。尽管国家政策对农村土地流转逐步放开,对农村土地按承包地、宅基地、经营性建设用地分类型进行土地流转改革,并开展相关试点工作,2019年修改的《土地管理法》允许符合条件的农村集体经营性建设用地直接入市流转,但长期以来制度设计形成的农村土地流转封闭性仍然没有被彻底打破。这种土地流转的封闭性直接导致土地价值与价格的不一致,不能形成价格作用下的市场化流转机制,构成了农村土地流转的制度性障碍。

第一,土地流转的封闭性致使土地流转范围不广。在土地承包经营权问题上,我国目前实施的是家庭联产承包责任制。农村土地家庭联产承包责任制下的土地分配方式在绝大部分地区都是按照人口数量平均分配土地的,按照土地质量的好坏,兼顾土地的远近程度进行搭配分配。这种土地分配方式虽然达到了公平的效果,但却使每一农户经营的土地呈现高度碎片化和分散化的特点,在一定程度上牺牲了效率。家庭联产承包责任制并非最优的土地承包制度,这种制度导致农民土地资源配置效率不高,影响土地产出效益,使大量土地资源被浪费。因为土地要按户分配,所以农民就不得不在农地上修筑大量的田埂以区分各家的土地范围,而这些田埂占用大量的土地且无法耕种。而且,由于每户所有的土地都不连在一起,再加上每户所享有的土地面积有限,农户在从事农业生产时无法集约化耕种。虽然大家都意识到了家庭联产承包责任制的缺陷,但却对此无能为力。因为土地承包经营权的取得是与集体组织成员身份相联结的。根据2018年修订前的《农村土地承包法》的规定,除四荒用地外,其他的土地承包经营权只能在本集体组织内部以转包、出租、互换、转让或者其他方式流转。这就从法律上切断了土地承包权自由开放流转的可能性。近些年来,随着我国农村土地承包权的改革,2018年我国对《农村土地承包法》进行了修改,鼓励承包地经营权跨村、跨区域流转,甚至鼓励城市资本下乡连片受让承包地经营权,承包地的经营权流转范围不再受到限制。2019年修改了《土地管理法》,允许农村集体经营性建设用地在符合土地利用总体规划和城乡规划的情况下进行流转,集体建设用地的流转仍然受到较大限制。按我国现行物权法律制度规定,一户农民只能只有一处宅基地,宅基地面积不得超过省、自治区、直辖市规定的标准。农村宅基地和宅基地上建的房屋不得进行市场化流转,只能在本集体经济组织成员之间进行交易。

第二,土地股权流动的封闭性导致土地流转价值不高。随着国家政策的放开,当前有些地区已经在开展农村土地流转试点改革。这些试点地区为了提高土地利用效益,增加土地的经济收益,允许将土地当作生产要素入股,以行政村或村民小组为单位,将农村集体的土地折合为相应的股份。农民在保持土地承包权不变的同时,将土地经营权交给股份合作社统一经营管理,由此实现土地所有权、土地承包权和土地经营权的分离。农民通过向土地股份合作社让渡土地经营权,获得在农村土地股份合作社的相应股权,农民凭借土地股份合作社的股权获得土地经营收益,由此实现了农村承包地的流转。尽管我国一些地区通过农村土地股份合作社等方式达到了土地集中经营的目的,但是对农户持有的土地股权的流转设置了相当多的限制性条件,大部分地区仅允许股权在本村村民之间流转。海南省是我国较早开展农村土地股份合作社试验的地区。当地在股份合作社成立初期,采取股权固化的方式,明确规定股权不得抵押、继承、赠与和转让。后来,这种绝对固化的土地股权制度因可能损害农村村民的利益而遭到了相当数量村民的反对。海南省对农村土地股份合作社的规定作了一些相应的妥协性调整,把农民的股权分为资源股和物业股两种类型。资源股采取无偿配给的方式取得,不能以转让、继承、赠与、抵押等方式流通;物业股虽然可以转让、继承、赠与、抵押,但仅限于在本村村民之间。我国江苏和上海等地设立的土地股份合作社也同样对合作社股份的转让作了较严格的限制。根据《江苏省农民专业合作社条例》的规定,农地股份合作社应当根据生产经营的需要,在章程中明确规定成员退社的条件。农地股份合作社成员退社的,鼓励其依法向本社其他成员流转该承包地的经营权。农村社区股份合作社成员退社的,量化到其名下的集体资产份额和公积金份额可以通过赠与、转让等方式流转给本社其他成员,但不得从合作社撤资变现。[1] 我国各地的农村土地转让实践表明,农村集体土地使用权的流转范围基本上局限于本村集体经济组织范围之内,也就是本村村民之间。这种严格的限定,决定了土地流转范围非常有限,土地流转价格很难将土地的真正价值体现出来。

第三,农村社区的排外性阻碍外来资本投资农村土地。当前,由于城市发展空间趋于饱和,城市建设用地开发已趋于极限,再加上国家政策的鼓励,一些工商资本有流向农村的意愿。工商资本的流入会为农村的发展带来资金、技术等资源,有利于推动农村土地经营整合,促进土地的规模化和集约化经营,提高农民的收益。从更长远的角度来看,工商资本的流入能够促进农村经济发展,推动我国城乡一体化进程。然而,由于农村社区的封闭性和排外性,资本下乡存在不少障碍,这在客观上也阻碍了农村土地的流转和集中。

虽然我国农村存在"空心化"问题,大量青壮年劳动力进城务工,留在农村的主要是妇女、老人和儿童,但是仍然有部分青壮年留在农村。城市周边的城中村因为所处地理位置较优越,村民依托城市的发展也可以取得较高收入,人口外流数量较少。我国绝大部分地区的农村集体财产没有被折算成股份分配给每一个村民,即使是在将股份折算分配给每一个村民的极少数地区,股份也不能完全按市场规则流通。农村居民不能自由处分自己所拥有的土地,也不能自由处分作为集体经济组织成员享有的份额。在此情形下,农

---

[1] 参见《江苏省农民专业合作社条例》(2010 年 1 月 1 日起施行)第 18 条、第 21 条。

民要保住自己的土地和份额,就必须保持自己的村民身份。农村居民对其所属的村委会形成身份上的依赖,并且这种依赖因为集体资产的占有而被进一步固化。村民资格、村集体经济组织成员身份和土地利益的享有,三者紧密捆绑在一起。每一个村都根据自己当地的社会经济情况,自发形成了一套国家法律之外的特殊的利益调整规则,每一个村庄都是具有高度排外性的社会体系。

这种村庄内部自成一体的社会规则,尤其是村庄内部成员对外来人员的高度排外性,构成了外来资本进入农村地区的非制度性障碍。因为农业生产周期长,农业收益存在不确定性,外来资本进入农村地区,整合和集中农村土地进行规模化生产经营,必然要与当地农村居民发生联系。村庄内部独特的规则与文化,往往与资本运作的要求相抵触。在长期的生产经营过程中,外来企业不可避免地会与当地居民之间发生矛盾。村庄内部高度的封闭性以及排外性,尤其是半熟人社会的生活方式、秩序规范、价值观念等在外力作用下,逐渐瓦解坍塌。当外来企业与本地村民发生利益矛盾时,村民很有可能不通过现代社会的协调和法律机制解决纠纷,而可能采取暴力等非理性方式。这对需要长期经营的农村产业资本来说,绝对是不敢想象的噩梦。基于农村社区的封闭性产生的独特文化与社会规则,直接影响了外来资本投资农村地区农业生产的愿望,这在客观上阻碍了我国农村地区的土地流转。

第二节　村委会自治性的弱化制约农村土地市场化流转

按照我国法律和政策的规定,我国现行乡村治理模式可以归结为"乡政村治、村社合一"体制。也就是说,乡镇人民政府是国家政权最基层的组织形式,各村实行村民自治,组建村委会作为基层群众性自治组织。村委会与乡镇人民政府没有直接的行政隶属关系,乡镇人民政府与村委会之间是指导与被指导的关系。但在实际执行的过程中,乡镇人民政府基于对村干部工资报酬等福利待遇的支付,在事实上形成了对村干部一定程度的支配地位,村委会的自治组织性质被弱化。"村民委员会尽管在法律上属于村民群众自治组织,但事实上属于国家对公社体制后的农村社会的重组,具备国家行政管理的功能。村民委员会管辖地域属于'行政村',而不是自然村。'行政村'的建立、规模和运行主要是国家组织行为,而不是农民的自组织行为。"[1]在以征地为主的农村土地流转,以及国家惠农政策实施等其他政府管理事务中,村委会渐渐成为基层乡镇人民政府的"代言人"和实际执行者。

一、村委会成为乡镇人民政府的"半代理人"

20世纪80年代国家进行的农村体制改革,将原来的生产大队改组为村委会,并将村委会定位为农民自我管理、自我服务的基层群众性自治组织;同时规定村委会受基层乡镇人民政府的指导,协助乡镇人民政府的工作。国家对农村进行的这种体制改革,一方面,是为了通过村委会这一组织体系,保证人民公社消亡后国家对农民的整合与社会动员能力;另一方面,是为了通过赋予村委会自治权限,来寻求村民自治和国家统治之间的平衡。这种制度设计使村委会在成立之时就具有双重职能:村委会在作为全体村民选出的代表,行使"办理本村公共事务和公益事业"等一系列自治职能的同时,也作为最基层的社会组织,有义务协助乡镇政府开展工作。

但是,对于村委会如何协助乡镇政府,乡镇人民政府对村委会的"指导"和"领导"如何区分的问题,法律没有清晰的界定。在实践中,最基层社会组织与乡镇人民政府的关系形成了某种历史路径依赖,农村居民、村委会和乡镇人民政府普遍认为,村委会受乡镇人民政府的领导。法律规定的模糊与认识的偏差相结合,导致有些村委会把完成乡镇人民政府的工作作为自己的主要职责,而把村委会的自治职能当成次要工作。在现实生活中人们之所以把村委会的组成人员称为"村干部""村官",正是因为村委会和乡镇人民政府之间存在某种事实上的隶属关系,导致了村民自治组织功能被弱化。"大量的国家行政事务需要基层组织承担,村民委员会被行政化,连村民委员会的干部也被称为'村官'。官事'民'办,民事'官'办,官民难分,行政压制自

[1] 徐勇:《乡村治理的中国根基与变迁》,中国社会科学出版社2018年版,第29页。

治。"[1]尽管依照我国《村民委员会组织法》的规定，乡镇人民政府对村委会的工作给予指导、支持和帮助，不得干预依法属于村民自治范围内的事项，但是，一些乡镇人民政府通过实行"村财乡管"和村干部"工资制"，增强了村委会对乡镇人民政府的依赖，增强了乡镇人民政府对村委会事实上的影响。我国法律规定的村委会的自治组织性质并未充分发挥。许多地方的村民自治事务仅仅限于3年一次的村干部选举，村民对日常事务的参与很少。[2] 工业化和城镇化导致农村劳动力尤其是青壮年劳动力大量流出，农村地区形成了农村人口"空心化"现象，这更加造成了农村村民自治力量的不足，使稳定的治理结构较难形成。[3] 村委会自治权利主体数量的不足，可能使乡镇人民政府为了贯彻自身意志而主导村委会的选举，村委会组成人员容易成为乡镇人民政府政策乃至乡镇人民政府领导干部决策的实际执行者。

二、土地征收中村委会更多代表政府利益

在我国的城市化进程中，违法拆迁始终不同程度地存在。《宪法》第10条第3款规定，国家为了公共利益的需要，可以依照法律规定对土地实行征收或者征用并给予补偿。由此规定可知，只有在因公共利益需要的前提下，国家才能对农村集体所有的土地进行征收。然而，由于"公共利益"本身是一个抽象概念，我国法律对于何为"公共利益"并未作出明确界定，所以就存在"公共利益"范围不确定的问题。很长时间以来，土地征收过程中存在的主要问题表现为未区分公益性建设用地和非公益性建设用地。

任何土地征收与房屋拆迁都会涉及被征收对象和基层政府之间的利益冲突，即使是在合法的土地征收与房屋拆迁中，这种利益冲突也仍然存在。对于基层乡镇人民政府来说，提高工作效率，让被征收村民接受基层政府单方面确定的补偿标准，以最短的时间完成征收与拆迁任务，是最核心的目标。

---

[1] 徐勇：《中国家户制传统与农村发展道路——以俄国、印度的村社传统为参照》，载《中国社会科学》2013年第8期。

[2] 参见徐勇：《乡村治理的中国根基与变迁》，中国社会科学出版社2018年版，第29页。

[3] 参见杨菊平：《非正式制度与乡村治理》，上海交通大学出版社2016年版，第88页。

对于被征收和拆迁的农户来说，村民往往采取拖延战术来尽可能地获得最大数额的补偿款。在这种情形下，最具有信息优势的村委会干部，无论其是被迫还是自愿卷入这场博弈，在土地征收和房屋拆迁中都起着关键作用。在一些地方的实践中，甚至出现了地方政府与村委会之间实行"征地包干制"的现象，即地方政府采用"行政包干"的方式，将征地拆迁任务整体"发包"给村委会来完成。"通过责任书、征地协议等形式，与被征地所属村委会明确征地包干任务、包干费用、完成时限要求和风险责任划分，要求村委会具体组织实施征地补偿安置工作"。[1] 这种外包方式，既加快了征收拆迁的速度，又在客观上实现了征地冲突责任的"外包"，降低了基层政府官员的风险。

从理论上来讲，村委会在土地征收与房屋拆迁过程中，理应代表本村村民的合法利益，传达本村村民的意愿，化解政府和村民之间的矛盾纠纷，这样就很可能促使双方达成一致协议。

三、土地流转中村委会角色容易错位

家庭联产承包责任制解放了农村生产力，调动了农民生产经营的积极性，但是这种一家一户生产经营的模式也导致了较严重的土地碎片化现象。在土地碎片化经营的体制下，现代农业不可能发展起来。为此，中共中央和国务院的文件多次强调农业生产土地要适度集中，要建立多种形式的新型农业经营主体。虽然中央政策明确规定农业用地必须在充分尊重农民的意愿的基础上实现市场化流转，但在政策的实际执行层面，一些地方对"发展规模农业"存在认识偏差，片面追求农村土地流转数量和生产经营规模。这种农村生产经营土地集中的任务最终落到基层乡镇人民政府的头上，基层人民乡镇政府负责推动农村承包地的流转，而村委会负责最终的组织实施。

在目前村委会与乡镇人民政府的关系行政隶属化趋势增强的背景下，农民的日常生产经营活动和微观社会生活已经不直接与基层乡镇人民政府产

---

〔1〕 谭术魁、赵毅、刘旭玲：《防范征地冲突中地方政府与村委会的委托代理关系研究》，载《华中农业大学学报（社会科学版）》2018 年第 3 期。

生联系。基层乡镇人民政府的诸多管理职能,如农业生产经营补贴的发放、农业扶持项目的确定、扶贫资金的落实到户、农村低保户的认定等涉农优惠政策的实施,虽然最终仍然需要通过乡镇人民政府予以确认,但在实际操作过程中,需要村委会提供初始的数据和资料,村委会具有相当大的话语权。也正因如此,相对乡镇人民政府,村委会对农户具有更强的实际控制力。离开了村委会,乡镇人民政府的工作很多时候较难开展。在乡镇人民政府主导的农村土地流转过程中,有农户不愿意将其土地流转的,一般由村委会对该农户进行劝说。在劝说无效的情形下,村委会为了落实乡镇人民政府的任务,往往采取取消或增加涉农优惠等方式,对不愿意进行土地流转的村民进行诱导。考虑到宅基地审批和涉农优惠政策的享受等各种本应属于乡镇人民政府办理的事务,在客观上都离不开村委会具体负责的事实,相当数量的农户容易违反自身意愿,按照村委会的要求和条件进行土地流转,而那些自身条件较差、需要更多社会救助的农户,对村委会的依赖程度更高,他们的妥协性也就更大。

没有被承包的集体土地对外流转时,按照法律规定的民主程序,应当召开村民大会或者村民代表大会,由村民共同决定是否对集体土地进行流转。但是,在现实操作中,往往都是村党支部书记、村主任及其他委员少数人对是否进行土地流转,以及土地流转的条件进行决策,而有的地方甚至存在除村党支部书记和村主任外的其他委员也并不完全知情的情况。农民的土地财产权利由此受到侵害,不但村民自治没有得到有效落实,集体财产利益也得不到有效保障。

同样,村委会干部也可能滥用职权,在土地流转中谋取私利。村委会干部既不是纯粹的农民,也不是国家工作人员,他们代表村委会从事管理服务工作。在土地流转过程中,村委会干部集村民代表、政府执行政策的代理人、生产中的农户等多重角色于一身;在将村集体土地进行承包、租赁等流转的谈判过程中,他们往往身兼数职,既是村民集体出租方又是村委会代表。现行的法律和制度对于村委会干部行使职权行为的规范缺乏详细的规则,也无特定的机制保障作为利益相关者的普通村民能够参与到土地流转过程之中。

第四章　农村土地流转试点模式分析

我国农村土地流转的探索既有各个地方政府基于经济发展的内生需要自发进行的探索,也有中央政府从整个国家经济社会发展改革统筹出发,自上而下的试点,这些非常有现实意义的尝试,取得了不少经验成果。这些试点地区进行的各种模式的农村土地流转探索,为国家进一步做好土地改革流转的顶层设计提供了丰富的经验和启示。我国农村土地流转改革的探索与试点实践在内容上大体上可以分为两个方面,在时间节点上大体可以分为两个阶段。两个方面,是指承包地流转和集体建设用地流转,集体建设用地流转又包括集体经营性建设用地流转和农村宅基地流转。两个阶段,即以2015年为“分水岭”,在2015年之前,是各个地方自行展开的农村土地流转改革探索;在2015年之后,则是在中央顶层设计的安排下,全国在33个县市统一部署的土地流转改革试点。虽然集体经营性建设用地和农村宅基地都属于集体建设用地,但是两者的流转目的、功能以及实际操作模式存在很大差异。因此,本章在对我国农村土地流转实践探索,尤其是对各种流转模式进行实证分析时,将采取对“三块地”,即承包地、集体经营性建设用地、宅基地,分别阐释的方式进行。同时,以2015年为区分的时间节点,对我国农村土地流转试点模式的成效进行分析和评价。

第一节　承包地流转方式及其评析

自20世纪80年代我国普遍建立农村土地承包责任制开始,广大农村地区陆续出现了零星的自发流转承包地的现象。起初,农村地区承包地流转之所以出现,主要是因为各个农户分配到的承包地过于碎片化,农户之间为了耕种的方便而进行土地置换,以尽可能使各自承包地相对连片化。20 世纪 80 年代进行的农村承包地的流转并没有得到国家政策和法律的支持,而且由于当时农村外出务工人员数量较少,农民之间私下进行承包地流转的现象并不普遍,这种承包地流转的规模也相当有限。我国农村地区大规模的承包地流转的出现始于 20 世纪 90 年代,在 21 世纪尤其是最近几年得到较大规模的发展。从 20 世纪 90 年代开始,我国进入全面对外开放和工业化阶段,在部分东南沿海地区“三资企业”和私营企业快速发展。这些企业需要大量的劳动力,因而吸引了其他地区农村青壮年劳动力到东南沿海地区工厂从事工业生产。在内陆地区农村,大量青壮年外出务工后,有些家庭因劳动力短缺而无力再耕种承包地,同时部分留在农村地区务农的家庭分到的承包地不足以满足其耕种需求,于是劳动力短缺家庭将其多余的承包地以出租形式转让给其他家庭耕种。根据有关学者的统计,到 2001 年年底,全国以各种方式流转的承包地占承包地总量的 6% ~8%;经济发达地区承包地的流转面积占比最高,部分县(市)达到 20% ~30%。在我国内陆地区,流转的承包地占承包地总面积的比重一般在 5% 左右,高的可以达到 10% ~20%。[1] 随着我国工业化和城市化进程的加快,农村外出务工人员数量不断增加,越来越多农村人口迁入城市定居,农村承包地的流转速度不断加快。2008 年 10 月,党的十七届三中全会明确提出,“建立健全土地承包经营权流转市场,按照依法自愿有偿原则,允许农民以转包、出租、互换、转让、股份合作等形式流转土地承包经营权,发展多种形式的适度规模经营。有条件的地方可以发展专业大户、家庭农场、农民专业合作社等规模经营主体”。政府对规模经营的种粮大户、家庭农场以及农民专业合作社,给予一定的奖励和补助。在中央政策的鼓励下,承包地流转在全国以更多形式、更大规模展开。农业部(现为农业农

---

〔1〕 参见张丁、万蕾:《农户土地承包经营权流转的影响因素分析——基于 2004 年的 15 省(区)调查》,载《中国农村经济》2007 年第 2 期。

村部)相关数据表明,到2016年年底,全国土地流转面积占家庭承包耕地总面积的35%。[1]

农村承包地的流转可分为零星流转和集中流转两大类型。[2] 出租、互换、转包、转让是零星流转的主要形式,而集中流转的主要方式则是返租倒包、股田制、合作社、家庭农场等几种形式。[3]

一、承包地零星流转方式及评析

(一)出租

出租是农民自发进行土地流转常见的模式,在实践中操作起来最便利,因而也是出现最早、最常见的土地流转模式。出租,也称租赁,是指承包方按照约定,在一定时期内将自己从集体承包的土地交由承租方从事农业生产经营,承租方在双方约定的期限内按照约定的时间向出租方缴纳实物租金或者货币租金,双方约定的期限届满以后,承租方将承包地交还给出租方的土地流转方式。承包地的租赁流转方式没有改变出租方与原先集体经济组织之间的承包关系,承租人与作为土地所有人的集体经济组织不发生直接关系。出租是我国农村地区最早普遍采用的土地流转方式。出租这种土地流转方式具有极端灵活的优势,租赁期限可长可短,租赁的地块可大可小,租金缴纳的方式既可以是货币租金也可以是实物租金,承租人既可以是自然人也可以是其他组织。尤其重要的是,在出租形式的农村承包地流转中,发包方和承包方可根据各自的需要约定可长可短的承包期限,同时发包方的承包权不发生改变,而且在实践中大部分情况下都是按年度支付租金,如果承包方在承包期限内因经营不善等原因无法交纳租金,也不会给发包方造成巨大损失,发包方可以及时收回承包地,发包方的利益可以得到有效维护。此外,以出

---

[1] 参见《农业部:全国土地流转面积占家庭承包耕地总面积35%正试点土地使用权抵押贷款》,载人民网,tinance. people. com. cn/nl/2017/0307/C1004-29129227. html。

[2] 参见黄祖辉、王朋:《农村土地流转:现状、问题及对策——兼论土地流转对现代农业发展的影响》,载《浙江大学学报(人文社会科学版)》2008年第2期。

[3] 参见陆道平、钟伟军:《农村土地流转中的地方政府与农民互动机制研究》,清华大学出版社2012年版,第74页。

租方式进行土地流转对经济发展水平没有很高要求,这对于中西部经济不发达地区来说确实是一个很好的推进土地流转、实现规模经营的方式。目前,在各地土地流转实践中,该种方式的使用比例也比较高。承包地的租赁流转方式,因为极具灵活性和安全性,有着适应性强、应用广泛的优点,基本上确保了农户承包地流转的自由。然而,作为一种完全由市场自发调节形成的土地流转方式,出租方式进行的土地流转,一般是农户自发进行的行为,出租的土地一般呈现分散、规模小的特点,在一般情况下租赁时间也短,不利于土地成片集中和规模经营,生产效率难以提高,显然无法适应农业机械化与现代化作业的要求。

(二)互换

互换是农村自发形成的承包地变动的主要方式之一,是指同一集体经济组织的成员为了耕种便利的需要,彼此之间对各自承包地进行交换。农村土地承包户之间进行的土地交换,一般是为了解决承包地分散带来的不便。承包户希望通过土地交换尽可能地达到自己生产经营的土地连片的效果。土地互换并没有带来土地经营的规模化集中,只是农户为了更方便经营自己的土地而进行的相互交换。从严格意义上讲,承包地互换不是农村承包地的流转方式。影响农村承包地互换的主要因素有承包地的地力、面积、距离等。因此,承包地互换要达到规模化的难度比较大,没有从根本上改变以一家一户为单元的经营方式,但是对于改变地块零星分散、实现农户土地的相对集中有积极意义。

(三)转包

转包,是指承包方将其承包的全部或者部分承包土地,在一定时期内转让给他人从事农业生产经营活动。承包方将土地转包以后,原承包人与原来农村集体经济组织的承包关系仍然存在,新的承包地受让人与集体经济组织之间不产生承包关系,受让方取得了承包地经营权。转包和承包地出租的区别在于,转包是无偿的,而出租是有偿的。承包地的转包流转方式主要发生在我国农业税取消之前。在取消农业税之前,承包土地的农户虽然取得了农地承包经营权,但是承包户与集体经济组织和国家之间,仍然存在以承包地为中心的权利义务关系。农民取得了承包地的自主经营权,但是农民也要为此付出相应对价,即每年向国家缴纳依据承包地定额的农业税,以及根据承包地的多少向基层政府和集体经济组织缴纳数额不等的农村提留和统筹资金。在承包地发生转包时,虽然转包本身是无偿的,但因为承包户必须向政府缴纳农业税和其他费用,转包方仍然要向受让方收取农业税和其他必须向政府缴纳的费用。农户之所以愿意无偿地将其承包的土地在一定期限内无偿转让给第三人从事农业生产经营,主要是为了避免土地撂荒,因为土地撂荒非但产生不了任何收益,农户反而还需要向国家缴纳农业税和其他费用。因此,农村承包地转包这种流转方式,主要发生在废除农业税之前。随着我国农业税的取消和其他农民收费项目的取消,承包地转包现象越来越少,已经不是主流的自发流转方式。土地转包防止了土地的弃耕抛荒,同时缓解了从事农业生产活动等少数家庭人多地少的矛盾,促进了农村土地资源的优化配置和一定程度上的规模经营,促进了农村产业结构的调整和农民收入的增加。作为一种自发形成的农村土地流转方式,转包本身无法形成连片集中的土地,也不是实现农业生产经营规模化的主要手段。而且转包这种方式有其特殊的社会背景,那就是承包户将其承包经营的土地转包给第三人主要是为了减轻因为承包地而产生的农业费税负担。这是特殊时期因为特殊背景而形成的土地流转方式。在农业税和农村提留、统筹收费取消以后,承包地转包现象大为减少。转包这种农村土地流转方式,不可能成为农业规模化现代化经营所需的主导土地流转模式。

(四)转让

承包权转让,是指农村土地承包方经农村集体经济组织同意,将其承包经营的土地全部或者部分转让给本集体经济组织的其他成员。承包地转让以后,原来承包方的承包权和经营权自动终止,受让人取得了转让承包地的承包经营权。土地承包经营权的转让既可以是无偿的,也可以是有偿的。承包地的承包经营权转让以后,原来承包权人对该转让土地不再享有任何权利,受让方直接取得了受让土地的承包经营权,因此承包权转让的土地流转是一种彻底的土地权利让渡方式。正因如此,承包权受让主体的身份有一定的限制,因为从理论上讲,原来承包方系基于村集体经济组织成员身份而取得承包权,农村土地承包权除有财产性质的物权外,还有身份性质的身份权。承包人将承包地的承包经营权转让给他人时,受让方必须是同一集体经济组织的成员,并且取得作为发包方的集体经济组织的同意。2002 年制定的《农村土地承包法》第 41 条规定:"承包方有稳定的非农职业或者有稳定的收入来源的,经发包方同意,可以将全部或者部分土地承包经营权转让给其他从事农业生产经营的农户,由该农户同发包方确立新的承包关系,原来承包方与发包方在该土地上的承包关系即行终止。"按照这一规定,承包地的转让除要取得发包方同意外,转让方还必须具有稳定的非农职业或者稳定的收入来源。然而,如果原承包方将其承包的土地转让给他人以后,又以自己没有稳定的非农收入为由主张合同无效,那么村民之间很容易产生纠纷,也不利于农村土地的流转。为此,2018 年全国人大常委会修订《农村土地承包法》,对承包地转让删除了"承包方有稳定的非农职业或者有稳定的收入来源"这一限制,但仍规定受让方必须是本集体经济组织成员。转让模式是一种完全的土地流转方式,是一种彻底让农民退出土地的方式,有利于将农民从农业生产中彻底解放出来,为城市发展输送劳动力。而且,承包地转让模式有利于土地集中经营,产生规模效益,有利于改变当前我国农地流转期限短、承包方农业长期投入不足的问题。但是,对于承包地转让这种土地流转方式,也有人提出担忧,认为不受限制的承包地转让很可能使转让方丧失作为最后生存保障的土地,并且会引发土地兼并,进而危及粮食安全。[1] 这种对承包地转让的担心,实际上是站在农业社会的角度去审视农村承包地的作用与功能。在快速工业化和城镇化的当下,和其他行业相比,农业处于弱势,没有国家的补贴几乎难以生存,更不要指望通过农业产出获得高收入,这就决定了承包地转让的受让方受让的土地数量有限,再加上受让主体只能是同一集体经济组织成员,这一限制已经彻底把外来的商业资本隔绝在承包地转让的受让范围之外,建立起了一道安全可靠的"防火墙"。况且,承包地转让前后土地使

[1] 参见温世扬、武亦文:《土地承包经营权转让刍议》,载《浙江社会科学》2009 年第 2 期。

用的情形差别很小,受让方受让土地也不可以改变土地用途,只能从事农业生产经营活动。这就决定了承包地转让在整个农村土地流转体系中的使用占比很小,不可能引发社会危机,少数学者对承包地转让的担心显然是多余的。

承包地的出租、互换、转包、转让这几种流转方式,在一般情况下都是农村自发形成的土地流转模式,在一定程度上能够实现土地集中经营,防止出现土地撂荒等问题,在一定程度上达到土地流转的目的。但是,总体而言,这些方式进行的土地流转的规模较小,土地流转对象局限在本村或者本乡镇农户的范围内,承包地大规模集中化经营难以形成。但是,因为这些流转形式本身极为便利,是不同农户根据自己的生产经营需求进行的土地调整,这些零星流转的方式必然长期存在。

二、承包地规模化流转方式及评析

承包地的规模化流转,主要是指根据农村村民的意愿,在遵循经济规律的基础上,由地方政府主导的通过一定方式将承包地流转集中经营的承包地流转模式。规模化流转模式主要有返租倒包、股份合作、土地信托、家庭农场等。

(一)返租倒包

返租倒包,是指集体经济组织集中租赁其已经承包给农户的土地,以实现土地的集中,然后通过统一规划部署或者进行适当的土地整治,将土地承包给农业经营大户或者从事农业经营的公司(称为"倒包")的土地经营方式。[1] 返租倒包的土地流转模式中存在两层法律关系:第一层法律关系是租赁关系,作为土地所有权人的农民集体经济组织租赁其已经发包给农户的土地,农户是出租方,集体经济组织是承租方;第二层法律关系是承包关系,作为中介人的集体经济组织,再将承租来的农民的承包地发包给具有农业生产能力的农业经营大户或企业。

---

〔1〕 参见李俊青:《"反租倒包"流转模式可行性研究》,载《农村经济》2012 年第 8 期。

返租倒包作为农村土地流转的一种方式，在不改变农民对承包地的承包权、不动摇我国现行的农村土地承包制度的基础上，最大限度地实现了分散承包地的集中统一，改变了农村土地细碎化的现状。村民将其从集体承包的土地租赁给集体经济组织，每年可以获得固定的租金收益。而且，基层政权的介入能够较快地推动承包地的连片经营，实现农业生产的规模化。但是，在实际执行过程中，返租倒包也存在较多问题，学界对返租倒包的可推行性一直争议不断。首先，乡镇人民政府、村委会容易从中赚取差价，损害农民利益。在返租倒包这种流转形式中，乡镇人民政府、村委会转包或倒包所收取的租金高于支付给农户的租金，乡镇人民政府、村委会获得了差额地租，土地的增长价值通过返租倒包转移到了乡镇人民政府、村委会的名下，农民利益受损。其次，存在一些强制租赁承包户土地的现象。在返租倒包中，由于村集体半行政化身份引发权力"寻租"的现象，农民流转土地容易引发问题，返租倒包的土地流转方式两度被中央叫停。[1] 但在实践中，返租倒包仍然是一种重要的承包地流转方式。

（二）"股田制公司"模式

"股田制公司"模式始于重庆在农地流转方面的创新。2007 年，重庆市出台文件，允许农民以农地承包经营权出资入股设立企业。作为一种探索性质的新模式，在不改变土地用途的情况下，允许农民以自己承包的土地入股，设立有限责任公司和独资、合伙等企业。这些土地入股公司再与龙头企业建立关联机制，从而形成"公司 + 龙头企业公司 + 农户"的农业产业化经营组织新形式。"股田制公司"模式采取的是公司制形式，按照我国《公司法》的相关规定，承包地入股以后承包地便成为公司资产，农户丧失对土地的控制权和支配权，农民不可以将其入股的土地资产撤出，只能将其持有的股权进行转让。同时，按照我国《企业破产法》的规定，如果公司出现其他资产不足以清偿债务的情况，公司将以入股土地清偿债务。公司制的经营模式本身就具有较高的商业风险，很有可能出现公司经营不善而无力偿还公司债务的情

〔1〕 参见李俊青：《"反租倒包"流转模式可行性研究》，载《农村经济》2012 年第 8 期。

形。一旦公司因为经营不善破产，入股农户将彻底丧失对承包地的承包经营权。因为这种风险的存在，“股田制公司”模式在土地流转实践中也引发了不少纠纷。也正因为这一模式存在较大风险，重庆市的试点改革曾经被中央叫停。然而，从长期来看，“股田制公司”模式也并非一无是处，在从事经济作物生产经营的地区，以公司制形式集中土地进行统一经营有一定的合理性。

（三）土地合作社

土地合作社的流转模式，是指农户联合成立土地股份合作企业或者合作社，各农户以自己的土地承包经营权出资，按土地出资的数量享受股份合作社的权益并承担相应责任。实行股份合作后，公司规模化生产，科学化管理。公司独立运作，每位农户都是合作社社员。以合作社模式集中流转的土地股份与“股田制公司”的土地入股的区别主要在于：第一，两者是以土地作为资产还是以土地作为权利入股存在不同。股份制合作社是农户将土地作为资产按一定数量量化为股份，投入到从事农业生产经营的经济组织中；“股田制公司”的土地入股是指将农民拥有的土地经营权按照一定标准进行折算之后，作为股份投入到从事农业生产经营的经济组织中。第二，两者是否转移土地使用权存在不同。虽然土地合作社与土地公司制都要求以土地经营权入股，对土地进行折股量化，各位入股的农户根据自身入股的份额有权享受和分配合作社的红利，但是土地合作社模式下农户入股的农业经济组织一般是专业合作社，合作社设立的目的主要不是通过土地资本的集中获得商业利益的最大化，社员入股土地只转移了农户对土地的经营权，社员入股的财产所有权没有转移给合作社，入股土地等财产仍然属于农户，合作社只是对入股的财产享有使用权。而在按照公司制设立的农业企业中，入股的农户将承包土地入股以后，土地等出资财产归公司所有，农民只享有股权，失去了对土地的经营权。第三，两者可否退回入股的土地存在不同。按照《农民专业合作社法》，农民入社自愿，退社自由。农民以土地等资产入社的，土地合作社成员可以退社，并可要求退回入股的土地财产。如果合作社出现亏损或者其他情形，农户可以要求退社，要求合作社把之前入股的土地等财产返还，只需要将按照自己份额分摊的债务或者亏损补足即可。在以土地入股农业企业的情形中,农户取得了股权却丧失了土地等入股财产的所有权和使用权,入股农业企业的农户只能转让股份,却不可自行退股。即使农业企业经营效果不好连年亏损,一般小农户也没有任何办法确保自己的投资收益。第四,合作社体制在表决方式上不同于公司制企业。合作社的表决机制原则上不考虑社员股份的大小,按照每一成员有一份表决权的方式决定合作社的重大事项,但公司制农业企业则按照同股同权的方式配置表决权,持有股份少的股东难以维护自己的权利。在现实中,以土地合作社模式进行的土地流转往往采取保底收益加分红的方式,通过这种方式实现了一定程度的土地集中。同时,合作社这种模式也比较安全,即使出现亏损也有相应的止损机制。但是,这种土地合作社流转模式适用的前提是土地合作社必须能够盈利,这样才能激发农户将土地入社的积极性。然而,基于土地合作社的运作机制,合作社的经营往往受制于其机制的束缚,况且农业产业本身是弱势产业,往往依赖政府的补贴才能得以生存,因此土地合作社如何实现长期盈利,并发挥其土地流转集中的功能优势,仍然是一个问题。

(四)土地信托

农村土地的承包经营权人基于信用关系将其承包经营的土地作为信托财产委托给土地信托机构,土地信托机构将这些分散的土地集中起来统一租赁给从事农业生产经营的第三方机构进行专业化经营。在土地信托关系中,土地承包经营权人是委托人,土地信托机构是受托人,土地信托机构在现实中主要是信托公司或者地方政府为了土地流转成立的专门信托公司。作为受托人的土地信托机构从第三方经营机构处收取土地租金,在扣除约定的佣金后,将剩余的土地租金收益分配给作为委托人的农户。土地信托是土地流转的重要方式。在实践中,因为受托方绝大部分是国有或者国有控股的信托投资公司,或者是当地政府为了土地流转而专门设立的土地信托机构,相对而言具有较高的公信力,大多数农户基于对政府的信任更愿意把自己分散的土地交给土地信托机构集中管理。土地信托的流转方式既没有改变农村土地集体所有权制度,也没有改变农民的农村土地经营权,同时又实现了分散土地的集中经营。土地信托机构要么因为长期从事信托业务而积累了较丰富的经验,要么因专门从事土地信托业务而具有相当丰富的专业知识,能够利用其专业技能和知识甄别和选任更合适的农业生产经营企业,使土地生产经营具有较好的收益。第三方农业生产经营企业不需要直接面对数量众多的农户就可以从土地信托机构处获得大量集中的、可长期使用的土地经营权。而且,第三方农业生产经营企业往往具有专门的技术和资金,甚至有专门的农产品销售渠道,对市场行情的变化可以作出更及时的反应,可以获得更高的经济收益。

我国土地信托流转方式主要有"草尾模式""宿州模式""桃园模式"3 种类型。"草尾模式":2010 年,湖南省益阳市草尾镇在地方政府的主导下成立了土地信托公司。当地土地信托公司收集农民的土地进行集中,然后通过招标、竞拍方式向农业生产经营企业或种植大户进行转让,并收取相应的土地流转服务费。"宿州模式":安徽宿州埇桥区通过乡镇人民政府和村委会层层集中土地,设立农村土地股份合作社。土地股份合作社作为委托人与中信信托公司签订土地信托协议,中信信托公司作为受托人将土地出租给农业公司或种植大户并收取租金,农民按照其在合作社的股份获得"基本地租 + 浮动收益"。"桃园模式":江苏省无锡市阳山镇桃园农民依照自愿原则,将其享有的土地经营权作价入股设立农村土地股份合作社,成为合作社成员并取得股权证书。土地股份合作社作为委托人,与北京国际信托公司签订土地信托协议。北京国际信托公司将土地租赁给专业合作社进行生产种植并收取租金,同时开发相应的资金信托产品来解决农业经营主体的融资问题。农民除获得每年固定的土地租金收入外,还可在作物培育期结束后按比例享受浮动收益分红。[1]

(五)上海松江区家庭农场模式

上海松江区家庭农场模式是,村委会出面牵头与农户签订土地流转合同

---

〔1〕 参见李泉、李梦、鲁科技:《"三权分置"视域中的农村土地信托模式比较研究》,载《山东农业科学》2019 年第 1 期。

并且向农户支付土地转让费以实现农村承包地的集中，在此基础上符合条件的农户向村委会申请转包已经集中的耕地来组建家庭农场。家庭农场的经营者必须自己从事生产经营活动且只能专职从事家庭农场的经营活动，不得转包给其他任何第三方，也不得从事其他生产经营活动。为了防范家庭农场盲目扩大生产经营范围，上海松江地区家庭农场的规模一般控制在100～200亩。到2016年，松江区家庭农场粮食种植面积占全区粮食种植面积的95%，户均经营面积143.3亩。家庭农场已经成为上海松江区最主要的农业经营主体。[1]

上海松江区家庭农场模式最主要的优点是，尽可能地避免了中间代理成本，而农户将自己的土地折股成立农业合作社等形式存在较高的代理成本。家庭农场经营规模不大，也更加容易管理，更适合农户的经营水平和管理能力，也更加容易推广。上海松江区家庭农场模式具有收益较高、风险可控、有利于土地的规模化经营等优点。但是，该种家庭农场模式是建立在上海经济发达、农业收益率较高、地方财政补贴投入较大和农民享有较完善的社会保障的基础之上的。脱离了这些基础，仅仅是承包土地的承包费以及农产品的市场风险就足以使许多农户望而却步。因此，松江模式在其他地区能否推行还需要在实践中进一步检验和思考。

第二节　集体经营性建设用地流转模式

2015年之前，我国部分经济发达地区基于发展民营经济的需要，经国土资源部（现自然资源部）批准或者自发进行了农村集体建设用地流转试点。2015年以后，国务院批准全国33个县（市）行政区域进行土地流转综合试点。因此，集体经营性建设用地流转试点可以分为全国统一试点前后两个阶段。

一、全国统一试点前的主要流转模式

长期以来，在理论和大的政策层面上，经济建设需要使用的农村土地必

---

[1] 参见方志权：《上海松江家庭农场十年发展情况的调研报告》，载《产权法治研究》2018年第1期。

须通过国家征用的方法，由集体土地转化为国有用地，然后才可以进行建设。但是，我国广大农村地区曾经存在数量众多的乡镇企业，一些经济发达地区甚至存在数量众多的乡村工业园区，而这些乡镇企业和乡村工业园区所使用的土地都是集体所有的土地，没有转化为国有用地，因此形成了数量众多的集体经营性建设用地。到20世纪90年代，我国逐渐确立了社会主义市场经济体制，国有土地所有权和使用权分离，国有土地使用权可以进行市场化流转，由此形成了我国的国有土地市场，土地流转为工业化和城镇化提供了大量的资金和土地储备。但是，集体经营性建设用地的流转却一直没有得到法律的认可。然而，乡镇企业本身存在兴衰和变迁，乡镇企业的改制、兼并时有发生，乡镇企业所占用的集体建设用地也因此出现闲置现象。而在我国东南沿海农村地区，随着工业化进程的进一步加快，原有的国有土地建设用地远远无法满足工业和城市化发展的需要，农村集体经营性建设用地流转的需求剧增。在此情形下，部分地区自发开始了规模不等的农村集体经营性建设用地流转。农村集体经济组织将原乡镇企业用地以出租、入股的方式流转，农村集体经济组织获得了土地收益，地方政府则通过在集体土地上兴办的工商企业获得了税收来源。但是，这种自发形成的农村集体经营性建设用地流转，在国家法律和政策层面并没有规定。与此同时，我国部分地方在国土资源部（现自然资源部）的指导下开展了农村集体经营性建设用地流转试点。1996～2002年，国土资源部（现自然资源部）在江苏省苏州市、安徽省芜湖市、浙江省湖州市、广东省顺德市（现佛山市顺德区）等地开展了试点，以规范集体经营性建设用地的流转。国务院2004年发布的《关于深化改革严格土地管理的决定》，规定村庄、集镇和建制镇中的农民集体所有建设用地使用权在符合规划的前提下，可依法流转。

（一）苏州模式

在包括苏州在内的苏南地区，乡镇企业历来发达。到了20世纪90年代，乡镇企业开始逐步改制转型，为了与企业改制相配套，苏州市人民政府于1996年出台《苏州市农村集体存量建设用地使用权流转管理暂行办法》，率先实行集体建设用地出让制度。制度内容为“两种产权，统一市场，统一管理”,允许转让存量的集体建设用地,但并不局限于集体经营性建设用地,允许入市流转的土地局限于城区规划区、县级市人民政府所在地的镇以及国家、省级开发区范围外的集体建设用地。集体建设用地流转过程中,作为土地所有权人的乡镇集体和村集体负责土地流转,政府确定流转的最低保护价格,集体建设用地流转必须事先得到审批。土地流转的主要方式是出租和转让。土地流转所得的30%归政府所有,其余的由集体自行分配。苏州市实行的集体建设用地流转试点,缓解了工业化和城市化所需要的土地的供需矛盾,土地流转所得大部分由集体自行分配,尊重了作为土地所有权人的集体的主导作用。苏州市允许集体建设用地流转,一方面,缓解了土地供需矛盾,促进了乡镇经济的发展;另一方面,也出现了一些问题。允许流转的土地是县级城市规划区以外的建设用地,因为对土地流转范围的限制只有地方政府的规定,缺乏有效的制度保障,所以一旦因此发生纠纷就难以从法律上找到依据解决。用于流转的土地局限于集体建设存量土地,且其基本上是作为工业用地使用,因此集体建设用地转让价格较低,难以实现集体建设用地与国有土地同价同权的目标。

(二)芜湖模式

1999年年底,国土资源部(现自然资源部)对安徽省芜湖市进行调研,并正式批准芜湖市作为集体建设用地使用权流转试点城市。芜湖模式下的集体建设用地使用权流转的主要内容有:(1)流转土地的范围。可以流转的土地包括乡镇土地利用总体规划确定的,集体建设用地范围内的乡镇企业、乡镇公共设施和公益事业、住宅建设用地及其他设施建设用地。(2)流转程序和方式。首先要办理用地审批手续,然后需要流转的土地由乡镇人民政府统一开发,最后乡镇人民政府采用招标、拍卖等方式出让土地使用权。(3)流转土地的来源。村委会从农民手中收回承包地,并将土地流转给乡镇人民政府,再由乡镇人民政府开发、出让。(4)土地流转的收益分配。土地流转的收益由集体、乡镇、县(区)、市按照一定比例进行分配。芜湖模式降低了企业用地成本,有利于吸引企业投资,促进了工业向园区集中、农民向小城镇集中、农业向集约化经营集中,农民通过土地流转获得了更高收益。

芜湖模式的问题也相对较突出。首先,政府主导的集体建设用地流转模式,仍然保留了较浓厚的征地色彩,无法体现作为土地所有权人的集体以及作为土地使用权人的农户的意志。无论是土地所有权人还是土地使用权人,都无法直接参与土地的流转,只能获得一定数量的补偿。其次,多级政府参与集体土地流转的利益分配,缺乏法律上的正当性。最后,村委会从农民手中收回承包地,流转给乡镇人民政府,再由乡镇人民政府开发、出让,有可能违背农民意愿、侵害农民的土地承包权。

(三)湖州模式

浙江省湖州市于1999年在善琏镇进行集体建设用地流转试点工作,试点工作的出发点在于破解乡镇企业土地资产处置问题。2001年,湖州市将试点范围扩大到整个市区。

湖州市于2001年在全市范围内开展集体建设用地流转试点。主要内容有:(1)流转的土地对象。包括湖州市城市规划区内外的存量集体建设用地,以及办理了"农转非"审批手续的增量集体建设用地。(2)区别对待城市规划区内外的土地。城市规划区内的集体建设用地由政府统一征收,允许流转的是城市规划区外的集体建设用地。(3)限制集体建设用地的用途。流转的集体建设用地主要作为工业用地使用,流转的集体建设用地不得用于商业和住宅开发。(4)流转方式多元化。土地流转有出让、转让、出租、入股、抵押等多种形式。(5)收益分配。流转收益除去应依法上缴的国家税费外,归农民集体所有。

湖州市的集体建设用地流转试点主要采取市场化机制,以作为土地所有权人的集体为直接流转的主体,促使大量土地流转,促进了当地民营经济的发展。但也出现了一些问题,主要表现为:城市规划区内的集体建设用地没有被列入试点,而城市规划区内的土地恰恰是价值最高的;集体建设用地的用途控制过于严格,不能进行商业性开发,没有体现同地同权的精神;土地交易体系以协议出让为主,通过招、拍、挂出让的土地占比过小;监管不够到位,土地转让以后私自改变土地用途的情形也有出现;没有制定明确统一的收益分配规则。

(四)广东模式

广东省是我国最早实行对外开放的省份之一,外来加工企业的数量在全国处于领先地位,当地乡镇企业和私营企业也最早得以发展。因此,在对外开放初期,我国广东省就出现了大量乡镇企业利用集体土地发展工业的情形。因为广东珠三角地区的工业化城市化水平始终处于全国领先地位,广东珠三角地区工业化和城市化发展对集体土地的需求日益增长。在此情形下,广东沿海地区为了满足经济建设需要,比较早地自发开始了集体建设用地流转。2005 年,基于广东省乡镇企业和其他民营企业大量使用集体土地发展工业的情况,广东省人民政府颁布了《广东省集体建设用地使用权流转管理办法》。广东模式的基本内容是,流转客体是除宅基地外的符合规划、权属无争议的集体建设用地,由乡镇集体经济组织负责经营管理;流转方式包括出让、出租、转让、转租、抵押等;集体建设用地流转产生的收益全部由村委会统一安排管理,留出 50% 用于本村村民的社会保障。广东省模式的主要问题在于流转方式较单一,基本上以出租方式流转,而且因历史原因导致土地产权不清晰,村民容易在利益分配问题上产生纠纷。

二、全国统一试点后的主要流转模式

2015 年 1 月,中共中央办公厅、国务院办公厅联合印发《关于农村土地征收、集体经营性建设用地入市、宅基地制度改革试点工作的意见》(以下简称《农村土地综合改革试点工作意见》),决定在全国 33 个县(市)行政区域综合试点农村土地征收、集体经营性建设用地入市、宅基地制度改革。农村集体经营性建设用地入市试点进入了一个新阶段。

新的集体经营性建设用地试点工作主要围绕入市主体、入市土地范围、土地入市方式以及土地入市收益的分配等内容展开,就试点工作的实践模式和内容而言,新的集体经营性建设用地流转模式大体可以分为政府主导型和村集体主导型两种。

(一)以大兴模式为代表的政府主导入市模式

北京市大兴区实行“镇级统筹的土地股份合作社”模式,以镇人民政府作为主导机构,组建镇级联营公司,将各村集体经营性建设用地转化为股份,再由联营公司负责土地附着物拆除和土地整理,然后由联营公司统一负责集体经营性建设用地入市工作。对于土地流转收益,镇人民政府向联营公司收取调节基金,由此强化了政府在土地收益分配中的调节作用。大兴模式使农村集体经营性建设用地利用更加有序规范,集体经营性建设用地上的低端产业被腾退,在腾退土地上"留白增绿",解决了集体经营性建设用地上产业落后、土地利用管理不合规不合法等问题。[1] 此外,大兴模式极大提高了农民的组织化程度,对于农村的社会治理也起到了非常好的作用。[2]

(二)以德清模式为代表的村集体主导入市模式

浙江省德清县民营经济发达,对集体建设用地需求量大。德清县也是试点区域之一。德清县人民政府尊重当地集体经济组织的意愿,将集体经济组织作为入市主体。同时,政府设立统一交易平台,在交易平台上以招、拍、挂为主要交易模式,同时也允许协议出让土地。此外,实行"就地入市"和"异地调整入市"相结合的入市模式。对于本身具备交易条件的集体经营性建设用地,村集体可直接进入当地交易市场进行交易;而零星分散的集体经营性建设用地,由集体经济组织进行复垦,在达到质量标准的前提下转化为耕地形成用地指标在异地调整入市。土地调整入市过程中,不同经济组织之间可能产生利益冲突,为实现利益平衡,不同经济组织之间需进行协商、调换土地所有权、进行货币差价补偿。[3]

三、集体经营性建设用地流转的主要问题

无论是2015年之前各地方自主进行的集体经营性建设用地流转试点,还是2015年国务院确定的土地流转综合试点,都取得了相当的成就。集体经营性建设用地流转,在不改变土地所有权的情形下,为地方经济尤其是地

---

〔1〕 参见《全市推广大兴朝阳减量发展新模式》,载《北京青年报》2018年8月1日,A05版。

〔2〕 参见大兴区农村土地制度改革试点调研组:《农村集体经营性建设用地入市改革的"大兴方案"》,载《中国土地》2019年第1期。

〔3〕 参见张建军:《农村集体经营性建设用地入市范围研究》,载《中国房地产》2019年第12期。

方民营经济、县域工业化和城镇化的发展提供了土地,避免了国家土地征用有可能引发的冲突,使当地集体和农民得到了更多的土地财富,壮大了集体经济力量,增加了农民财产性收入。但从各地的试点情况来看,集体经营性建设用地流转也存在一些问题。

1. 缺乏完整的乡村国土空间规划。目前我国绝大部分地区的土地利用规划和城乡建设规划的重点都在城市区域范围,城市区域的土地利用规划和建设规划相对较完备,而乡村区域却没有具有前瞻性的完备的土地利用规划和建设规划。在这种背景下进行的集体经营性建设用地流转只能着眼目前的建设需要,而难以考虑到将来的发展需要。在流转的集体经营性建设用地上建房,无法满足将来社会经济发展的全面需要,若干年后很可能要进行大拆大建,容易造成土地资源和资金的浪费。

2. 农村集体建设用地流转的参与主体机制不够完善。以大兴模式为代表的政府主导型集体经营性建设用地流转模式,虽然可以依靠国家行政力量使集体经营性建设用地的流转更加符合城市发展规划的需要,更容易进行土地连片开发出让和转让,但是也可能造成对现成建筑物的拆迁,产生变相征地。按照我国《农村土地综合改革试点工作意见》的精神,我国农村土地改革发展方向就是,最大限度地限制征地范围,只有在因为社会公共利益的情况下,才可以征收农村集体土地,其他情形下不得征收土地。大兴模式与我国进一步缩小征地范围的政策精神不完全相符。大兴模式还有一个问题就是集体经济组织的参与程度较低。集体经济组织将土地交给镇设立的公司时,一次性授权,且是无限授权。土地并入镇人民政府设立的公司以后,各村委会以及土地使用权人均无权过问土地的经营管理情况。我国农村集体经营性建设用地流转的最初宗旨,就是要让集体经济组织和土地使用权人通过市场化手段实现集体经营性建设用地入市交易,最大限度地限制政府通过征收土地来获得土地财政收入。然而,在北京大兴区的农村集体经营性建设用地流转中,无论是在流转价格还是流转方式抑或是利益分配上,集体经济组织都没有话语权,土地流转由镇人民政府设立和控制的公司一手操办。从现有的情况来看,无论是在政府主导型中还是在集体主导型中,集体经营性建设用地的转让都没有体现集体经营性建设用地使用权人的利益和意志。从各个地方的试点情况来看,一旦集体经营性建设用地被划入流转范围,集体经营性建设用地使用权人似乎就没有权利和资格参与该土地的转让,只能按照各地方政府规定的比例参与土地转让收益的分配。但是,集体经营性建设用地流转中,最直接的利害关系人是作为土地所有权人的集体经济组织和作为土地使用权人的农户,土地流转的方式等直接涉及土地使用权人的利益。因此,作为利害关系人的集体经营性建设用地使用权人,应当有权参与土地流转的决策,土地使用权人应当有合适的利益表达渠道。唯有这样,土地使用权人的利益才能得到保障。但是从目前的试点情况来看,各地做法并没有体现这一点,土地使用权人的程序性权利和实体性权利没有得到应有尊重。

3. 同地同权的实现难度较大。按照中央的试点目标,农村集体经营性建设用地入市交易应当体现同地同权原则,最大限度地消解城乡二元土地结构。从各地试点情况来看,大部分试点地区没有实现集体经营性建设用地和国有土地同地同权。首先,在土地价格上,集体经营性建设用地和周边地块的国有土地的交易价格相差较大,集体经营性建设用地的交易价格远比国有土地交易价格低。这种价格差异,就是集体经营性建设用地使用权和国有土地使用权没有处于同等地位的体现。一些地方限制可流转集体经营性建设用地的范围,只允许城市规划区范围以外的集体经营性建设用地进行入市交易,城市规划区范围内的集体经营性建设用地仍然遵循先转为国有土地再行出让的政策。其次,在大部分试点地区集体经营性建设用地只能作为工业用地入市交易,不允许集体经营性建设用地作为商业用地和住宅用地入市交易。然而,目前我国现行的土地市场上交易价格最高的,恰恰就是商业用地和住宅用地,在所有非农建设用地中,工业用地价格最为低廉。这实际上就是对集体经营性建设用地的歧视。最后,在实践中,集体经营性建设用地入市交易以后建成的地上建筑物不能进行产权分割,即无法将一个建筑物分割为若干个单元并办理房屋产权证,整个建筑物无法被划分为单个建筑单元来出售。这种建筑物不能进行分割出售的情况,导致了在集体经营性建设用地上新建的房屋入市交易困难的情况,受让集体经营性建设用地使用权的组织和个人很难通过建筑物抵押等方式进行融资。即使是在我国经济比较发达、集体经营性建设用地流转试点时间比较长的广东省南海市(现南海区),集体经营性建设用地以及地上建筑物抵押融资也相当困难。对于上述问题的解决,应当在总结各试点地区经验、教训的基础上,进一步完善相关措施,消除不利于同地同权目标实现的各种限制。

第三节　农村宅基地使用权流转模式

虽然全国统一进行的宅基地改革试点于2015年正式开始,但在实践中,在城镇化大潮的推动下,早在21世纪初就有省市开始了农村宅基地流转的探索。

一、全国统一试点前宅基地流转的主要模式

(一)成都综合开发模式

综合开发模式主要以成都市的改革试验为代表。2008年成都作为“全国统筹城乡综合配套改革试验区”,在中央政府正式启动宅基地流转改革之前,就已自行开展了包括宅基地在内的农村土地改革试验,在探索耕地保护和土地节约集约利用新机制过程中开展宅基地使用权流转,形成了成都模式。成都模式主要包括以下两方面内容。

一是宅基地确权。对于宅基地使用权的确权,成都市的做法是,根据不同类型的宅基地分别进行确权。成都市在宅基地确权过程中,将有地上建筑物的宅基地和空闲宅基地区别对待。空闲宅基地使用权一律收归集体经济组织,而对于有地上建筑物的宅基地,建筑物所有权人能够提供合法文件证明的,直接予以确权。若权利人不能提供相关证书或文件,则按当地标准确定产权;超出规定的标准面积的,超出部分归属集体或农户,不足标准面积的,将房屋附属设施、院坝等合并直至达到面积标准。成都宅基地确权的一个重要特色在于,对原来城镇居民到农村购买了住房的进行备案登记。农村居民已经将宅基地上的房屋出卖给城镇居民的,在宅基地确权时,原有宅基地使用权注销,并由土地管理部门进行备案登记。虽然这种备案登记制度没

有直接确认宅基地出售给城镇居民的合法性，但是将农民原有宅基地使用权直接予以注销的做法，在一定程度上承认了历史原因造成的城镇居民到农村购买住房的合法性。

二是建立产权交易所，允许多种形式的宅基地流转。成都市改革的重要目标之一是，在明确宅基地使用权基础上，探索建立城乡统一的土地市场。2008 年，成都市率先在全国建立了农村产权交易所。该交易所针对宅基地流转问题，专门制定了《农村房屋产权交易流程》，允许宅基地上的房屋所有权以转让、抵押以及租赁等具体方式流转，允许宅基地使用权随房流转。和一般的房屋土地一体化不一样，成都市的综合性改革比全国的农村土地"三权"分置改革更早，而当时的政策并不允许剥离宅基地使用权的身份属性，因此虽然宅基地上的房屋可以以买卖抵押等形式转让，但房屋的买受人如果是非本集体组织成员，那么只能取得房屋的所有权，而不能取得宅基地的使用权。这导致出现了房屋所有权和土地使用权分别属于不同权利主体的情形。

（二）"宅基地换房"模式

"宅基地换房"模式主要发生在天津市、苏州市、无锡市等经济发达地区。该模式的主要内容是，农户将其拥有的宅基地按照一定的面积置换成城镇住房，原来的宅基地、空闲地等集体建设用地腾出用以工业建设。具体步骤包括：(1)政府负责建设小城镇的先期工作。该小城镇的建设由区县人民政府专门设立公司负责。区县人民政府编制土地利用规划，并报相关部门审批；区县人民政府编制建设规划和土地整理复垦规划，交市人民政府审批后，由区县人民政府直接组织小城镇建设，负责项目融资、土地整理、建设开发等工作；区县土地行政主管部门向市土地行政主管部门申请建设用地周转指标，用来建设小城镇，以后再以原村庄宅基地整理复垦后的土地抵还。(2)在政府主导下，村民会议对宅基地置换工作形成决议，然后村委会向乡镇人民政府提出参加示范小城镇建设的申请。申请提出后，乡镇人民政府对该村人口、宅基地情况进行统计，并委托相关机构进行评估，在此基础上制订相应的宅基地置换方案。(3)投融资建设公司负责小城镇的具体建设，待小城镇房屋建成后，按照协议进行置换。待农户以宅基地置换小城镇房屋后，区县人民政府统一对村民原有宅基地进行复垦,以实现耕地数量整体不变,实现占补平衡。严格地讲,“宅基地换房”模式不是我国农村宅基地改革的主要方式,而是部分地方政府在没有全国性统一法律政策依据情况下的做法。“宅基地换房”的改革模式,本身不涉及宅基地权利结构的再行调整,其改革动力和出发点主要是地方政府希望通过宅基地的复垦增加耕地数量,以解决政府建设用地指标不足的问题。

(三)重庆“地票模式”

重庆“地票模式”开始于2009年,其主要内容是通过复垦农村宅基地和集体建设用地,将这些土地转化为耕地,同时按照建设用地增减挂钩指标,如此增加的耕地数量可转化为城镇建设用地指标,而复垦后耕地的所有权和使用权仍然保持不变。具体做法:土地行政主管部门统筹编制用地规划;集体经济组织成员或者其他宅基地使用权人申请土地复垦,将闲置的农村宅基地和集体建设用地转化成耕地;区县土地行政主管部门对复垦情况进行验收,验收合格的发给指标凭证(“地票”);相关主体可以持“地票”在重庆市农村土地交易所进行全国范围内的公开拍卖和交易。为了推进农村土地产权交易,重庆市人民政府制定了《重庆农村土地交易所管理暂行办法》。按照重庆市人民政府的规定,农村宅基地的流转除有用地指标流转外,还存在宅基地的实际流转交易,但是该规定对农村宅基地的实际流转进行了一定程度的限制。第一,宅基地的流转方必须提供相关证件,并且取得当地村委会同意流转的证明,以及村集体经济组织同意流转的证明。第二,能申购宅基地及其附属设施的主体仅限于本集体经济组织成员和高山移民。第三,农户将其房屋出租或出让后,不得再申请宅基地。从上述情况来看,重庆市的改革制度主要侧重将宅基地和集体建设用地通过复垦恢复为耕地,获得用地指标,宅基地的实际流转基本上没有实质性突破。这种建设用地增减挂钩指标的改革模式也为一些学者所诟病,有学者认为,“城乡建设用地增减挂钩完全是我们自己生造出来的新增指标相互挂钩,与市场经济相差十万八千里”,“实在没有必要,应当尽早废止”。[1]

二、全国统一试点后宅基地流转的主要模式

(一)浙江义乌模式

2015年3月,浙江省义乌市被列为全国农村土地制度改革试点地区。同年4月,义乌市在全国率先提出所有权、资格权、使用权“三权”分置的宅基地改革试点方案。在保障宅基地所有权集体所有和农户宅基地资格权的前提下,允许农村宅基地使用权跨村流转。重点对宅基地的取得置换、明晰产权、抵押担保、入市转让、有偿使用、自愿退出及宅基地收益七个方面进行了制度创新。具体内容包括四个方面:一是将城乡新社区集聚规划区内的合法宅基地,转为可自由交易的城市住宅和产业用房。二是创新“集地券”制度。通过复垦腾出农村建设用地指标,转为可交易的国有建设用地指标,并以“集地券”(建设用地指标凭证)的形式,对复垦腾出的农村建设用地指标进行统筹使用管理,建立宅基地有偿退出机制,实现建设用地城乡统筹利用。“集地券”同时适用于规划为宅基地和规划为农用地的情形:规划为农村宅基地的,由村集体经济组织与宅基地使用权人协商进行回购,回购价格参照宅基地基准地价予以确定;规划为农用地的,由申请人复垦为耕地等农用地,经验收合格折算为“集地券”。“集地券”可以用于向金融机构申请抵押贷款,或者可以在义乌市资源要素交易平台上以挂牌、拍卖、竞价等公开方式进行交易。根据“集地券”的取得成本等相关因素,义乌市人民政府每年将对“集地券”确定指导价格并公布。三是将宅基地转化为可入市交易的集体经营性建设用地。转化后的集体经营性建设用地跨集体经济组织流转后的使用年限最高为70年,使用期届满后可优先续期。2017年,义乌市共有19宗共113.02亩集体经营性建设用地入市,成交价共9000万元。四是将宅基地使用权的交易主体范围扩大至全市农民。2017年全市共颁发农村住房不动产权证2万多本。2017年建立全国首个农村宅基地基准地价体系,区片价格每平方

---

[1] 华生:《新土改:土地制度改革焦点难点辨析》,东方出版社2015年版,第7页。

米从2870元上升到25,870元。[1]

(二)江西余江模式

2015年3月,江西省余江县(现鹰潭市余江区)作为全国15个试点县之一、江西省唯一一个试点县,率先在全县1040个自然村全面进行宅基地制度改革试点工作。余江县位于江西东北部,系典型的中西部欠发达地区。余江县宅基地改革的主要内容是,通过宅基地改革,彻底实现"一户一宅"。对超面积的宅基地实行有偿使用,主要用于村里宅基地补偿等方面;对闲置的废弃畜禽舍、倒塌住房等,实行无偿退出;对"一户多宅"的"多宅"部分,以及非集体经济组织成员在农村占有和使用的宅基地,实行无偿退出;对"一户一宅"占用土地面积超标部分进行收费,实行有偿使用;对放弃宅基地到城镇居住的村民,政府给予一定的政策优惠,制订统一补偿标准。有偿退出补偿资金的使用由政府指导,村民理事会实施,全体村民监督,三位一体保障资金使用的安全和透明。经过此次改革试点,余江县盘活了试点村庄的存量宅基地,"释放出了大量的存量意义上的宅基地资源,能够满足全县农村10~15年内新增建房的用地需求,如在改革的第二年(2016年),余江县农民占用农用地建房数量较2014年下降了60%"。[2]

余江县农村宅基地改革的重点在于消除"一户多宅",村委会收回没有地上建筑物的空闲宅基地和地上建筑物无法使用的宅基地,对虽然符合"一户一宅"标准,但使用土地面积超过规定面积标准的宅基地实行有偿使用。余江县的宅基地改革在没有政府资金支持的情况下,较好地达到了"一户一宅"的国家要求,在村民之间实现了较好的公平,因而能够被村民接受。但是,余江县的农村宅基地改革也存在一些问题和不足。首先,余江县宅基地改革没有与乡村国土空间规划紧密结合,虽然腾退了一些宅基地,但这些宅基地没有连成片,仍然呈现零星分布的局面,将来难以加以更好利用,难以达

---

〔1〕 参见叶剑锋、吴宇哲:《宅基地制度改革的风险与规避——义乌市"三权分置"的实践》,载《浙江工商大学学报》2018年第6期。

〔2〕 陈胜祥:《制度嵌入的逻辑:农村宅基地制度试点改革"余江模式"解析》,经济管理出版社2017年版,第128页。

到节约农村宅基地资源的目的。其次,余江县的宅基地改革存在极少数不尊重农民宅基地使用权的情况。相当数量的"一户多宅"现象是历史原因形成的,并不是农户违法建设导致的,农户本身已经取得了宅基地使用权,但余江县的改革采取"一刀切"的做法,没有考虑历史原因,直接要求农户无偿退出,将所涉宅基地收回集体。最后,余江县的宅基地改革重收回轻流转。从现有情况来看,余江县的宅基地改革没有体现宅基地资格权与宅基地使用权分离,宅基地的跨村市场化流转现象很不明显。[1]

(三)安徽金寨模式

安徽省金寨县地处大别山深处,是一个典型的山区县。金寨县是首批国家级重点贫困县,也是33个农村土地制度改革试点区域中唯一一个国家级贫困县。在宅基地改革工作推进过程中,金寨县的改革突破了乡村区域的划分,将全县的村庄视为一个整体,从区域整体发展和资源分配的角度,布局村庄居民点,突破了固有的行政区域和权属界线,不局限于本村、乡镇。其将宅基地制度改革与扶贫搬迁等政策相结合,构建了依法取得、自愿有偿退出、集约用地、有效复垦的政策。金寨县宅基地改革的主要内容包括两方面:一是规划中心村庄,减少自然村的数量。每个行政村下面不超过3个自然村,使农村居民居住能有序集中。二是建立农村宅基地有偿使用和有偿退出机制,对于超出"一户一宅"标准的宅基地面积,按阶梯累进办法收取使用费,由各村集体经济组织主导实施。采用无偿和有偿相结合的方式引导宅基地自愿有序退出。在有偿退出方面,对有合法权属来源及符合"一户一宅"标准等5种情形,农户除按照分类标准获得宅基地退出和地上房屋拆除补偿外,还可享受不同的优惠奖励政策。此外,安徽省金寨县宅基地改革享受特殊的优惠政策,国土资源部(现自然资源部)出台专门政策,金寨县宅基地改革中节余的建设用地经过集中复垦恢复为耕地,由此产生的建设用地指标可以在省域范围内调剂使用,同时中央财政对金寨县的改革给予了大力扶持。单是建设

[1] 参见夏柱智:《关于中部安徽、江西和湖北三省宅基地制度改革试点的评析》,载《长春市委党校学报》2018年第1期。

用地指标(宅基地改革中复垦耕地产生的建设用地指标)异地使用的费用就高达48万元/亩,安徽省金寨县由此获得50亿元转移支付资金。正是基于这种特殊的财政支持政策,金寨县的宅基地改革才能够为自愿有偿退出宅基地的农户提供高标准的补偿和奖励。[1] 安徽省金寨县的改革取得了明显成效,实现了宅基地的异地流转。但是,金寨县的宅基地改革以巨额的财政支持为前提,这种模式很难被全国其他地方复制。

(四)四川泸县模式

四川省泸县宅基地制度改革试点是将传统村庄转型与宅基地改革相融合,在改革农村宅基地制度的同时转变乡村经济结构。在泸县的改革模式中,宅基地的取得以人为单位,不再强调以户为单位,突出村民的成员权;落实宅基地有偿使用与退出机制;突破原有乡村行政规划,全县"一盘棋",在全县选址设立多个村民新安置点,由村民自愿选择;主要按照退宅腾地、拆旧复耕和土地入市的原则盘活节余的宅基地,其中土地入市是盘活宅基地的关键。具体来说,主要包括三个方面的内容:一是改革宅基地取得制度。与其他地区实行"一户一宅"标准不同,泸县农民申请宅基地时按照"定人定面积"原则确定宅基地面积,每人宅基地面积为50平方米。超占面积50平方米以内的,每年向村民小组缴纳每平方米5元的有偿使用费;超占50平方米以上100平方米以内的,每年缴纳每平方米10元的有偿使用费。二是宅基地实现跨区域配置。该县村民放弃原籍宅基地使用权和其他村民权利时,可向县域其他有节余宅基地的村小组申请宅基地,由该村小组自行批准,准许后一次性缴纳使用费。建立县农村产权交易服务中心,农户可将住宅在县域范围内的农村集体户之间进行转让和出租等交易,农户转让住宅后不再享受宅基地使用权。三是节余宅基地入市。该县对节余宅基地以与其他集体经营性建设用地同权同价的方式进行市场交易,加强土地流转,盘活农村闲置资产,有利于促进村庄集聚。

[1] 参见《安徽省金寨县农村宅基地制度改革试点调查》,载《国土资源》2017年第5期。

三、宅基地流转试点模式的主要问题

我国各地方进行的农村宅基地改革,无论是2015年之前各地方政府自行试点的探索,还是2015年后全国统一进行的综合试点,从总体上说,都是以整合农村宅基地资源、盘活现有存量闲置宅基地、实现国家法律和政策规定的"一户一宅"原则等为根本目标的,以期优化农村土地资源配置,推动城镇化进程。各地进行的试点探索都结合了本地经济社会发展的现实,都取得了一定的经验和成效,但是同时也存在一定的不足。

第一,农民在宅基地流转改革中缺少话语权。2015年全国实行宅基地改革统一试点之前,无论是成都的综合开发模式、重庆的"地票模式",还是其他地区的"宅基地换房""宅基地换社保"模式,对改变农村宅基地使用效率不高的状况、尽可能消除宅基地零星分散的局面、实现节约用地的目的,都有重大意义。各地的宅基地使用权流转试点均取得了一定成效,为宅基地制度改革在全国的推广提供了丰富经验。各地方的改革试点有一个显著的共同点,那便是政府在宅基地流转中起着非常强大的主导作用。政府不但作为社会公共秩序的管理者,而且还作为宅基地改革中的利益相关者介入宅基地改革。与此同时,农民作为宅基地使用权人,其地位较弱势,这导致农民的权利并未得到最大限度的保障,甚至还出现其权利被直接侵害的情况。按照我国2019年《土地管理法》的规定,征地范围比以往受到了更严格的限制,地方政府很可能借助宅基地改革等方式,通过复垦腾退的宅基地和集体建设用地,换取建设用地指标,但农民可能并未从中得到多少利益,绝大部分利益归政府所有。这是将来我国进行宅基地改革必须注意的问题。

第二,在宅基地改革中农民的财产利益没有得到充分保护。在一些地方,政府改革的驱动力量主要在于通过将宅基地复垦为耕地,获得用地指标以及通过用地指标交易获取收益。不少地区的改革动力,是因为政府建设用地指标不足,急需城市建设用地指标。我国之所以实行城市建设用地指标总量控制制度,主要是为了保护耕地。为了守住农业用地总量,在建设用地指标上我国实行农业用地的占补平衡制度。如果因为经济建设需要占用了农

业用地,地方政府必须通过土地复垦方式补足与所占用建设用地数量同等的耕地。政府通过宅基地改革,将农民的宅基地通过集中复垦恢复为耕地,以弥补建设用地占用的农业用地,实现耕地占补平衡。这种做法已经不是一般意义上的宅基地改革,而是改变了农村宅基地的建设用地属性,宅基地被改成农业用地,农民为政府获取建设用地指标作出了贡献。在我国广大农村地区,农业始终是弱势产业,很难获得较高收益。在正常情况下,建设用地反而是最大的一笔财富。政府通过所谓的宅基地改革,单向度地将农村建设用地改变为耕地,使农民遭受了损失。

第三,宅基地改革重退出轻流转。无论是在全国统一进行宅基地试点改革之前还是在这之后,除极少数试点地区外,大部分宅基地改革试点地区,都将“一户一宅”和宅基地有偿退出原则视为宅基地改革的重中之重。从各地实践情况来看,按照“一户一宅”、超标收费的原则,已经形成的农民多占的宅基地一律收归集体。大部分地区农村宅基地改革的重心放在了如何将农民手中的宅基地收回这一问题上。有些地方政府通过重新规划居住区,让农民统一入住规划地区的房屋的方式,将原有农村居民的宅基地统一收回;已经收回的宅基地,统一列入收储计划。有些地方的改革,几乎没有涉及任何关于宅基地市场化流转的问题,也没有涉及宅基地土地权利结构重新划分的问题。在当前我国集体经济组织普遍没有得到有效重建的前提下,农民集体的代表往往就是村委会。村委会在宅基地改革的实际运作过程中,往往异化成为地方政府的代理人。这为将来地方政府征收已经收储了的宅基地提供了便利。

第四,农民作为宅基地使用权人的意志被政府代表。政府不能片面地代表宅基地所有权人和使用权人的意志。政府作为公共资源的权威性分配者,应当充分发挥其自身的价值和功能。我国目前的宅基地制度内容依然是宅基地所有权和使用权完全分开。在我国城镇化建设不断发展推进的今天,各试点地区推行的宅基地使用权流转模式都是政府主导型,这存在一定的必然性和合理性。但是,宅基地使用权作为一种权利,其流转关涉宅基地所有权人及使用人的利益。在具体改革过程中,宅基地是否流转、如何流转以及流转利益的分配等,应该充分考虑权利人的意志,即应该充分保障农户和集体经济组织享有当然的、绝对的参与权和有关的收益分享权。但在实践中,农户的参与权在很大程度上被限制,加上集体经济组织又过于被动,权利人的意志往往被政府代表。以“宅基地换房”模式为例,政府作为公共利益的引导者,在宅基地产权界定、保护、限制等方面处于管理者地位。

第五章 农村“三块地”流转的基本原则与整体思路

农村土地家庭联产承包责任制改革，使农民取得了土地使用权和经营权，使他们从不具备社会分工基础的农业集体化模式中解放出来，极大地提高了农民的劳动生产率，短短数年就解决了长期以来困扰我国农民的温饱问题。但是，农村家庭联产承包责任制的土地改革有其局限性，即最初的制度设计没有预料到快速的工业化进程。在随后的社会发展中，随着我国农村卷入了全国性的市场化和工业化浪潮，一系列乡村社会治理问题产生了。虽然乡村治理问题在各国的城市化进程中都存在，但是我国的乡村治理问题显然有其独特因素，即城乡二元社会结构。作为城乡二元结构的重要组成部分，农村土地制度，尤其是土地不能市场化流转的制度，是导致乡村治理问题产生的根本性原因之一。正因如此，中共中央、国务院在稳定农村家庭联产承包责任制的前提下，一直进行农村土地确权和流转的改革试点，在不同地区开展强化农民土地权利、促进土地市场化流转的试验。土地是中国农村最主要的财富，土地流转改革关涉有效保护农用地以及农民基本权利与利益保障的问题，关乎国家粮食安全，关乎农业质量效益和竞争力的提高，更关乎加快农业农村现代化和全面推进乡村振兴战略宏伟目标的实现。为此，农村承包地、宅基地和集体经营性建设用地流转的改革，必须遵循一定的基本原则和整体思路，并以此为制定具体改革政策的指导思想和方针。

第一节 我国农村土地流转的基本原则

以农村土地流转为主要内容的农村土地制度改革的目的在于,通过农村各项体制机制的改革,确认农民的主体地位,增加农民收入,保障农民对土地等财产享有真正的权利,并最终形成工农互促、城乡互补、协调发展、共同繁荣的新型工农城乡关系,加快农业农村现代化,全面推进乡村振兴。农村土地流转是土地改革最重要的内容之一,虽然部分地市已经开展了改革试点,以期探索出可推广、可复制的经验,但是无论将来具体的实践思路如何,首先应当确立农村土地流转的整体思路和指导思想。农村土地改革的目标:一是通过农村土地改革,建立产权明晰的土地所有权和土地使用权制度,实现农业用地的适度集中,产生规模效应,逐步建立现代农业产业体系,让农民获得土地财产性收益,促进我国农村农民迁居城市;二是通过宅基地各项制度改革,保障宅基地所有权归集体所有,保障农民的居住权利,建立市场化的宅基地使用权和房屋流转交易制度,让农民通过土地房屋等交易获得财产性收入,获得融资以发展农业生产和其他产业;三是在符合土地利用总体规划和城乡建设规划的前提下,整治和盘活农村集体经营性建设用地,依法进行农村经营性集体建设用地流转,壮大农村集体经济,实现城乡一体化发展。围绕上述目标进行的农村土地改革,离不开统一的指导思想和原则的指引,否则,改革将没有方向指引,改革实践容易陷入具体制度互相牵制所引发的困境中,城乡一体化发展的目标就可能落空。

一、保障农民合法财产权原则

无论是承包地流转、宅基地制度改革,还是集体经营性建设用地的流转,农村土地流转的首要目标都是要保障农民的合法财产权。这是改革的前提和基础。

保护农民对土地和房屋的财产权,是对历史经验教训进行总结得出的结论。我国现行农村土地制度,是从1949年以来经历过多次变迁最终形成的。在这段历史变迁过程中,曾经出现过侵害农民土地财产权利的现象。历史经验表明,每一次农民的土地财产权遭受侵害,农业生产和农村发展都会遭受挫折。此次农村土地流转改革,必须保障我国农村地区的稳定,必须保障农民的土地财产权利。

改革开放初期实施的家庭联产承包责任制是一次具有时代局限性的土地制度改革。家庭联产承包责任制实施初期,没有赋予农民土地权利,只对农村生产经营方式进行了改变。我国目前的农村土地权属状况,源于20世纪70年代末期到80年代初期的农村土地改革,这场改革运动最初的动力来源是为了解决长期以来人民公社体制下生产大队集体生产经营方式引发的粮食短缺问题。面对基层农民改变土地生产经营方式的诉求,当时普遍的看法是,农村家庭联产承包责任制不改变任何土地权属关系,农民与村集体之间只存在类似合同性质的土地使用关系,农民以家庭为单位从事农业生产,负有相应义务,即“交足国家,留足集体,剩下归个人”。在当时的社会环境下,虽然农民获得了相当程度的生产经营自主权,但对于农民对所承包经营的土地是否拥有土地权利,自上而下都没有形成统一认识。整体看法是,农民个体和家庭并不享有土地权利,任何土地权利都归集体所有。被认为最终从政策层面确立家庭联产承包责任制的1982年中央一号文件《全国农村工作会议纪要》规定:“为了保证土地所有权和经营权的协调与统一,社员承包的土地,必须依照合同规定,在集体统一计划安排下,从事生产。”“社员承包的土地,不准买卖,不准出租,不准转让,不准荒废,否则,集体有权收回;社员无力经营或转营他业时应退还集体。”初始的改革并没有赋予农民任何土地权利,对于承包经营的土地,农民也没有获得完整的经营权。生产什么、如何生产等在一定程度上还是受制于当时的生产大队和后来的村委会。

在家庭联产承包责任制实行的初期,一些地方曾经出现过侵害农民承包地权益的现象。家庭联产承包责任制最初是以农民与村民小组或者村委会签订承包合同的形式推行的,农民对其承包的土地的财产权并不明确,个别地方出现了随意调整农民承包的土地的做法,引发了农民对家庭联产承包责任制能否长期稳定推行的担忧。农民对其承包的土地享有何种权利,成为从中央到地方都必须面对的问题。在此情况下,中共中央于 20 世纪 80 年代中期开始,强调家庭联产承包责任制是我国长期坚持的农村土地经营方式,以确保农业生产的稳定性。

为了稳定农村土地承包关系,2002 年我国制定了《农村土地承包法》,确定农民对其经营的承包地享有 30 年的承包经营权。2007 年,原《物权法》颁布,进一步明确了农民对其承包地享有用益物权,同时对农村宅基地和集体建设用地的物权属性进行了明确,将我国的农村土地权利制度提到了正式的国家法律层面进行保护,确立了农民承包地的承包经营权。虽然农村土地承包制度实行了 40 多年,我国的土地承包经营方式也历经多次变迁,但土地承包制一直是我国广大农村的基本土地制度。从最初的没有确定承包期限到 2002 年《农村土地承包法》确立的承包期 30 年,再到后来的中央文件一直强调要长期坚持家庭联产承包责任制,并再次将土地承包期限延长 30 年,由此可以看出中央对于稳定农村土地承包制度的重视程度。究其原因,是为了让农民获得稳定的土地使用权。

保护农民土地房屋财产权是推进我国城镇化发展的必由之路。在我国历史上多次的土地制度变动过程中,农民的土地权利并没有得到真正有效的保护。无论是 2002 年《农村土地承包法》还是 2007 年的原《物权法》,都只是因为家庭联产承包责任制解决了长期以来困扰我国的农民温饱问题,而更加强调如何更好地去坚持和保障家庭联产承包责任制,但都没有从根本上解决农民土地权利易受侵犯的问题。随着商品经济的发展,尤其是在社会主义市场经济体制下,农村家庭联产承包责任制的弊端日益显现。家庭联产承包责任制下各家农户经营的土地面积狭小,农业产出所得只能维持低水平的温饱,单个农户的农业收入低下,不能解决农民的富裕问题。特别是随着我国工业化进程的加快,大量农业人口进入城市成为农民工。由于从事农业生产只能维持温饱,而进城务工和进城经商所得远高于农业收入,我国农村地区的青壮年劳动力大量外出从事工业和经商,农业生产基本上由留守农村的老年人口承担,农村地区难免出现土地撂荒现象,农村"空心化"和老龄化问题日益严重。在这种情况下,农村土地的适度规模化经营已经成为必然。一方面,大量人口逐渐从农村移居城市,大部分移民人口不再生活居住在农村,或者说,农村已经不是他们的主要生活地。这些人虽然已经离开农村,但是在农村仍然拥有土地和房产,他们仍然对其在农村的房屋拥有所有权和土地使用权。另一方面,随着我国工业化和城镇化的加速,工业建设用地和商业、居住用地需求日益增加。在发展地方经济和增加财政收入的动力驱动下,地方政府以征地的方式将农村土地收归国有,这种情况在城市郊区和接近城市的农村体现得更明显。

保护农民的土地财产权,就必须保护进城农民的承包权和其他土地财产权。随着我国城市化进程,大量农业人口举家从农村地区向城市迁移,而且是永久脱离农村成为永久性城市居民。虽然近些年我国城市人口整体增长速度放缓,但人口城镇化是不可逆转的社会发展趋势(见图5-1)。

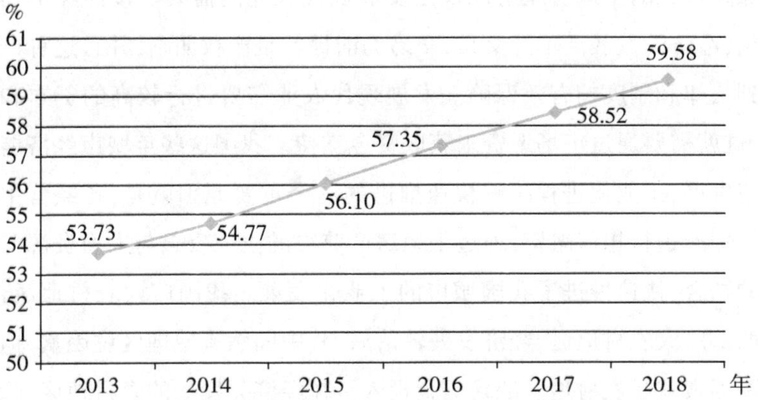

图5-1　2013~2018年我国常住人口城镇化率

注:数据根据国家统计局官网公布的“全国年度统计公报”整理而得,载国家统计局官网,http://www.stats.gov.cn/tjsj/tjgb/ndtjgb/。

随着我国工业和城市服务业的发展,未来农村人口向城镇的永久性转移还有巨大的成长空间,这就必然涉及这些向城镇转移的农村人口的承包地、宅基地和林地等农村土地如何处理的问题。在我国法律体系中,农村人口的承包地、宅基地和林地等农村土地上升到了物权保护的层面,这些农村人口对其在农村的土地享有用益物权,任何人不得侵犯。从加速我国城镇化发展的角度来看,这些人的农村土地财产权也应当被保护。这些从农村走向城市定居的人口,必然面临远高于农村的城市生活成本,面临在城市租房、购房等一系列问题,需要承担比在农村更大的支出。如果将这些进城农民的土地财产无偿或者低价收归集体,他们就缺少一笔资金融入城市,也许这一笔资金就决定了这些农村人口是否能永久地迁入城市。虽然一些地方在将迁出农村进入城市的农户的农村土地收归集体时,会对该农户进行补偿,但是由于这种补偿标准是村集体单方面确定的,无法按照市场化原则进行充分补偿,这些迁入城市的农民土地的财产权还是受到了侵犯。因此,本着保护农民土地财产权、推进城市化进程的原则,对进城农民的农村土地财产权必须进行充分保护,任何组织和个人都不得侵犯,不得强制将进城农民的土地收归集体,应当允许农民依法对其农村土地进行处置。

保障农民的土地房屋财产权是发展现代农业的需要。按照经济学的产权理论,经济的发展离不开交易,交易的前提就是产权明晰,并且这种产权能够得到法律和制度的有效保障。发展现代农业需要进行较高的资本和技术投入,这就需要通过市场融资来获取资金支持。我国这些年城市经济能够得到快速发展,工业化进程能够快速推进的一个重要原因就是,各经营主体以土地等资产进行担保融资,通过土地房产获得的土地资金与人力资源等生产要素的结合,快速推进了我国城市的工业化发展。我国广大农村地区,特别是中西部广大农村地区,经济发展较落后,其中固然有地理区位因素,但另一个重要因素就是农村地区缺乏资金投入。在经济欠发达的农村地区,除国家投入外,农村地方经济发展缺乏必要的融资手段。在我国目前的土地制度下,农村土地除实行严格的农业用地管制外,农村集体建设用地和地上建筑物也不得进行市场化流转。这就决定了农村集体所有的土地,包括农民的宅基地和农民的房屋等,只有使用价值,而不具有交换价值。农民拥有使用权的土地房屋只能在同一集体经济组织范围内流通,人为地压低了农村土地房屋的交易价格,导致农民缺乏抵押物进行融资以发展农业生产。如果仍然严格限制甚至禁止农村土地房屋的流转,在这种缺少资金和技术投入的情况下,我国农村地区的居民就无法通过房屋土地的交易、抵押等手段获得发展农业的资金,我国现代农业体系就无法建立。只有对农民的土地房屋财产权实施严格的法律保护,包括农村集体经济组织和基层政府在内的任何组织和个人都不得侵犯农民的土地房屋财产权,并赋予农民依法救济的权利,才能实现产权清晰、交易迅速的农村土地流转,让农民从中获得农业生产发展需要的资金和技术。

要保护农民的土地房屋财产权,就必须建立农民参与土地流转的有效机制。农村土地流转,涉及国家利益的分配,涉及作为所有权人的集体经济组织的利益,也涉及作为房屋所有权人和土地使用权人的农民利益。虽然其中涉及集体利益,如果撇开农民的利益来论集体收益,则集体成为虚化的集体,集体的利益没有相应的载体。因此,即使是集体的利益也仍然还是农民的利益。虽然土地的流转,尤其是成片土地的大规模流转,往往需要统一的规划和较高程度的组织形式,农民作为单纯的房屋所有权人或者土地使用权人,直接进行流转可能存在某些障碍,这个时候需要集体的参与,但是在任何情形下,农村土地流转的方式都直接涉及作为财产权人的个体农民的利益。为了保障农民的土地财产权利,无论采取何种土地流转模式,作为土地使用权人和房屋所有权人的农民个体,都应当有相应的话语权,不得避开农民只由村委会的少数干部或者乡镇人民政府单方面进行决定。无论是村委会干部还是乡镇人民政府,都没有权力直接代表作为房屋所有权人和土地使用权人的个体农民行使权利。如果赋予村干部或者乡镇政府直接代表作为房屋所有权人和土地使用权人的个体农民行使土地流转交易的权利,就直接损害农民的土地房屋财产权。因此,农村土地流转应当尽可能地避免采用政府主导模式,防范公权力对农民土地房屋财产权利的侵害。即使因为涉及土地的成片开发与交易,存在单个农民拥有的土地和房屋无法直接入市交易的情形,也要形成农民参与决策的机制。在农村土地流转中,在任何时候、任何情况下,农民都不应该缺位。这是保护农民土地房屋财产权利的应有之义,也是农民作为土地使用权人和房屋使用权人当然拥有的权利。

二、自愿流转原则

所谓“自愿”，是指任何组织和个人都不得强迫或阻碍农户流转土地。[1]近些年来，我国部分地区进行了土地流转试点，农村承包地的流转在全国范围内不同程度地开展。部分县市开展了农村宅基地流转试点工作，取得了相当的成效，积累了一定的经验。

坚持自愿流转原则，就是坚持流转双方当事人法律地位平等，土地流入一方不得对农民实行强制流转。在现实生活中，除少数村民之间自发形成的土地流转外，我国大部分的土地流转往往都有不同程度的地方政府介入。流入土地的一方相对于土地流出方，在经济上处于更强势的地位，拥有的资本更雄厚，甚至有一般农民不可能拥有的社会人际资源。在资本下乡的情形中，土地流入方往往是拥有大量资金的强势企业。一旦发现这种情况，各级政府要及时给予制止。

坚持自愿原则，要严厉禁止各地方政府和基层干部强迫农民进行土地流转。由于历史原因，我国农民家庭使用经营的土地基本上处于碎片化状态。一旦有外来资本进入某一地方租赁土地进行经营，面对分散的土地和分散的农户，为了获得连片土地，往往会求助于地方基层政府或者基层干部，通过基层干部出面与农民进行协商。有时候基层政府及其工作人员，甚至以克扣农民其他社会公共福利为条件，使部分农民违反本人内心意愿进行土地流转。[2] 农村土地流转的目的在于通过市场化流转的方式，实现土地资源的最优化配置，增加农民的收入。农民不愿意出让土地，说明在农民看来，该土地流转对其不是最优选择，起码自己使用所产生的收益高于出让所产生的收益。从保护农民土地财产权的角度来看，尊重农民土地流转自主权，是农民土地财产权得以实现的根本保障。农民土地财产权与对农民土地流转意愿

〔1〕 参见刘守英：《按照依法、自愿、有偿的原则进行土地承包经营权流转》，载《求是》2003 年第 5 期。

〔2〕 参见管清友、王亚峰：《制度、利益与谈判能力：农村土地“流转”的政治经济学》，载《上海经济研究》2003 年第 1 期。

的尊重,是目的与手段的关系。只有农民土地流转自主权得到保障,土地流转反映农民的真实意愿,农民的土地权益才能得到保障。在任何时候,如果农民的土地流转自主权得不到保护,那么农民的土地财产权保护就无从谈起。

三、政府提供公共服务原则

农业社会向工业社会转变的过程,就是农村人口向城市转移,农村土地重新流转的过程。任何一个当代国家从农业社会向工业社会转变的过程,都需要政府某种程度的介入。有效而适度的政府介入,可以最大限度地缩短这一过程,而不当的政府权力介入会加剧社会矛盾。农村土地流转过程中政府权力的介入也是不可避免的,关键是政府以什么样的方式介入及何种程度的介入。因此,对于农村土地流转中政府权力的介入,在其介入方式上进行约束。正如有学者提出,在农村集体土地流转过程中,地方政府应承担制度的提供者、市场秩序维护者、公共服务的供给者、农户利益的保护者等角色。[1]

在农村土地流转问题上,政府只能承担公共服务提供者的角色,而不能在微观层面直接介入土地流转。提供政策和交易信息、完善土地交易平台、提供高效的产权登记服务等,是政府提供公共服务的主要内容。政府应当成为在出让方和受让方之间的信息中介,起到信息沟通的桥梁枢纽作用。

四、符合规划和不改变土地用途原则

我国土地资源稀少,人均土地面积为0.77公顷,只有全世界人均土地面积的1/3。人均耕地面积不足半公顷,只有全球平均人口占有量的1/7,这样有限的耕地资源却必须承担起养育世界20%人口的需要。粮食自给是一国粮食安全的重要指标。为了保障国家粮食安全,我国2006年提出了确保18

---

〔1〕 参见席景奇:《地方政府在农村集体土地流转中的角色分析》,载《兰州大学学报(社会科学版)》2013年第9期。

亿亩耕地红线的国策,把确保18亿亩耕地不减少作为维护国家粮食安全的最低底线,严禁将基本农田改为建设用地。这决定了我国在城市化和工业化进程中必须走集约化使用土地的道路,最大限度地保护耕地,实行最严格的土地用途管控政策。为此,我国制定了全国性的土地利用整体规划,各地方根据全国土地利用整体规划制订当地的城乡用地规划。任何人使用土地,都必须严格遵循土地利用规划,不得擅自改变土地用途,不得擅自将农业用地改为非农用地。[1] 我国农村土地流转的制度设计和实践,也必须牢牢遵循这条基本原则。

第二节　农村土地流转的框架设计和基本思路

我国农村土地的流转,包含了承包地、宅基地、集体经营性建设用地"三块地"的流转。整体上,在"三块地"流转的框架制度设计上,作为农村土地流转的整体思路,应该是在坚持保护农民财产权、自愿流转、政府提供公共服务以及符合土地规划不改变土地用途这4个基本原则的前提下,紧紧围绕实现农村土地的最优化利用、推动农业农村发展、优化农村的乡村治理、最终实现城乡一体化的方向和目标,进行整体思路设计和框架构建。由于"三块地"各自的功能属性不同,各自流转的具体制度构建也有不同,但是在制度指向上,都应该有共同的理念作为指导,如此才能最终实现相同的政策目标。

一、市场化流转导向

市场化的土地流转导向,是维护良好乡村治理的需要。在新中国的历史上,农村土地的流转不是直到今天才出现的。事实上,新中国成立以来,即使是在没有实行改革开放之前的计划经济时代,农村土地流转就已经存在。只不过在改革开放之前,我国农村土地流转是绝对的单向度的非市场化流转,即为了满足国家工业化发展和公共基础设施建设的需要,国家将农村集体土地转化为国有土地,不存在任何具有商品交易性质的土地流转。改革开放以

---

[1] 参见王军:《农地承包经营权流转原则亟待科学界定》,载《农业经济》2013年第1期。

后，尤其是我国确立社会主义市场经济体制以后，随着城市化和工业化进程的加速，房地产产业得以蓬勃发展，国人的土地产权观念和意识明显增强。国家确立了国有土地使用权流转制度以后，全社会对土地的商品属性有了更深刻的理解，国家依靠征用农村土地进行工商业建设的行为越发缺乏正当性基础。随着存量国有建设用地的减少，我国工业建设用地、商业建设用地和住宅建设用地占用农村土地的比例不断提高，占用土地的面积不断扩大，以致在比较长的一段时间内，土地征地这种流转方式引发了较严重的问题。在很长时间内，对于农村土地等农用地向非农用地的转化，尤其是农村土地向商品性国有建设用地的转化，我国没有确立市场化的土地流转机制，农民无法享受以市场形成价格的机制下的农村土地的真正价值。农村土地流转中产生的巨大利益，农民所得占比太低，大部分为国家所有。一直以来，因经济建设用地而需要使用农村集体土地的，政府几乎都是采取强制性征收的办法，仅仅对农民和农村集体经济组织给予适当补偿。

只有建立市场化导向的土地流转制度，农民的土地财产权才能得到有效合理的保护。通过土地征用将农村集体土地转化为国有用地，是一种非市场化的土地流转方式。土地补偿金远远低于应有的市场价格，而地方政府通过征收土地所支付的土地补偿款和土地出让金的价差，获得了大量的财政收入。我国最严格保护耕地的国策，在地方政府层面没有得到完全有效的贯彻。土地的非市场化征收已经成了政府土地财政赖以生存的基础。然而，土地财政注定是一种非常态化的不能持久的财政政策。要彻底改变现行不合理的土地财政，就必须改变现行的农村土地流转模式，使农村土地成为可以市场化流转的生产要素，让农村土地在市场化流转过程中形成与其市场价值相当的市场价格。除非是因社会公共利益的需要而使用农村集体土地，否则任何因工商业建设而需要使用农村集体土地的，一律由需要建设用地的一方与集体土地所有权人通过协商确定交易价格的方式购买，土地价款按照市场价格支付。同时，以立法形式严格限定社会公共利益的范围，确保土地征用只用于真正的社会公共利益项目。

二、法定化利益分配机制

农村土地流转必然会产生土地收益。在现行的土地流转机制下，农民通过土地流转获得的主要收入是农村土地征收补偿款。农村土地征收补偿款一般包括土地补偿款、地上附着物和附属物补偿款以及人员安置费三大类。根据2014年修订的《土地管理法实施条例》的规定，“土地补偿费归农村集体经济组织所有；地上附着物及青苗补偿费归地上附着物及青苗的所有者所有”，“需要安置的人员由农村集体经济组织安置的，安置补助费支付给农村集体经济组织，由农村集体组织管理和使用；由其他单位安置的，安置补助费支付给安置单位；不需要统一安置的，安置补助费发放给被安置人员个人或者征得被安置人员同意后用于支付被安置人员的保险费用”。这一规定虽然主要用于农用地的征用补偿，对于非耕地的补偿也遵循这一原则。2014年修订的《土地管理法实施条例》，规定的是征地背景下的土地补偿款分配规则，土地承包权或者土地经营权人的利益无法得到有效保障。

与此同时，在市场化土地流转中，土地流转价格是一个整体价款，对于土地转让的受让方来说，无论土地上建筑物或附着物的情况如何，如果要取得净地，那么无论地上是否拥有建筑物或者附着物，都应当按照同一标准支付价款。土地是否存在地上建筑物和地上附属物，以及地上附着物上的建筑物的价值如何，都不影响交易价格的确定。甚至因为拆除等方面的大量工作增加了土地改造平整的成本，相较而言，拥有地上附着物或者建筑的土地的价格可能更低。在市场化交易的体制机制下，将土地交易价格分解为土地补偿金、地上附着物和建筑物补偿款、安置款显然已经不适当了。因此，就必须寻找在市场交易机制下的土地收益分配机制。

另一个流转机制方向的重大变化是，新的农村土地流转不局限于将农村土地流转到国家的单向度流转，并不一定发生土地所有权的变化。农村土地权利除向国家流转外，还有可能向企业或者非集体经济组织成员的其他经济组织或者其他个人流转，同时每一次土地流转并不必然伴随农村集体土地所有权的流转。农村集体土地所有权转移仅发生在国家征地的情形中，农村集体土地市场化流转并不改变农村集体土地所有权，只发生农村集体土地使用权的变化，流转的仅仅是农村集体土地的使用权或者经营权。在只是土地使用权或者经营权发生变化的农村土地流转中，因为土地所有权没有发生变化，村集体经济组织仍然保有该土地的所有权，村集体经济组织因为丧失土地所有权而取得土地补偿款的基础不复存在。此时，对于土地流转所产生的收益，作为土地所有权人的农村集体经济组织参与分配的基础，以为作为原土地使用权人的个体或者其他组织如何参与分配等问题，在现行的法律法规和相关制度上都没有明确规定。在农村土地的市场化流转过程中，就总体情况而言，土地市场化流转的价格远高于国家支付的征地补偿费用。对于土地流转所产生的收益的分配，多数学者认为需要兼顾国家、集体和个人三者利益。[1] 能否在国家、村集体、土地使用权人和实际的土地经营者之间进行合理的土地收益分配，达到各方利益的合理平衡，关系农村土地流转能否顺利进行，关系各方的正当权利能否得到保护。因此，农村土地流转的收益分配必须要有一套较完整的科学的权威规则和法律制度。

1. 以税收划分国家与其他利益主体的利益分配。以往农村集体所有土地因征收而转变为国有土地时，农民集体和农民所得补偿一概不征税。政府不对征地补偿款进行征税并不意味着政府没有参与利益的分配，而是政府通过取得土地出让金与征地补偿款之间的差额，已经获得了相当多的收益。土地出让金的数额通过招、拍、挂的竞价方式确定，受土地面积、土地位置、土地用途、土地市场行情、竞价参与人数等因素影响，具有相当程度的市场化特征。土地补偿款则按照政府事先规定的固定标准确定，不受市场因素的干预。每一地块土地的出让金与土地补偿款之间的差额各不相同，在不同地块中土地补偿款与土地出让金的占比也各异。也就是说，在征地模式的土地流转中，政府的利益分配比例在不同的土地征收中各不相同，比例并不固定。为此，在现行的以征地为主的土地流转模式下，表面上政府没有参与土地流转所得收益的分配，没有参与土地补偿款的分配，实质上却通过土地出让金

[1] 参见郭洁：《土地资源保护与民事立法研究》，法律出版社2002年版，第293页。

与土地补偿款的差价获得收入,隐性参与土地流转所得收益的分配。而在市场化的土地流转模式中,土地流转价格由土地受让方和土地出让方协商确定,或者直接通过招、拍、挂的方式确定,政府不再直接参与土地流转。

市场化土地流转的本质是一种不动产交易。在市场化的土地流转模式下,需要有新的规则来确定政府与其他各土地权利主体对于土地流转所得收益的分配。在市场化的土地流转中,政府之所以还需要以新的方式参与分配,主要是因为对于正常的不动产交易所得政府需要征收赋税,而土地的市场化流转本就是不动产交易的一种形态。一方面,从税法理论和我国税收制度的一般原则来讲,政府对土地市场化流转所得征收赋税理所当然;另一方面,我国地方政府土地财政收入占财政收入的比例很高,有些地方政府的土地出让金收入甚至占到财政收入的一半以上。农村土地的市场化流转,意味着地方政府不再拥有土地出让金收入。如果不通过其他机制让地方政府获得土地流转收益,就可能使当地政府陷入财政困难,各项基础设施建设难以为继。在此情况下,如果没有合理的地方政府参与土地流转收益分配的机制,那么土地的市场化流转必然会遭到地方政府的反对。因此,在构建农村土地市场化流转规则的同时,必须建立政府与其他土地权利主体之间的土地流转收益分配机制。这种利益分配机制便是土地流转所得税收制度,即确定一个固定比例,对每一笔农村土地流转所得进行征税。通过征收土地流转所得税,清晰划分土地流转收益中国家与其他土地权利主体的分配比例。

农村土地流转所得税和一般的所得税不一样,很难将其归类为企业所得税或个人所得税,且其税率也有特殊性,所以可以单独立法的形式确立农村土地流转所得税这一新的税种,同时单独规定税率。考虑到地方政府不再拥有土地出让金,征收的农村土地流转所得税的大部分应当留给地方政府,剩余的一定比例的税收所得归中央政府,以便中央政府在全国范围内进行一定程度的农村土地市场化流转统筹工作。必须明确的是,农村土地流转所得的征税范围只限于建设用地流转产生的收益,对农业用地流转产生的收益,政府不参与分配。农业用地流转以后并不改变土地用途,农业原本就是需要国家补贴扶持的弱势产业,所以对于耕地或者其他农用地的经营权流转,只要不改变土地用途,该种农村土地流转所得税就应当豁免。唯有如此,才能减少农村土地流转的制度成本。

2. 构建集体参与土地流转收益分配的机制。就我国农村目前的集体土地基本状况而言,虽然农村集体土地所有权归农村集体所有,但大部分农村集体土地已有明确的具体使用权人,村集体很少直接经营土地。在传统征地模式中,村集体可以基于土地所有权人的身份获得土地补偿款。但是在市场化的土地流转模式下,没有所谓的土地补偿款,原先土地使用权人与作为土地所有权人的集体经济组织之间的分配模式存在的基础已经消失,必须寻找新的分配模式。

笔者认为,对于村集体在农村土地市场化流转模式下的土地流转收益的分配,应当区分两种情形。第一,如果土地使用权人将其拥有的承包地或者其他农用地经营权进行流转,没有改变土地用途,则村集体不参与土地流转收益分配。这是因为单纯的经营权流转不改变土地的农业用途,而由于农业本身的低收益属性,土地流转价格低、流转收益少,再加上农用地的集体所有制形式并没有改变,所以村集体没有必要参与土地流转的收益分配。只有这样,才能最大限度地鼓励农用地经营权的流转。如果集体经济组织仍然参与分配,则土地的承包权人或者其他土地使用权人,很可能会因为农用地经营权流转的收益过低,而不愿意将土地流转出去,丧失土地的控制权,从而阻碍土地的有效流转,甚至导致土地撂荒现象的出现。从有利于农用地合理流转的角度看,不改变土地用途的农用地流转所得收入应当全部归于农户,集体不参与流转所得的分配,政府也不对该收益征税。

第二,村集体作为土地所有权人参与农村土地流转收益分配的情形,只限于参与分配集体所有的经营性建设用地流转和部分情形下的宅基地流转所得,即只有将农用地转为建设用地流转,以及原来的建设用地流转的情形。建设用地使用所产生的收益远高于农业用地,其土地流转价格远高于农业用地,土地使用权人和宅基地使用权人将其进行市场化流转后,如果村集体作为土地所有权人仍然没有资格参与分配,那么村集体享有的土地所有权必然丧失占用、使用、收益和处分的全部权能,沦为空有其表的虚假民事权利。现行的农村集体经营性建设用地使用权是没有期限限制的用益物权，宅基地使用权也是集体经济组织成员基于其成员身份无偿享有的永久性土地使用权，集体经营性建设用地和宅基地流转后，原集体经营性建设用地使用权人和宅基地使用权人便永久地丧失土地使用权人资格。由于这种流转和农用地的流转不同（农用地的流转有年限限制，一旦期限届满，该流转的土地仍然回归土地承包权人或者其他土地使用权人），集体建设用地的流转仍然是在集体所有权框架下进行的土地流转，一旦该土地流转到第三人的手中，虽然村集体仍然保有土地所有权，但原土地使用权人却不再拥有其原来享有的土地权利。这就意味着，一旦集体建设用地发生流转，原土地使用权人便永久丧失其土地使用权，被流转土地将来的命运和收益与原土地使用权人无关，而作为土地所有权人的集体经济组织，仍然可以在将来一定时期收回该土地。正是基于这个原因，虽然集体经济组织作为土地的所有权人可以参与集体建设用地流转所得的分配，但集体经济组织所得的份额不应当占比太高，土地使用权人应当得到合理的土地流转所得分配。

三、强化具体法律制度及配套机制的构建

我国2018年修订的《农村土地承包法》大幅放开了承包地的流转，2019年修改的《土地管理法》也对农村集体经营性建设用地流转作出了明确规定，2019年《土地管理法》给农村宅基地的流转预留了空间。这些立法规定为我国农村“三块地”的流转奠定了法律基础，但农村土地流转在技术层面还存在需要从制度上进行细化的问题。在《土地管理法》和《土地承包法》之外，需要另行制定集体建设用地出让和转让条例、集体建设用地流转所得分配条例等法规细则，作为农村土地流转的配套制度。相关的配套制度必须包含以下几方面的内容。

（一）确保集体建设用地和国有建设用地同地同权

我国现行的土地制度，是建立在城乡二元社会结构的基础上的，以城乡户籍制度为基础。其中的土地国有和土地集体所有制的差别，就是城乡二元社会分割在土地制度上的反映。这种差别具体表现为国有土地使用权可以

市场化流转，且只要符合用途和规划，国有土地的使用权人就可以使用和流转出让等方式自由支配土地，而集体建设用地则受到诸多限制。2019年修改的《土地管理法》限缩了国家征收农村土地的范围，除法律规定的6种情形外，政府不得通过征收农村土地取得建设用地。要取得建设用地必须与作为土地所有权人的集体进行协商，通过市场化流转方式取得土地使用权。对于农村宅基地及其地上建筑物的流转，虽然为制度创新留下了想象空间，但2019年《土地管理法》在明文规定方面没有太大变化。宅基地这种集体建设用地及其地上建筑物不能跨城乡流转，即使是在不改变土地所有权的前提下，城镇居民亦无权到农村购地建房，也不得购买农村居民宅基地上的自建房屋，甚至于任何集体所有的土地上的房屋，都不得购买。即便是农村居民，也不得跨村购买集体建设用地上的房屋，若农村居民欲出售其宅基地上的房屋，则其只能出售给本集体经济组织成员。所有这些对农村集体建设用地的限制实际上都是对集体建设用地不重视，其导致的最终结果是农村集体建设用地事实上无法流转。因此，我国将来应当在进一步总结试点经验的基础上，进一步对农村宅基地的流转限制进行“松绑”，尽可能地消除国有土地和农村宅基地“同地不同权”的二元土地结构，消除对农村宅基地的不合理限制。

（二）制定集体建设用地流转专项法律

农村集体建设用地的流转涉及土地管理，需要《土地管理法》为农村土地流转再度“松绑”。但是，集体建设用地流转涉及的问题并不只有土地管理，还有集体建设用地使用权人和集体建设用地受让人之间的权利义务关系，其中还包括集体建设用地流转的最长期限等问题。目前集体建设用地，尤其是集体经营性建设用地的土地使用权没有期限限制，而对于在该土地上生产经营所得收益，作为土地所有权人的村集体也无权分享，村集体的土地所有权事实上已被架空。通过制定专门的集体建设用地流转法律，将集体建设用地使用权由无限期改为有限期，土地受让人只能在约定的期限内享有集体建设用地使用权，并以法律形式确定出让集体建设用地使用权的最长期限。农村集体建设用地流转，是农用地向非农用地或者农村非农用地本身的流转,在某种程度上是能大幅盘活农村土地财富的土地流转。农村集体建设用地流转涉及的财富数量较大,参与主体包含了国家、集体和土地使用权人,涉及的利益关系较一般承包地流转更加复杂。因此,需要通过专门法律,明确不同类型的集体建设用地出让方式,土地所有权人和出让方的参与机制,以及利益分配比例等。这些内容都不是《土地管理法》所能涵盖的,需要由专门的法律加以明确和具体化。

(三)加强与土地“三权”分置改革相适应的乡村治理配套措施改革

一是加快村委会制度改革,打造开放的农村社区。我国现行的乡村社会制度与现行的农村土地制度存在彼此依存的关系。现有的农村社区—村委会,既是乡村社会自治的主要组织,也是目前我国农村土地的实际所有权人。村委会通过村民身份固定,并形成与村集体土地财产权的对应关系,形成我国现有的封闭性农村土地关系。这种封闭的乡村社区治理与土地产权制度阻碍了农村土地的流转,客观上防止了社区内部的贫富分化,与自给自足的自然经济结构相适应。但其弊端也较明显,在这种封闭性的乡村治理和土地产权结构下,农村土地不作为财富要素、生产要素进行配置,土地无法通过市场化的资源配置方式流转以产生最大效益。只有对农村社区进行改造,改革村委会制度,将农村社区逐渐改造为可进可出的高度开放性的居民社区,才有可能使农村土地流转发挥最大功效。改造的整体思路就是,将现行村委会改制为对外开放的农村社区居民组织,一定区域内的居民,无论是否具有本村村民资格,也无论其是否为本集体经济组织成员,均是该社区的成员。在社区内,每一成员基于其社区成员身份享有的权利和承担的义务完全一致,没有任何身份的差别。在该社区内的成员,无论基于任何原因离开本社区,均自动丧失该社区成员资格;外来人口迁入社区,则自动获得社区成员资格,享有社区成员的权利,并且承担社区成员的义务。这种开放性的农村社区改造,可以彻底打破原来的村委会制度的身份限制,实现资本和人员的自由流动,将村委会改造成为符合现下发展趋势的农民社区居民组织。

二是重构农村集体经济组织,实现集体土地实际所有人与村委会的分离。目前的农村集体经济组织,是人民公社体制解体后,由原生产队转化而来的村民小组。村民小组虽然名义上仍然是农村集体土地的所有权人，但因为不具有任何社会功能，又缺乏必要的经费支持，村民小组处于名存实亡的境地。与此同时，作为基层群众性自治组织的村委会却在乡镇人民政府的支持下，获得了与其名义上的法律资格不同的地位，即村委会既是村民自治组织，又成为实际上的集体经济组织。村委会这一组织集村民自治权、村管理行政权和集体土地所有权于一身，尽管与现行的乡村治理体制相适应，但由于这种乡村治理体制具有村民成员固定、农村土地不可流转、排斥外来人员成为新村民等封闭性特征，而与农村土地流转的发展潮流背道而驰。为此，需要将村委会改造为开放性的社区组织，回归其基层群众性自治组织身份的同时，在村委会之外重构农村集体经济组织。将附加在村委会上的财产关系剥离出来，由重构的集体经济组织享有和承担。该集体经济组织可以封闭运行，外来人口可以获得村民身份，但不能成为村集体经济组织的成员，由此实现村民身份与农村集体经济组织成员身份的分离。

实现与土地“三权”分置改革相配套的乡村治理改造，主要是通过重构集体经济组织以解决现行农村土地集体所有主体虚化的问题。同时，将村委会改造成开放式社区，剥离其不该享有的集体土地所有人身份，并强化其保障村民自治、构建新型乡村关系的功能。这些辅助措施，是解决现行乡村治理模式下农村集体的封闭性等问题的有效措施，是实现农村土地“三权”分置改革必须进行的配套制度改革。本部分仅是提出大概思路，在具体的制度设计上，本书后面章节将另行论述。

第六章　承包地“三权”分置模式构建

我国农村现行的土地制度安排，是农村土地所有权归集体所有，土地使用权归农户所有。这种“两权分离”的制度安排保障了农村“耕者有其田，居者有其屋”，维护了生产资料的社会主义公有制，基本上体现了经济社会发展的基本要求。但是，现行的土地制度又是我国城乡二元社会结构在土地制度领域的反映，已经和推动形成工农互促、城乡互补、协调发展、共同繁荣的新型工农城乡关系的要求不相适应。现有的土地权利结构无论是与农业现代化要求的农村土地规模化经营，还是与当下工业化和城市化的发展，抑或是与农村人口向城市转移要求的农村土地流转，都存在一定程度的不相适应的地方。

在试点实验的基础上，中共中央、国务院提出了农村承包地“三权”分置的土地改革顶层设计，将承包地权利划分为土地所有权、土地承包权和土地经营权 3 种类型。2020 年颁布的我国《民法典》以法典形式正式确立了农村承包土地的“三权”分置制度。承包地“三权”分置制度是农村土地改革的基本思路和整体方向。然而，现实的土地改革实践有各式花样，国家政策和法律制度需要从理论上以及从如何与实践接轨上作出更好的研究阐释，以更好地推进制度的落地实施。

第一节　坚持农村土地集体所有制度

我国的农村土地集体所有制度，是从 1956 年开始，特别是在 1958 年人民公社体制确立以后形成的。从确立农村土地归集体所有到现在,农村土地尤其是农业用地的集体所有制,一直是我国法律和政策坚持的土地制度。实施农村家庭联产承包责任制以后,国家也一直强调农村土地集体所有权制度不但不能削弱而且必须加强。然而,我国现行的农村土地集体所有制度本身存在所有权主体虚化、集体所有权弱化等问题。这些问题的存在,是现行农村土地制度弊端产生的根源,限制了农村土地制度改革。

一、“集体所有,农户承包”土地制度的现实问题

农村集体所有的土地制度从20世纪80年代开始就进行了改革,通过赋予农民耕地承包权,实现了土地所有权和土地使用权的主体分离,既保障了集体土地所有权,又实现了土地使用者生产经营的自主权。这种土地所有权和土地使用权两分法的农村承包土地权利结构,极大地提高了农民的生产积极性,解决了我国长期以来存在的粮食生产不足问题。但是,随着我国农业的规模化和现代化发展,农村土地承包制度的问题也不断凸显:一是导致承包地碎片化。农村土地承包制度实行的是按人口分配土地,按照好地和差地分别搭配,一户多块土地的现象普遍存在,形成了承包地的碎片化现象。承包地的碎片化导致土地的规模化耕作无法实现,现代农业机械难以广泛采用。二是难以形成取得较高收益需要的农业规模化经营。农业本身收益较低,只有通过规模化生产经营才能获得较高收益,精耕细作的小块农地经营模式决定了农民难以从土地经营中获得较高收益,农户单纯依靠农业生产经营只能保障最基本的生存需求,很难获得资金积累,更不可能通过小块农业生产经营致富。再加上改革开放以后,我国工业化快速发展,对农村劳动力人口的需求剧增,大量农村青壮年劳动力从农村进入城市,从欠发达地区的农村到工业发达地区从事工业生产,成为产业工人,这就形成了农民工群体数量巨大这一社会现象。广大农村地区的承包地生产经营主要依靠妇女和老人,加上缺乏发展现代农业所需要的技术,农业生产力水平难以有效提高。三是容易导致承包地撂荒现象。在城市和工业发达地区从事工业生产获得的资金收入,远高于从事小规模农业生产所获收益。在这种利益驱动之下,

我国农村存在程度不等的承包地撂荒现象,容易造成农业耕地的退化和土地的浪费。四是导致农民进城意愿降低,影响城市化进程。随着我国城市化进程的加快,大量农村人口离开农村地区进城定居,这些从农村到城市定居的人口,原先在农村地区承包经营的土地,也需要得到妥善安排。如何保护他们原有的承包地权利,保护他们的正当土地权益,需要由新的土地制度来安排。只有如此,这些从农村地区新迁入城市的人口,才愿意进城定居。在这种情形下,农村承包地的流转成为迫切需要解决的新问题。

二、土地集体所有的 3 个理论悖论

现行农村土地制度安排导致了诸多现实问题的出现,已经成为阻碍我国农村农业现代化发展的“瓶颈”,这一问题有其理论上的根源。

(一)集体所有权主体虚化

我国的法律和政策一直以来使用“农民集体所有”这一概念,但是对于什么是“农民集体”这一问题,一直没有清晰的界定,在实践中也没有得到良好的解决。按照我国《宪法》和《土地管理法》等相关法律,农民集体到底是指一定范围的全体农民的集合,还是其本身就是一个整体的问题,始终没有明确的答案和解决方案。按照现行的做法和一般的理解,集体所有肯定不是构成该集体的全体成员共同所有,也不是组成该集体的全体成员按照一定的份额各自享有。在大部分情况下,虽然农民集体是一个法人组织,但是该法人组织不存在出资人,也不存在最终受益人,农民集体的任何一个成员都无权如公司股东那样行使权利。集体组织的领导人只是集体组织的管理者,他们并不是真正的所有权人。这样,集体所有最终可能沦为无人所有,集体所有权陷入没有真正主人的境地。

(二)现行集体经济组织架构不利于有效治理的体系构建

我国大部分地区基本上已经没有单纯的村集体经济组织,只是村委会在代行集体土地所有权人的职能。村委会代为行使集体所有权本身就是不正常的现象,在治理结构上存在缺陷。按照现代法人组织理论,农民集体如果是一个正常的法人主体,则必然具有决策机构、执行机构和监督机构,且决策

机构、执行机构和监督机构彼此之间分工明确、职责分明。然而,村委会设立的初衷不在于经营管理原先的集体资产,我国相关法律制度没有从组织架构层面将村委会设计成为适宜进行经济管理的社会组织。而且,全国各地的情况千差万别,在我国大部分经济不发达地区的行政村,村委会除代行集体土地所有权人身份外,不承担其他经济管理职能,因为村里几乎没有其他财产可供支配,也没有什么村办企业,相反还有大量日常管理形成的负债。[1] 在这种情况下,建立具有完备的企业治理结构的经济组织所耗费的经济成本巨大,没有必要。况且,集体经济组织这种架构完备的治理组织,与村委会的基层群众性自治组织性质也不符合,基层群众性自治组织毕竟只是社区组织的一种形态。因此,村委会的性质决定了村委会不可能有效替代农民集体经济组织。

(三)农民集体的内涵不清

虽然我国法律明确规定,农村土地归农民集体所有,但法律规定的农民集体到底是指乡镇农民集体还是村集体抑或是村小组农民集体,一直没有得到明确。在人民公社时期,我国农村实行的是"三级所有,队为基础"的生产经营体制,集体所有权没有得到应有尊重,农村集体土地经常被无偿调配和征用。但在当时,存在人民公社、生产大队和生产队 3 个明确的主体,虽然这 3 个主体同时具有社会管控功能和经济组织功能,但是集体所有权的主体大体上还是明确的。改革开放以后,人民公社体制解体,乡镇人民政府替代人民公社,乡镇人民政府不再具备经济功能,不再是集体经济组织。人民公社体制解体以后,我国并没有重建乡镇一级的集体经济组织,但是人民公社原来经营的各种产业很大一部分仍然存在,这些产业的所有权名义上仍然归集体所有,这个集体所指向的主体却已不复存在。虽然乡镇人民政府在理论上和法律上都没有承继原来人民公社的经济职能,但是其直接管理着原来人民公社管理的以农业企业为主的各种类型的乡镇集体企业。这些乡镇集体企

[1] 参见马福云、张林江:《公平的中国农村公共服务之路——农村集体债务的来源及其化解》,载《北京科技大学学报(社会科学版)》2014 年第 1 期。

业拥有的数量众多的集体土地资产,已经变成了乡镇人民政府直接管理的集体资产。土地乡镇集体所有制度已经名存实亡而如果一定要按照国家法律规定,认定乡镇集体所有的土地归乡镇农民集体所有,则面临没有乡镇集体经济组织的困境。

即使是在村农民集体这一层级,人民公社体制解体以后,生产大队这种政企合一的社会组织形式,也宣告瓦解,不复存在。在生产大队基础上改制而来的村委会,虽然也承继了原来生产大队的部分职能,但是在两个方面与原来的生产大队有较大区别。一方面,村委会职能大为减少,没有直接管理和控制村民的权力。原来生产大队体制下的社员对生产大队的人身依附关系基本消除,村委会对村民直接进行行政管理的职能在法律上已经不复存在。与此同时,村委会的性质发生了根本性变化。在法律和政策上,村委会被定性为基层群众性自治组织,村委会是村民自我管理、自我教育、自我服务的社区组织。另一方面,原先生产大队所具有的经济功能已经消失。村委会不是法律上的村集体经济组织,也不是村农民集体组织。因此,无论是在理论上还是在实际的法律政策上,村集体经济组织或者村农民集体都不是指村委会。但除村委会外,我国绝大部分农村地区都没有其他任何村一级的农民集体组织。

随着农村包产到户的全面铺开和进一步深化,原先的生产队彻底解体,取而代之的是村民小组。但是,村民小组也只是一个名义组织,没有健全的组织机构,没有日常经费,也没有平常可以支配的财产。因此,村集体组织事实上已经不存在,但是原先的土地资产却实实在在地摆放在那里,唯一尚存的村级组织——村委会,就自然而然地代为行使村集体所有权,以村干部为主体的村委会管理人成为村集体土地所有权的实际控制人。

三、农村集体所有的理论建构及方案选择

针对现行的农村土地集体所有架构下出现的问题,理论界提出了一些解决方案,试图找寻出新的理论框架,解决农村土地集体所有制在当前社会背景下出现的问题。方案各有利弊,总体来说,坚持农村土地集体所有前提下

的农村土地股份制改造,应该是较合适的选择。

(一)学界关于农村土地集体所有制改造的主张

我国目前农村土地集体所有制,无论从经济学的产权理论分析,还是从法学的角度和视野去看待,都存在较多的问题。基于此,对如何克服集体所有权主体虚位等问题,理论界提出了各种各样的解决方案。有一部分学者主张农村土地私有化,通过土地私有化能够消除一部分耕地流失的现象。他们认为,农村土地私有化可以促使农民更加珍惜和有效利用土地,最大限度地避免土地撂荒以及防范土地掠夺式使用。[1] 在这部分学者看来,如果让农村土地归农民个人私有,农民的土地权利就能够得到更有效的保障。而且,拥有完整土地权利的农民,可以以土地所有权人的姿态和身份,行使自己的土地权利,防范公权力不当侵犯土地权益的行为,维护自己的土地利益。如果农民获得了土地所有权,就可以从根本上重塑他们与村干部之间的关系,在土地关系问题上享有土地所有权的农民将拥有更完整的权利。农民可以从集体的身份体系中解脱出来,成为彻底的土地所有者和土地经营者,并且通过市场机制进行土地流转和土地交易,更好地实现农业产业规模化和农业现代化。有学者提出了按照总有的方案设计和改造集体所有权。[2] 其中,有学者提出“集合共有”的概念,即集体成员对集体财产共同享有所有权,虽然个体成员不能单独处置集体财产,但每个成员可以转让自己享有的份额。另外,有学者主张参考日耳曼习惯法中的总有制对我国现行的集体所有制进行改造。[3]

(二)坚持土地集体所有前提下的农村土地股份制改造

尽管“集体所有,农户承包经营”的农村土地制度走到今日,已经再难满足和适应农业向现代化迈进的需要。然而,中国的农村农业发展实践证明,

---

〔1〕 参见[美]卢克·埃里克森:《关于中国农村土地私有化的辩论》,官进胜译,载《国外理论动态》2008 年第 8 期。

〔2〕 参见丁关良:《农村社区集体主体问题研究——以农民集体土地所有权为例剖析》,载《南京农业大学学报(社会科学版)》2008 年第 4 期。

〔3〕 参见王利明:《物权法研究》,中国人民大学出版社 2002 年版,第 304 页。

农村土地承包责任制是与我国现阶段的生产力发展水平和基本国情相适应的农村土地制度安排,农村土地承包责任制必须长期坚持。在坚持农村土地承包责任制的前提下发展规模化现代农业,实现土地的适度集中经营。农民集体享有承包土地所有权,承包人享有土地承包权和土地经营权,土地承包人可以对其承包经营土地的经营权进行流转。这种新的制度设计保障了村集体对承包地的土地所有权,同时土地承包人即使将土地经营权流转也仍然保有土地承包权。这就维持和保障了农村土地承包责任制的稳定,不会对我国现行的农村承包责任制造成冲击,同时通过土地经营权的流转又盘活了土地,可以实现承包地的流转,为发展现代规模化农业,培育家庭农场等现代农业经营主体提供了制度支持和保障。但是,针对现有弊端,有必要在坚持农村土地集体所有的前提下,对农村土地集体所有制进行再造。

改造农村土地集体所有制,主要不是理论问题,而是现实问题。之所以实行土地集体所有制,是因为要防止农村因为土地的严重不均,形成巨大的财富"鸿沟",产生严重的贫富分化。正因如此,改造农村土地集体所制的比较现实的做法,就是实行农村土地股份制,将集体所有的全部土地进行清产核资登记造册,然后进行股份制改造。也就是按照目前农村集体的全部人口确定股份,参照当年家庭联产承包责任制的分配方式,每一个集体成员都享有均等的股份,实行增人不增股、减人不减股的方针。之所以采取股份制的方式对农村集体所有制进行改造,主要是因为我国一些经济发达地区重建的集体经济组织形式也是采取股份制的方式。

以股份制的形式改造农村集体所有制也得到了中央政府的认可。2015年中央一号文件中共中央、国务院《关于加大改革创新力度加快农业现代化建设的若干意见》明确提出,"探索农村集体所有制有效实现形式,创新农村集体经济运行机制。出台稳步推进农村集体产权制度改革的意见。对土地等资源性资产,重点是抓紧抓实土地承包经营权确权登记颁证工作,扩大整省推进试点范围,总体上要确地到户,从严掌握确权确股不确地的范围。对非经营性资产,重点是探索有利于提高公共服务能力的集体统一运营管理有效机制。对经营性资产,重点是明晰产权归属,将资产折股量化到本集体经济组织成员，发展多种形式的股份合作。开展赋予农民对集体资产股份权能改革试点”。事实证明，股份制的集体所有制形式，虽然不是最完美的集体所有制形式，却是目前能找到的比较合适的形式。股份制的集体所有制形式基本上可以克服目前存在的土地集体所有的所有权人缺位和虚位、法人治理结构不合理以及村委会与集体经济组织性质不符合等问题。

按照现有人口数量对集体土地所有权进行折股量化，实行增人不增股份、减人不减股份的方案，在将来实行了比较长时间以后，可能会出现因不同家庭之间人口变动的不均衡而产生的所有权收益失衡问题。但是，我国农村当初实施家庭联产承包责任制时，农村承包地也是按照现有人口平均分配，执行的是增人不增地、减人不减地的原则。对这种土地分配方式，当时社会上也普遍存在质疑，有人认为这种增人不增地、减人不减地的土地分配规则，长此以往可能造成农村土地的高度集中，导致我国广大农村地区农民的土地拥有量不一致，从而引发严重的贫富分化。但是，我国农村土地改革40余年的经验证明，尽管在开始于1978年的我国农村土地改革中，绝大部分地区实行的是按照人口均分土地，确实造成了一些家庭人均拥有土地不均衡的现象，但这种分配方式没有引起农村家庭财富收入的严重失衡。由此也可以看出，在绝大部分情况下，即使是按照现有的农村人口将集体土地折合成股份，实行增人不增股份、减人不减股份的原则，也不太可能造成村民之间的严重利益不平衡。其中的原因在于：(1)农业用地土地收益的有限性，决定了农村居民之间不会产生严重的贫富分化。农村居民拥有的土地绝大部分是农业用地，其用途决定了土地产出价值相当有限。我国是农用地稀缺的国家，人均拥有的耕地面积少于世界人均耕地面积。人均可用耕地面积的不足，决定了我国必然实行最严格的耕地保护政策，严格限制农业用地转化为其他用途的用地，唯有如此才能保障我国的基本粮食安全。农业是低附加值产业、弱势产业，农业收入极其有限，这是世界范围内的普遍认识。世界各国的通行做法，也是对农业和农产品进行必要补贴，以维护农业的正常发展。正因如此，在将来相当长的时期内，我国仍然将实行严格的耕地保护政策，获得集体土地股份的农民也就不可能从农业用地股份中获得太高收益，各个家庭因为人口数量变化导致的所持股份不一致问题也就不会引发严重的贫富分化。(2)农村居民长期减少的趋势,决定了按现有人口进行股份化分配集体土地权益不会造成重大的利益冲突。改革开放以来,尤其是近20年来,我国城市化水平已经大大提高。到2017年,我国常住人口城镇化率为58.52%,户籍人口城镇化率为42.35%,农村居民常住人口占比41.48%,农村户籍人口占比57.65%。[1] 我国城镇人口增加的主要功力来源在于城市的工业化对劳动力的需求,大量农村人口从农村地区进入城镇就业和生活,从农村居民变成城镇居民。随着我国工业化水平的进一步提高以及户籍管制的进一步放松,在未来的一二十年内仍然会有大量的农村人口迁居城市,这也是世界各国工业化进程中必然发生的现象。随着农村人口的进一步减少,农村人口对农业用地的利用需求将进一步下降,因为土地所有权股份不均产生的利益冲突将进一步弱化。

因此,从更加长远的视角来看,农村土地集体所有的股份制改造不会产生严重的问题。相反,农村土地集体所有的股份制改造,将彻底解决农村土地集体所有主体虚化的问题。通过股份制改造,农民集体成为实实在在的股东,可以通过股东大会或者其他决议机构,行使土地所有权人的权利,保障农民集体的利益。而且,因为股份制改造在技术上采取了量化股份的方法,集体成员将来因进城离开农村或者其他原因而退出股份合作社或股份合作公司,也可以将自己的土地所有权股份自由转让给其他成员,转让价格由出让人和受让人自由协商。这就避免了现行土地制度下,农民集体成员退出而无法获得所有权丧失补偿的问题,能够更好地维护每一个成员的土地所有权利益。因为土地所有权股份的退出并不涉及土地实物的退出,在技术上没有任何交易的障碍,大大降低了交易成本,有利于农村人口的自由流动。对那些进城务工人员来说,虽然他们已经不在农村地区,甚至已经将自己承包经营的土地转让出去,只要这些人自己不主动将自己享有的集体所有权的股份进

---

[1] 参见国家统计局:《中华人民共和国2017年国民经济和社会发展统计公报》,载国家统计局官网,http://www.stats.gov.cn/tjsj/zxfb/201802/t20180228_1585631.html。

行出让，这些外出务工人员仍然是集体土地所有权主体的成员，仍然有权参加社区集体土地处分等重大事项决议，可以参与集体所有的土地分红。这能够对那些进城务工的人员，给他们的集体土地所有权提供较有效的保障机制。

第二节　“三权”分置下土地承包权的改革

自我国实行农村土地承包经营制度以来，中共中央、国务院在涉及农业农村的各种政策性文件中，历来强调稳定农村联产承包责任制，确保农民对承包地的承包经营权不受任何组织和个人的侵犯。2002 年，我国颁布了《农村土地承包法》，从法律上明确规定，农民享有的农村土地承包经营权 30 年不变。在承包经营权期限内，不因家庭人口的变化而改变。同时，《农村土地承包法》允许农民在一定程度上将其享有承包经营权的土地，在集体成员之间通过互换等方式流转，但无论是流转范围和流转方式都极其有限。

2013 年开始，中共中央、国务院强调稳定农村土地承包权，同时，基于加速城镇化进程，增加农民的财产性收入的目的，提出了对我国现行的农村土地承包制度进行改革的构想。其最主要的内容就是，在巩固集体土地所有权和稳定农户耕地承包权的前提下，盘活承包地的经营权，鼓励农村承包经营户通过出租、入股、转让土地等形式，实现农用地的市场化流转，以实现农业用地的规模化经营。为了实现农用地流转的目标，2016 年中央一号文件提出，稳定农村土地承包关系，落实集体所有权，稳定农户承包权，放活土地经营权，完善“三权”分置办法，明确农村土地承包关系长久不变的具体规定。明确提出了农用地“三权”分置的土地改革政策，在农村集体土地上设立所有权、承包权和经营权 3 种土地权利，并在全国各地选择若干县市进行承包地“三权”分置改革试点。

一、法律关于土地承包权的问题

中共中央、国务院关于农村土地流转的各种政策文件，从大方向上奠定了承包地流转的正当性，赋予了各地进行农村承包地流转充分的政策依据。

但如何进行具体的流转,仍然缺乏统一的方案,这也导致了我国《农村土地承包法》和《土地管理法》等立法滞后的现象。2002 年颁布的《农村土地承包法》,规定农村承包经营的土地可以流转,但是对承包地的流转没有提供具体的方案。这是因为,2002 年《农村土地承包法》规定了农户的农地承包经营权,没有对农村土地的承包权和经营权进行区分,承包权和经营权合二为一,实行的是农村土地所有权和承包经营权分离的"两权结构"。农村土地承包经营权具有严格的身份属性,只有本集体经济组织的成员才有资格承包本集体经济组织的土地,取得本集体土地的承包经营权。将承包权和经营权合二为一的承包经营权,因为集体经济组织成员身份性质的限制,严格限制了农村承包经营土地的大范围流转。2002 年制定的《农村土地承包法》,与中共中央、国务院关于农村土地"三权"分置和促进农村土地流转的政策不完全相符。2016 年中共中央、国务院提出进行承包地"三权"分置改革试点,在试点地区暂停《土地管理法》、《物权法》(已失效)等相关条款的适用,也是因为承包地"三权"分置政策与法律的难以协调性,试图通过试点方式,跳出一定的法律框架限制,探索全国范围内可复制、可推广的农村土地流转方式。

为了实现法律和政策的一致性,基于法律政策相一致的考虑,2018 年我国对《农村土地承包法》进行了修改。这次《农村土地承包法》的修改,总体上体现了农村土地"三权"分置的改革方向。新修改的《农村土地承包法》,增加了土地经营权的表述,在原有的土地承包经营权中分置出土地经营权与土地承包权。实行农村土地"三权"分置的土地权利架构体制,符合我国现行农村经济的发展状况,是对原来的农业经营体制——家庭联产承包责任制度的一大创新,转变了土地的利用方式。对于提升我国当前的农业发展水平,提高土地的利用效率,形成农业适度规模化经营,满足我国对规模化、集约化农业生产的需要,提供了法律依据。新修改的《农村土地承包法》规定,"承包方可以自主决定依法采取出租(转包)、入股或者其他方式向他人流转土地经营权,并向发包方备案"。"土地经营权人有权在合同约定的期限内占有农村土地,自主开展农业生产经营并取得收益。"明确将土地经营权从承包经营权中分离出来,并赋予其流转的具体权利内容,农村土地流转中的一些法律障碍得以扫除，为国家实行农村承包地“三权”分置的改革提供了法律保障。然而，在整体制度框架上，2018 年修改的《农村土地承包法》在贯彻农村土地“三权”分置上并不彻底。一方面，《农村土地承包法》仍然继续使用“承包经营权”的概念；另一方面，又使用“土地承包权”和“土地经营权”的概念。在立法技术上，新修改的《农村土地承包法》虽然使用了承包权和经营权的概念，但是对于土地承包经营权、承包权以及经营权三者的关系仍然不甚明确，保留了原先农村承包地“两权分离”的痕迹，没有在技术上彻底体现农地“三权”分置的土地权利结构，在大部分条文中仍然使用承包经营权的表述。究其原因，一方面，是承包地“三权”分置的实践形式多样，尚未形成统一的共识；另一方面，是如何将政策上的承包权转化为法律上的承包权仍然存在理论上的障碍，对承包权的若干问题仍然认识不清，特别是承包权是一种何种性质的土地权利仍然不明确。因此，有必要对承包权的性质进行理论上的分析。

二、承包权性质定位之论争

对农村土地承包权这种土地民事权利，可以从经济学、社会学和法学等不同学科的角度进行分析。但是作为实证存在的一种土地权利，从法学角度进行研究应该更加具有逻辑思辨性。然而，法学界对农村土地承包权也存在不同的认识和看法。极少数学者认为，农村土地承包权不是一种独立的民事权利。这种观点的依据是，2002 年《农村土地承包法》没有明确规定土地承包权是一种独立的土地权利。[1] 否认土地承包权是一种独立土地权利的观点，与其说是理论探讨，还不如说是对当时法律的直接解释。在 2018 年我国修改《农村土地承包法》明确规定了土地承包权以后，这种提法已经没有多少价值。虽然大部分学术观点认可土地承包权是一种土地权利，但如何对其进行定性依然存在诸多分歧。其中一种观点认为，农村土地承包权是农村集体经济组织成员的成员权。将土地承包权等同于成员权的观点认为，享有承

〔1〕 朱广新：《土地承包权与经营权分离的政策意蕴与法制完善》，载《法学》2015 年第 11 期。

包权的主体只能是集体经济组织的成员，将农村土地承包权定性为农村集体成员的成员权，有利于集体组织成员对该集体组织的身份认同，集体成员通过对承包权的行使，壮大集体经济组织，同时分享集体经济发展的成果与收益，使农村集体经济组织成员能够更加公平地享有收益的分配权。[1] 有学者认为，农户承包权就是现行法上规定的土地承包经营权，是物权性质的权利。[2] 也有学者将土地承包经营权的流转进行了实然分析，认为依据实际法律效果的不同，可以分为物权性流转与债权性流转。[3] 还有相当一部分学者的观点是，承包权是受到经营权制约的农村土地承包经营权。这种观点的核心内容是，农村集体经济组织的成员从农村集体经济组织承包土地，取得土地的承包经营权，农户没有将经营权出让之前，承包户享有完整的土地承包经营权。一旦承包户将土地经营权流转出去，则该农户在转让期间没有承包地的经营权，而只剩下承包权。[4] 按照这种观点，土地承包权不是一种独立的土地权利，只是承包经营权的一项权能。我国 2018 年修改的《农村土地承包法》，总体上就是这种观点和思路的体现。对土地承包权的性质，主流观点认为，农村土地承包权应当是独立的土地权利，只是对农村土地承包权的属性和内容的解读有所区别。

将土地承包权定性为集体经济组织成员权的观点，抓住了承包权享有者必须是集体经济组织成员的重要特征，对承包权包含了身份权属性具有较深刻的理解。而承包权需要的严格的身份权属性，恰好是承包权与经营权相区别的最主要特征之一。但是将承包权直接定义为成员权，不能体现承包权的财产权属性，与农村土地“三权”分置的权利结构政策话语体系存在某种程度的不协调。况且，将承包权简单地定性为成员权的观点，没有从农村土地所有权、承包权和经营权土地三权并列的政策背景和立法导向上，去论证农户对土地享有的权利内容。关于承包权属于集体组织成员权的论述，在论证

---

〔1〕 高飞：《农村土地“三权分置”的法理阐释与制度意蕴》，载《法学研究》2016 年第 3 期。
〔2〕 孙宪忠：《推进农地三权分置经营模式的立法研究》，载《中国社会科学》2016 年第 7 期。
〔3〕 丁关良：《土地承包经营权流转法律制度研究》，中国人民大学出版社 2011 年版，第 342 页。
〔4〕 潘俊：《农村土地“三权分置”：权利内容与风险防范》，载《中州学刊》2014 年第 11 期。

方法上也存在缺陷。承包权集体组织成员权论,侧重将承包权定性为集体组织成员权的功能,而不是直接分析土地承包权的内涵与外延。从实践来看,将农村土地承包权能定性为成员权,与我国现行的农村土地承包实践不相符合。我国实行农村土地承包责任制分配承包地,绝大部分地区按照现有人口平均分配,遵循的是增人不增地、减人不减地的政策做法。在承包期限内,家庭人口的变化不会导致承包地的变化,在承包期内即使是增加了家庭人口,这些新增的家庭人口,无论在理论上还是法律上都是集体经济组织的成员,他们享有集体经济组织的成员权,但却没有获得土地承包权。因此,不能将土地承包权定性为集体组织成员权。将承包权简单的定义为集体组织成员权的观点和学说缺乏事实和理论的有力支撑。

土地承包权“土地承包经营权权能”论,其本质是农村土地“两权结构”的改进版本。按照这种观点,农村土地的基本权利结构仍然是土地所有权和土地承包经营权,承包经营权包含了土地承包和土地经营两项权能。对于传统的农村土地权利二元结构,承包权隶属于土地承包经营权的权能学说,大体上能够解释承包经营的土地为什么能够流转。按照这种学说,农村承包户将土地流转出去之后还保留了承包权的权能。但是这种学说,不是建立在农村土地“三权”分置的架构基础上,与农村土地“三权”分置的初衷不相符合。按照“承包权权能说”,无论是土地承包权还是土地经营权,只是农村土地承包经营权的行使方式,本身不是独立的土地权利。如果承包权和经营权都不是独立的土地权利,不但在逻辑上与农村土地“三权”分置的表述相矛盾,而且农村土地流转以后的受让人不能享有独立的土地权,流转的受让人只能依附土地转让方,在土地受让方的土地权利得不到充分有效保障的制度安排下,将严重制约土地流转的规模,与中共中央、国务院关于盘活土地经营权的政策初衷相违背。因此,“承包权权能说”,在理论和实践层面都难以得到有力支撑。

三、承包权属性界定

对农村土地承包权性质和权利定位,应当围绕农村土地“三权”分置和有利于农村土地经营权流转这一基本前提进行。

(一)农村土地承包权是土地物权

我国农村土地实行两权制度改革之后,法律对农民承包土地享有的权利一直没有明确的概念,直到 1986 年出台的《民法通则》(已失效),才在民事基本法层面将其称作"承包经营权",同年颁布的《土地管理法》也采用了这个概念。在农村集体土地"两权分离"背景下,并没有区分"土地承包权"和"土地经营权"的概念。在 20 世纪八九十年代,土地流转非常少,无论是理论界还是实践中,都容易把"土地承包经营权"简单地视同"土地承包权",并将经营权的相关权利内容包含其中。但是,两部法律仅仅是使用了土地承包经营权的概念,对其权利性质、权利范围和效力,并没有作出明确规定。随着农村土地流转的深化,2002 年颁布的《农村土地承包法》,仍然延续了农村集体土地"两权分离"的权利构架,没有从法律上称谓"承包权",虽然对土地承包经营权的概念与内涵进行了细化完善,并规定了土地承包经营权的取得、保护、流转等规则,但是对承包经营权的权利属性也没有清晰界定。从农村土地两权制度改革初始,到立法上确定土地承包经营权的概念,明确其权利内容、效力等,历时 20 多年,但是对其权利属性仍然没有清晰界定,这在立法上是不多见的。"土地承包经营权的性质关系到对我国农村土地利用权利制度如何进行设计的基础性理论问题。之所以有学者将其定性为物权,是为了便于土地承包经营权依法流转;如果允许流转,在现行的土地承包经营制下又可能导致一些农民失去生存的保障。正是由于这个原因,才导致了学界对承包土地权利性质的长期争论。"[1]这种争论,直到 2007 年《物权法》(已失效)的颁布才逐渐平息。《物权法》(已失效)第十一章采用了整章的篇幅对土地承包权进行了规定,从民事基本法律层面确定农村土地承包经营权的物权属性。

2018 年修改的《农村土地承包法》,按照农村土地"三权"分置的精神,明确区分了集体土地所有权、土地承包权、土地经营权 3 种土地权利,但在整部法律框架内,并没有将"三权"分置的理念贯彻到底,多处条文采用承包经营

[1] 刘俊:《土地承包经营权性质探讨》,载《现代法学》2007 年第 2 期。

权的概念。但不可否认,修改后的《农村土地承包法》将“土地经营权”另行设置,这使我们不能简单地将“土地承包权”视作剥离了经营权功能的“土地承包经营权”,只不过土地承包权的属性没有发生变化,在法律属性上仍然属于土地物权。

(二)农村土地承包权的取得必须以一定的身份关系为前提,但农村土地承包权本身不是集体成员权。

土地承包权的取得之所以说要以一定的身份关系为前提,是因为农户或者农民个人从农村集体经济组织取得承包地时,必须是该集体经济组织的成员,任何非该集体经济组织的成员都不得从农村集体经济组织获得承包地。目前,在我国农村集体经济组织成员相对固化的背景下,外来人口几乎无法通过取得农村集体经济组织成员身份而承包集体土地,所以取得土地承包权的身份属性显得尤为必要。土地承包权的取得必须具备集体经济组织成员身份为前提,包含的另一层意思是,土地承包权不得自由流转。承包权的主体退出集体土地承包,承包人必须将该承包地退回给集体经济组织,或者在本集体经济组织成员内流转,不得将承包权流转给集体经济组织以外的成员。这也是承包权的取得必须具备集体经济组织成员身份的体现。虽然土地承包权的取得必须是农村集体经济组织的成员,但农村集体土地承包权的享有并不一定要以保持成员身份为前提。按照2018年修改的《农村土地承包法》,以及中共中央、国务院关于稳定承包权的政策导向,农村集体经济组织成员取得承包权后,如果因进城定居等原因离开该集体经济组织,不再具有集体经济组织成员身份的,原先在农村的承包地仍然能得到有效保护,仍然享有原承包地的承包权。由此可见,虽然承包权的取得必须以特定身份关系为前提,但承包权的享有并不一定要保持农村集体经济组织成员身份。承包权与成员之间没有必然的对应关系。开始实行农村土地承包制这一段时间内,由于对承包权的性质认定不清,误以为承包经营权就是集体组织成员权,在部分地区发生过集体经济组织成员一旦退出该集体经济组织,村委会就将该村民的承包地收回的现象,从而发生了不少争议。随着中共中央、国务院长期稳定土地承包权的政策愈发明朗,2018年修改的《农村土地承包法》第27条规定："承包期内,发包方不得收回承包地。国家保护进城农户的土地承包经营权。不得以退出土地承包经营权作为农户进城落户的条件。承包期内,承包农户进城落户的,引导支持其按照自愿有偿原则依法在本集体经济组织内转让土地承包经营权或者将承包地交回发包方,也可以鼓励其流转土地经营权。"该法明确规定,农村居民进城定居并不丧失原先享有的承包权。这就从政策和法律两个层面彻底明确了,承包权并不等于集体经济组织成员权。

(三)承包权是承包人对其承包土地享有的财产性质的用益物权

农村土地"三权"分置,土地权利拆分为土地所有权、土地承包权和土地经营权3种土地权利,无论是学术用语还是政策表达,所有权、承包权和经营权都是3种并列的土地权利。农村集体经济组织的成员,一旦承包集体土地,则承包人取得了承包地的承包权和土地经营权这两项并行的土地权利。依照我国《农村土地承包法》第17条的规定,承包权包括使用、收益土地的权利,也包括承包地被征收征用时获得土地补偿的权利。无论是使用和收益,还是被征收征用时获得补偿的权利,都直接体现了承包权的财产内容。即使承包人将土地经营权转让给他人,土地流转合同期限届满后,承包人都可以依据承包权收回土地经营权,实现承包人土地权利的完满性。法律的这一规定充分表明,土地承包权是以使用收益为目的的财产性权利。

(四)土地承包权是独立的土地权利

虽然集体成员通过与集体土地所有权人签订承包合同等方式,取得土地承包权和土地经营权,但并不意味着土地承包权对土地所有权具有从属性。从土地权利的溯源来看,似乎是土地承包权和土地经营权都源于土地所有权,但是不能由此得出结论,认为土地承包权从属于土地所有权。土地承包权是法律规定的一种独立的土地权利,一旦承包合同签订以后,土地承包权就获得了其应有的独立性。在承包期内,除非具有法律规定的情形,作为土地所有权人的发包方不得收回土地。土地承包权内容不是依据土地承包合同确定,而是直接依据法律规定,土地承包权有其独立的法定权利内容,土地承包权的期限也由法律直接规定。承包人行使土地承包权,不需要征得土地发包方的同意。因此,虽然土地承包权的最初权利来源与土地所有权有关,但是土地承包关系一旦建立以后,在承包期限内,土地承包权就获得了与土地所有权并行的资格。土地承包权源于法律的直接规定,土地承包权并不依附土地所有权,是一种独立的土地用益物权。

第三节　农村土地经营权法律制度完善

当前,需要修改我国现行以《农村土地承包法》为主的相关法律,进一步明晰农村土地集体所有权、土地承包权、土地经营权的关系,完善“三权”分置的具体实施办法。

一、废除“土地承包经营权”的表述

长期以来,我国立法在农村土地“两权分离”权利结构下,一直将农户对承包土地享有的权利称为土地承包经营权。如今要将土地经营权从土地承包经营权中分离出来作为一项单独的民事权利,就需要对相关法律概念加以厘清,应将土地承包经营权更名为土地承包权,明晰土地承包权和土地经营权的法律逻辑关系。这样做的理由在于:一是使法律概念更加清晰。农村集体土地被农户承包后,农户对土地享有的是除所有权外的一系列权利束,或者说多种权能的综合体。它是农户基于特定的集体成员身份对承包土地享有的包括对承包土地的占有、使用、收益和部分处分的权能的综合。这是我国特殊国情和社会制度下在农村土地之上设立的民事权利,其既有身份权属性的特点,也有直接的财产权内容,无论是单独的土地承包权,还是单独的土地经营权都无法将其全部概括。特别是出于将财产权独立出来,为财产权的流转提供法律制度支持的考虑,宜对现行的土地承包经营权进行分拆,将其直接分拆为土地承包权和土地经营权。承包的农户对其承包的土地享有土地承包权和土地经营权两种民事权利。二是从汉语构词法的角度看,“承包经营权”应该是“经营权”概念的下位概念,“承包”为“经营权”的限制定语,前者的内涵理应小于后者的内涵。然而,在现行法学概念里,“承包经营权”权利的内涵与外延都比“经营权”概念宽泛,这势必带来语法上和法学概念

实际语境的混乱。因此,将"土地承包经营权"概念更名为"土地承包权",让土地经营权从土地承包权里分离出来,能够确保各土地权利逻辑关系的清晰。

二、土地确权中颁发土地承包权证和经营权证

将农村土地经营权定性为物权属性的做法,符合土地的不动产属性,以及我国法律作为大陆法系关于债权与物权区分的基本法律逻辑。但是,这种定位可能与当前土地流转实践中土地权利的性质相矛盾,因此,需要在操作层面进行规范,使制度的建构最终在实践中具有可操作性。

在目前我国法律制度下,将农村土地经营权设定为物权,必须满足物权公示公信原则。土地是不动产,倘若将农村土地经营权设定为物权,则法律制度设计上必定要有符合不动产物权法定原则的公示方式,即必须对农村土地经营权进行登记公示。只有经过登记公示的土地经营权才是具有物权属性的民事权利,才能成为真正意义上的物权。将土地经营权从土地承包权中分离出来,需要通过登记颁证的形式进行确认。根据2014年11月20日,中共中央办公厅、国务院办公厅印发的《关于引导农村土地经营权有序流转发展农业适度规模经营的意见》,当前我国正在进行对所有农村承包土地的全面确权登记颁证。可以利用此次土地承包权确权颁证之机,同时给相同承包地的承包权人颁发土地承包权证书和土地经营权证书并进行登记,完成农村承包土地承包权和经营权的分离和登记公示,彻底在操作层面同步完成农村土地"三权"分置,实现土地经营权的物权化。即使有些地方已经完成了确权发证工作,也可以在将来对农户承包经营的土地另行补发土地经营权证。

三、赋予土地经营权人以多种形式流转土地的权利

我国承包地改革的最重要目标之一,就是在保障土地集体所有权和农户承包权的前提下,最大限度地盘活土地经营权,在不改变土地用途的前提下,尽可能地促进土地经营权的市场化流转。正因如此,土地经营权的转让形式应该是多种多样的,出租、入股、转让、抵押等任何形式的流转都应当被允许。

但是，土地经营权的转入方，必须遵守承包地的权属性质，不得改变该土地的用途，只能将土地用于农业生产经营。也正因为土地经营权的流转不改变原有的土地用途，政府在对农业用地进行严格的用途管控的同时，积极推进土地经营权流转，以促使农业用地进一步集中，家庭农场、农业合作等新型农业经营主体进一步形成，从而尽可能改变小型分散的农业生产格局。在我国的"三块地"改革中，承包地经营权流转的限制最少，得到了政府的大力鼓励。

承包地经营权作为一项独立的财产性土地权利，也可以进行继承。承包地经营权可以继承，主要体现在下列两个方面：一是承包权人对其承包土地的经营权可以由其继承人进行继承。按照我国现行的法律规定，无论是承包权还是承包人的经营权，有效期为30年。在这有效期范围内，如果发生承包人死亡的情形，承包人的继承人可以依照继承法律制度的规定对承包地的经营权进行继承。二是对于已经进行流转的土地经营权，若发生土地流入方死亡的情形，则其继承人也可以进行继承。这主要是因为，在承包地"三权"分置的权利结构下，承包地经营权已经被彻底剥离了身份属性，成为与身份无关的独立的土地财产权。无论这种土地财产权是物权性质的财产权还是债权性质的财产权，依照继承法律制度的一般规则和原理，财产权的享有者，即其继承人，都有权对该财产进行继承。承包地经营权的转让方，不得以受让方死亡为由要求收回土地经营权。原来的土地经营权流转合同，仍然对承包地经营权的转让方和受让方的继承人具有法律约束力。

四、明确土地经营权变动法律规则

（一）以是否变更登记区分判断流转的承包地经营权性质

进行登记的，是物权性质的土地经营权，未经登记的，则是债权性质的土地经营权能。农村土地权利制度由原来的"集体所有，农户承包经营"的"两权分离"发展为当前推行的"落实集体所有权，稳定农户承包权，放活土地经营权"的"三权"分置，改革的政策目标在于尽可能推动土地流转，释放农村土地作为生产要素的活力。因此，"三权"分置的设计必须以推动土地流转实效为制度目标。因物权具有物权法定、公示公信、权利保护上优先于债权等特点,土地经营权物权化的制度设计,无疑在对权利的保护上具有更大力度,所以必须坚持土地经营权物权化。然而,农村土地经营权物权化的制度设计,如果完全按照不动产物权变动规则,一律采用登记颁证公示生效的方式,客观上也存在降低农村土地流转效率的问题。因此,制度设计要充分考虑现实需要,尽可能避免制度弊端。理论上土地经营权物权化的制度设计,不但要体现制度的逻辑性和体系完整性,也要考虑民法上财产交易主体的意思自治。[1]

在当前土地流转实践中,相当一部分土地的流转是在熟人社会中进行,土地流转当事人双方对彼此都存在一定的信任,也希望随时可以让渡或者收回土地经营权。此时土地经营权流转往往采取短期方式,具有灵活、便捷的特点。对于此种方式的流转,倘若法律强制要求双方当事人对土地经营权流转采取登记生效的方式,无疑会增加土地流转的成本,降低土地流转的效率。对于此种情形,法律当以尊重当事人的意思自治为好,不应强制要求进行登记公示。但是,法律要在其流转效力上加以一定限制,未经登记公示的土地经营权流转不产生对抗第三人的效力。具体来说,在构建土地经营权流转制度时,考虑两个层面:一是在土地经营权流转中,只有到土地管理机构进行了土地经营权变更登记,才发生土地经营权变更的效力,该种效力可以对抗任意第三人;二是当事人之间通过合同协商进行土地经营权流转,而没有到土地管理机构办理变更登记公示的,土地经营权主体本身并没有发生变更,流转的只是债权性质的土地经营权能。土地经营权流转的效力只在合同当事人之间产生,不能对抗第三人。

在当前的土地流转实践中,相当一部分土地的流转是在熟人社会中进行的,土地出租、入股等在当地熟人社会都有一定的公示效力,因此,即便没有到土地管理机构进行土地经营权流转登记,在现实中也不会出现土地权利不清晰的问题。有些情形,土地承包权人和土地经营权人双方都希望土地经营

---

〔1〕 参见姚昭杰:《物权变动中的意思主义与形式主义——以预告登记为视角》,载《江西社会科学》2014 年第 4 期。

权流转具有任意性,即可约定随时可以将土地经营权让渡或者收回。此时土地经营权流转合同的期限往往约定或短期方式,此种流转方式具有灵活、便捷的特点。对于此种方式的流转,倘若法律强制要求双方当事人对土地经营权流转采取登记生效的方式,无疑会增加土地流转的成本,降低土地流转的效率。况且,在实际操作层面,这种法律规定非但不能产生强制当事人进行流转登记的效果,反而在法律逻辑上留下了制度设计的“硬伤”。因此,对土地经营权流转采单一的物权流转制度设计,不但无法满足快速推动土地流转的现实需要,反而可能使其成为因制度而制度的僵化法律教条。

对于发生承包地经营权流转时,何种情形下设立的土地经营权为物权,在何种情形下为债权的问题,可以分两种情形讨论:一是根据土地承包人和土地经营权人双方的合同约定。不同的土地经营权流转实践对权利保护的要求不同。对于对土地权利保护要求高的土地经营权流转,双方当事人可以协商约定将土地经营权设立为物权,并到土地管理机构进行公示登记。双方当事人倘若认为土地经营权无须以物权形式保护,则直接合同约定设立即可,无须登记公示,只不过此时此刻产生的是具有债权性质的土地经营权权能。二是对于具有特殊权利内容的土地经营权,需要按照法律制度的基本规则,作物权属性的制度安排。这种情形往往可能涉及第三人利益问题,法律对其属性强行作出物权属性的制度设计,要求当事人到管理机构进行土地经营权登记公示,当事人不得自行约定土地经营权的设立方式。上述两种情形适用的承包地流转情况不同,第一种情形,如承包地出租或者入股,倘若当事人双方都没有对土地经营权进行物权公示的要求,而只要求成立债权债务的法律关系即可,则在制度设计上,可以根据债的设立条件要求双方达成合意即可。但倘若双方为了让其流转的土地经营权成为物权,则除双方协商一致外,尚需进行土地经营权转让的登记颁证公示,如此方能设立具有物权属性的土地经营权。第二种情形,如在承包地上设立抵押权性质的土地经营权,此时该抵押权应根据不动产抵押权本身的物权属性,进行登记颁证公示才能成立,而没有登记颁证公示的,该不动产抵押权不生效。上述两种情形,总体来说,以是否进行登记颁证作为区分设立的土地经营权是物权性质的土地经营权，还是债权性质的土地经营权权能的要件：经双方当事人协商达成土地经营权转让合意，并经土地管理机关登记颁证进行公示的土地经营权为物权，适用物权法律的保护；双方合意流转承包地经营权，又未进行登记颁证公示的，该土地经营权为债权，适用债权的法律保护。

（二）对《农村土地承包法》第 41 条进行修订

现行《农村土地承包法》第 41 条规定："土地经营权流转期限为五年以上的，当事人可以向登记机构申请土地经营权登记，未经登记不得对抗善意第三人。"该条规定，表面上是鼓励土地经营权流转期限 5 年以上的当事人向登记机构申请登记，但是这一条文又隐含了另外一层意思：土地经营权流转期限为 5 年以下的当事人不可以向登记机构申请土地经营权登记。该条文的规定存在两个问题。第一，土地承包人是否享有土地经营权存有疑问。如果土地经营权只是隶属于土地承包经营权，那么承包人享有的土地经营权不是独立的物权。如果这样，就根本没有实现承包地"三权"分置的权利结构，只是承包地"两权结构"的改良版本。第二，该条文的规定排除了土地经营权流转期限为 5 年以下的进行登记的可能。按照物权法律的一般原理，不能进行登记的不动产权利，不能称为物权。按照该条规定，可以推断出，土地经营权流转期限为 5 年以下的不能进行登记，即法律就强制规定了流转期限为 5 年以下的土地经营权流转，只能是债权性质的土地经营权权能的流转。这是对当事人承包地经营权流转自愿原则的否定。我国土地改革的基本原则之一，就是土地流转必须遵循自愿原则。此处的自愿原则既包括了是否愿意流转的自由，也包含了选择流转期限、流转方式以及流转的权利性质的自由。现行《农村土地承包法》第 41 条的规定，剥夺了土地流转当事人选择流转的土地权利性质的自由，是法律对当事人自由意志的不当干涉，没有充分体现农村土地流转的自愿原则。因此，在将来修改法律的时候，需要对该条进行修改，将其改为：土地经营权流转当事人可以向登记机构申请土地经营权登记，未经登记不得对抗善意第三人。

私法领域中新的法律制度体系构建，只有建立在科学的符合法理逻辑体系的基础之上，尊重基本的法律原则和法律逻辑，才能与整个法律制度相衔接。与此同时,制度的设计也要考量现实的国情,尊重市场需求和普通民众的意思自治。在高度严谨的体系化、逻辑化的制度框架结构中,摒除制度设计的僵化带来与现实的不适应性。唯有如此,制度的设计才有现实的适用空间,才能发挥其法律的规范指引作用。农村土地“三权”分置的权利制度改革,无疑是新的时代背景下现实国情需要对法律制度设计的一个挑战。为此,在制度安排中需要理性考量法理逻辑的自治和现实国情的需要,从而让制度安排能够引领土地财富流转向正确的方向发展,成为推动社会进步的重要力量。

第七章　宅基地“三权”分置与宅基地使用权流转

我国农村宅基地基本制度自从农业集体化以来，一直没有发生大的变化，很长一段时间里我国农村宅基地不是国家政策和理论界研究的重点。这是因为农村宅基地只涉及农民居住问题，不涉及农业生产经营方式，也不涉及农民收入，故与国家经济发展没有太大联系。在我国进入快速工业化和城镇化阶段以前，宅基地供应相对充足，除满足农民居住基本生活需要外，宅基地难以有其他用途。也正因如此，从 1978 年开始的农村土地改革并没有涉及宅基地的改革，无论是在人民公社体制下还是在“乡政村治”的社会治理体制下，农村宅基地很长时间里都没有得到关注。自 20 世纪 90 年代我国推进城市化和工业化进程开始，特别是 21 世纪初城镇住房商品化制度改革开始，城市周边农村地区的城乡接合部以及城市的城中村，出现了大量农民在宅基地上自建住房用于出租或者违规进行出售的现象，小产权房问题越来越突出。与此同时，在非城市周边的广大农村地区，宅基地浪费严重，农民无法通过抵押等形式利用宅基地上的房屋等财产获得土地房屋财产性收入。在此情形下，农村宅基地使用权制度的改革也提上了议事日程。

根据 2013 年党的十八届三中全会《中共中央关于全面深化改革若干重大问题的决定》，中央以试点等方式，从顶层设计推动，逐步推进我国农村宅基地使用权制度的各项改革。2019 年修改的《土地管理法》第 62 条有关农村宅基地的规定，主要侧重“一户一宅”、符合规划、鼓励进城农民自愿有偿退出宅基地等方面，而对宅基地的市场化流转等问题并未进行相应的具体规定，只是规定“国务院农业农村主管部门负责全国农村宅基地改革和管理有关工作”。此处有关“全国农村宅基地改革和管理有关工作”的表述，为我国农村宅基地制度的改革预留了空间。毫无疑问的是，党的中共十九届五中全会提出的推动形成新型工农城乡关系，加快农业农村现代化，并完善共建共治共享的社会治理制度，扎实推动共同富裕的发展战略部署，客观上要求我国的农村土地制度改革必须从我国现行宅基地制度存在的问题出发，合理设置宅基地的权利结构。特别是需要从历史发展的脉络把握农民宅基地资格权的含义，在强化宅基地管理的同时，实现宅基地的市场化流转。

第一节　现行宅基地制度的形成与现状

我国农村宅基地制度基本上保障了广大农村居民居有其屋，但是这种宅基地制度仅仅体现了在宅基地上盖房居住的功能，而随着我国城市化工业化进程的不断推进，现行的宅基地制度已经不适应时代需要。

一、我国宅基地制度的历史演进

我国宅基地制度的历史演进，与我国整体的农村土地制度变迁基本同步。1949 年新中国成立，政府在全国范围内开展了土地改革，没收地主土地和富农的多余土地，将其分给无地或少地的农民，废除封建地主土地所有制，实行农民的土地所有制。到 1952 年，全国范围内的土地改革基本完成，政府对农民通过土地改革分得的耕地、林地、空白宅基地以及房屋，颁发土地房屋所有权证，允许农民自由买卖。但这仅仅是我国宅基地制度的短暂过渡形态。

我国现行的宅基地制度，是在 20 世纪 60 年代最终确立的。20 世纪 50 年代后期到 60 年代初，包括宅基地在内的全部农村土地由农民个人所有转化为了集体所有。1962 年颁布的《农村人民公社工作条例修正草案》和 1963 年颁布的《中共中央关于各地对社员宅基地问题作一些补充规定的通知》（以下简称《宅基地问题的补充通知》），基本建立了延续至今的我国农村宅基地制度。按照 1962 年《农村人民公社工作条例修正草案》的规定,农民宅基地上的房屋永久归农民所有,任何国家机关组织和个人不得侵犯;如果是因为国家建设需要必须征用宅基地上的农民房屋,当按照规定给予补偿,并且对迁移户作妥善的安置。对农民新建房屋的地点,要由作为集体经济组织的生产队统一安排规划。《宅基地问题的补充通知》彻底确立了我国现行的宅基地制度:(1)社员的宅基地归生产队集体所有,一律不得进行出租买卖。按照《宅基地问题的补充通知》的规定,无论是有建筑物的宅基地还是无建筑物的空白宅基地,其所有权都归集体,也就是生产队所有,农民个人一律不准出租和买卖。(2)原有的宅基地仍然归农民长期使用,宅基地上的附着物和建筑物的所有权永远归农民。农民拥有一定的买卖或租赁宅基地上面的房屋的权利,房屋所有权和宅基地使用权实行一体化转移,但宅基地仍归生产队所有。(3)缺乏宅基地的农民新建住房需要宅基地时,以户为单位提出申请,经社员大会讨论同意,由生产队统一规划解决,农民对取得的宅基地无偿使用。(4)未经批准擅自扩大宅基地范围的必须强制退出。这两个有关农村宅基地的文件从发布到现在已经超过了半个世纪,文件所确立的宅基地"两权分离"权利结构,即村农民集体(生产队)拥有宅基地所有权,农民无偿享有永久性宅基地使用权,以及宅基地限制买卖、租赁等制度,仍然构成我国现行宅基地制度的核心内容。

改革开放以后,特别是到了 20 世纪 90 年代末期,随着我国工业化进程的加快以及城市周边宅基地的升值,我国对农村宅基地的政策进一步收紧。1998 年,我国对《土地管理法》进行了修改,明确规定农村实行"一户一宅"制度,即一户农村村民只能拥有一处宅基地,每一户宅基地最大面积由省、自治区、直辖市人民政府确定,每一户宅基地面积不得超过确定的面积标准;将原先由乡镇人民政府核准的宅基地审批权限,上升为使用宅基地最终须经县人民政府批准;农村村民将房屋出租或出卖后再申请宅基地建设用房的,一律不予批准。随后的相关中央文件,重申宅基地使用权仅由本集体经济组织成员享有,农民在宅基地上建行的房屋仅允许在本集体经济组织成员范围内流通,严禁城镇居民到农村购买房屋或者购买宅基地建房。

虽然我国农村居民拥有宅基地及宅基地上建造的房屋,但是按照现行的法律和政策,那些已经进城定居成为城市居民或者即将进城定居的农村居民,不可以通过市场化方式处置其在农村地区的宅基地以及宅基地上房屋并取得相应的货币收入,只能以极低的价格流转给同一经济组织集体成员。按照我国现行的政策和法律,农村集体经济组织成员实行"一户一宅",同一集体经济组织的成员一般都有一处宅基地以及在宅基地上建造的房屋。宅基地及其上面建造的房屋只能在同一集体经济组织成员之间进行流转,流转价格自然极低,无法反映宅基地及其地上建筑物作为土地房屋财产所应有的价值,这就大大限制了农民的土地房屋财产性收入的增加。对于农村和农民来讲,最重要的财富就是土地,土地也是农民最基础的保障。但是工业化和城市化不断推进的现实以及市场经济的发展又决定了,当下任何一家农户如果只从事承包地种植活动,就必然只能获得非常有限的财产性收入,只能维持其最基本的生存。据国家统计局公布的数据,2017 年,在大部分农村地区农村居民的非农收入不到人均净收入的一半,财产性收入占比太低。2017 年,农民人均可支配收入超过 1.3 万元,比 2016 年实际增长 7.3%。其中,人均工资性收入 5498 元、人均经营净收入 5028 元、转移净收入为 2603 元、家庭人均财产净收入 303 元。尽管人均工资性收入、转移净收入和财产净收入 3 项总计 8404 元,非农业生产收入占比超过全部净收入的 64%,但财产净收入占比约为 2%(见图 7-1)。[1] 一方面,因为宅基地以及宅基地上面的房屋价格低廉,那些已经离开农村地区常年在外工作、生活的农民所拥有的宅基地以及宅基地上的房屋长期闲置,导致了大量土地资源的浪费。另一方面,在我国经济发达的农村地区以及其他地区的城市郊区,工业和城市发展需要大量的建设用地,甚至部分地方已经出现了无地可用的情形。一方面是宅基地被闲置;另一方面是城市建设用地短缺。当前的宅基地制度已经无法适应我国的国情需要。在此情形下,宅基地制度改革便成为社会经济发展的迫切需要。

---

〔1〕 参见《2017 年人民人均可支配收入增速为 7.3%》,载中央人民政府官网,http://www.gov.cn/shuJu/2018-01/31/content5262362.htm。

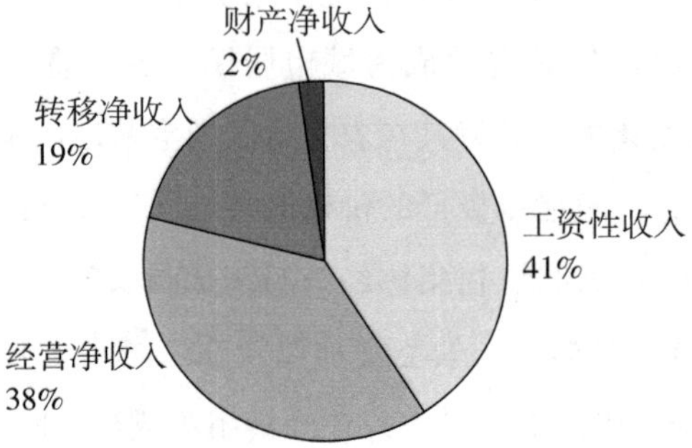

图 7－1　2017 年我国农村居民收入构成情况

我国现行的农村宅基地制度，是建立在我国土地资源非市场化要素的基础之上的，是原先计划经济体制在土地制度上的反映，更是我国土地制度城乡二元结构的反映。从更深层次上看，改革开放以来的土地城乡二元结构，是工农业产品“剪刀差”在改革开放时期以新的方式的延续，客观上反映了我国农村居民从国家财政获得社会公共福利不多的现实，更是反映了国家因财政资源紧张而不得不通过对农村土地资源的管控来获得农村土地收益，以支持国家经济发展和推进工业化进程的现实。土地资源的非市场化对推动我国工业化的快速发展起到了重大作用。只是时至今日，我国的城市工业化已经达到相当程度，原来摄取农村资源发展工业和城市的政策到了必须加以改变的时候。因此，从整个国家的社会经济发展战略来看，现有的农村宅基地制度不能再持续下去。国家必须对农村土地制度，包括农村宅基地制度进行一定程度的市场化改革，以适应我国工业化进程和城市化发展的需要。

中央从顶层设计开始，从上至下整体推动我国农村宅基地制度改革。2013 年，党的十八届三中全会《中共中央关于全面深化改革若干重大问题的决定》第 21 条提出：“保障农户宅基地用益物权，改革完善农村宅基地制度，选择若干试点，慎重稳妥推进农民住房财产权抵押、担保、转让，探索农民增加财产性收入渠道。建立农村产权流转交易市场，推动农村产权流转交易公开、公正、规范运行。”2015 年中共中央办公厅和国务院办公厅联合印发了《农村土地综合改革试点工作意见》，标志我国农村宅基地制度改革开始由政策走向实践。2015 年 2 月 27 日十二届全国人大常委会第十三次会议通过全国人民代表大会常务委员会《关于延长授权国务院在北京市大兴区等三十三个试点县(市、区)行政区域暂时调整实施有关法律规定期限的决定》,决定在北京市大兴区等 33 个试点县(市、区)暂停实施《土地管理法》《城市房地产管理法》中的 6 个条款,按照重大改革于法有据的原则推进农村土地征收、集体经营性建设用地入市、宅基地制度改革试点。[1] 2017 年中共中央、国务院《关于深入推进农业供给侧结构性改革加快培育农业农村发展新动能的若干意见》进一步要求全面加快"房地一体"的农村宅基地确权登记颁证工作,落实宅基地集体所有权,维护农户依法取得的宅基地占有和使用权,探索农村集体组织以出租、合作等方式盘活利用空闲农房及宅基地,增加农民财产性收入;允许地方多渠道筹集资金,按照规定用于村集体对进城落户农民自愿退出宅基地的补偿。在边改革边总结试点经验的基础上,2018 年中共中央、国务院《关于实施乡村振兴战略的意见》提出,完善农民闲置宅基地和闲置农房政策,探索宅基地所有权、资格权、使用权"三权"分置,正式提出了宅基地所有权、资格权和使用权"三权"分置的宅基地权利结构,提出了改革农村宅基地流转的要求。尽管这些年农村宅基地改革在不断进行,但从实践层面来看,在我国现行农村土地制度所包含的承包地、经营性建设用地、宅基地的"三块地"中,宅基地改革的力度最小,相对来说改革效果也最不明显。各地的做法大体都是加强宅基地审批管理、严格实行"一户一宅",鼓励农民将宅基地交还给村集体,并有偿退出。2019 年修改的《土地管理法》,对农村宅基地的相关条款作了一些修改,强调农村住宅不得占用农用地,将宅基地建房审批权限下放到乡镇人民政府,并且规定由国务院农业主管部门负责全国农村宅基地改革和管理工作。为此,2020 年中共中央、国务院《关于抓好"三农"领域重点工作确保如期实现全面小康的意见》再次提出以探索

---

〔1〕 2017 年 10 月 31 日,国土资源部(现自然资源部)向全国人大常委会会议作说明:为了进一步深入推进改革试点,更好地总结试点经验,为法律修改打好基础,建议将 3 项改革试点期限延长 1 年至 2018 年 12 月 31 日。2018 年年底,宅基地改革授权试点再度延长。参见《中央深改组会议之后,"三块地"改革试点透露未来信号》,载新浪财经网,http://finance. sina. com. cn/roll/2017 - 11 - 25/doc-ifypapmz4950786. shtml。

宅基地所有权、资格权、使用权“三权”分置为重点，进一步深化农村宅基地制度改革试点的部署，这也是“十四五”时期我国实施乡村振兴战略的重要内容，为我国农村宅基地制度的改革进一步明晰了方向。

二、现行农村宅基地制度存在的问题

在人民公社体制下形成的我国农村宅基地制度一直沿用至今，而我国的人民公社体制已经解体40余年，无论是我国的社会治理结构还是经济生活的基本方式都已经发生了翻天覆地的变化，原先的农村宅基地制度已经不能适应今天经济社会发展的现实需要。

（一）农村宅基地的实际使用主体多元化

农村宅基地制度设立的初衷仅仅是给农村居民提供居住保障，确保农村居民居有所屋。随着社会的发展，国务院1991年颁布的《土地管理法实施条例》，对农村宅基地使用权的主体资格进行适当放宽，即允许离退休人员、华侨和侨眷申请宅基地，但均要求以回乡落户或回原籍定居为前提。近年来，我国人口流动性不断加大，导致农村宅基地的主体资格制度面临挑战。特别是在发达城市的郊区地带，由于大量人口的涌入，城郊农村地带混居了大量非农业人口及外地人口等，此时的农村住宅实际使用人变得多元化。尤其是在我国城市郊区的城乡接合部，村民在宅基地上建筑的房屋自住的比例很低，大部分宅基地上的建筑物被出租给非本村村民使用。宅基地的保障农民居住权的福利性质已经发生了变化，这种情况违背了现行宅基地制度设立的初衷。

（二）“一户多宅”与面积超标现象大量存在

虽然按照1998年修订的《土地管理法》的规定，一户只能拥有一处宅基地的使用权，农民将宅基地出租出售以后，不能再次申请宅基地。但是，我国农村目前的宅基地格局，有不少是在1998年修订《土地管理法》之前形成的，在此之前已经出现了数量不少的“一户两宅”或者“一户多宅”现象。而且，自1998年《土地管理法》规定的“一户一宅”制度实行以来，农村地区的违法建房现象一直屡禁不止。在通过正常程序难以获得宅基地审批的情况下，一些偏远地区的村委会干部通过收取一定费用，允许村民侵占农业用地或者宅基地私自建房。也有一些农户在自己的或者通过互换得来的承包地上，擅自违法建房。对于农民违法占地建房的行为，基层土地行政主管部门在监管上也往往是有心无力。还有一种情形是，在我国一些经济不发达地区，土地行政主管部门往往通过罚没款来完成一定的财政收入任务，而土地行政主管部门上缴的财政罚没款的数额又往往与工作人员的收入和绩效挂钩。这是导致我国农村地区“一户多宅”现象产生的一个重要原因。

根据有关调查统计，“一户多宅”是我国农村地区普遍存在的现象。以江西省余江县（现鹰潭市余江区）为例，在宅基地制度改革前，全县 7.3 万户农户中，“一户多宅”的有 2.9 万户，占比 39.7%；“一户一宅”的 4.4 万户中超起征面积的户数达 1.7 万户，占“一户一宅”户数的 38.6%；2012～2014 年，共发生违法建房 2600 宗，与当年合法审批宗数相当。[1] 而河北省，到 2012 年，河北省农村户均宅基地面积为 473.47 平方米，高于河北省户均宅基地标准上限 467 平方米；人均居民点面积 307.89 平方米，远超出国家规定的 150 平方米。这也间接说明了河北省农村地区存在“一户多宅”现象。[2]

（三）农村土地资源浪费严重

改革开放以来，人口流动不断加快，特别是城市化的不断推进导致了务工潮的加剧，农民成为务工潮的主要群体。部分农民尤其是偏远山区和边缘地带的农民，因为种种原因而选择在城市定居，导致大量宅基地被闲置。根据中国社会科学院发布的《农村绿皮书：中国农村经济形势分析与预测（2018～2019）》，中国社会科学院农村发展研究所于 2018 年对 140 个样本村庄进行了抽样调查，样本村庄的宅基地闲置率平均为 10.7%。[3] 根据国家政策的规定，农村集体经济组织收回宅基地的前提是经农民本人同意，而部

[1] 参见江宜航：《余江“宅改”缘何走在全国前列——江西省余江县农村宅基地制度改革调查》，载《中国经济时报》2017 年 9 月 4 日，第 4 版。

[2] 参见许光辉、孙志波：《批不了　管不住　退不出　流不动——河北省农村宅基地管理情况调查》，载《中国国土资源报》2013 年 8 月 31 日，第 3 版。

[3] 魏后凯、黄秉信主编，李国祥、孙同全、韩磊副主编：《农村绿皮书：中国农村经济形势分析与预测（2018～2019）》，社会科学文献出版社 2019 年版，第 232～235 页。

分农民不愿意将宅基地交出，原因是建造房屋花费了其一定的物力、人力、财力，闲置房屋还存在一定的价值。此外，外出务工农民也想为以后返乡定居留下后路和保障，甚至有部分农民盼望征地或者拆迁补偿。同时，受国家法律或者政策规定的约束，以及农村较落后的经济条件的影响，空闲的农宅无法出租或出卖，从而导致了大量"空心村"的产生。虽然有些进城农民的宅基地没有被闲置，宅基地上仍然有房屋和其他建筑物，但是因为宅基地和房屋的流转受到国家法律和政策的严格管控，只能在同一集体经济组织成员之间流转，因而即使将宅基地上的房屋进行变卖，所产生的收益也几乎可以忽略不计，甚至连建房所花费的建筑成本往往都无法收回。因此，相当部分人员宁可将宅基地上的房屋闲置，也不愿意将房屋在本集体经济组织内流转。这样既浪费了土地、房屋等资源，又无法给房屋所有权人带来收益。究其原因，主要是我国现行法律和政策不允许农村宅基地及其地上建筑物进行市场化流转，而按照现行政策允许的方式流转宅基地及其地上建筑物又得不到应有收益。因此，农民宁可荒废闲置也不愿意将宅基地和宅基地上的房屋以超低价转让。

（四）容易滋生隐形宅基地流转市场

虽然法律和政策不允许农村宅基地及其地上房屋跨集体经济组织流转，但是在城市周边农村地区和城市内部的城中村以及建制镇人民政府所在地，对宅基地及其地上房屋的需求却客观存在。城市周边和城市内部的城中村紧邻城市，由于宅基地和宅基地上的房屋比国有土地和国有土地上的房屋的价格更低廉，在高房价的现实背景下，长期定居城镇的居民对这些宅基地和宅基地上的房屋有强烈需求。部分农民认识到土地的潜在价值，在经济利益的驱动下，违背法律政策的规定，将宅基地流转给本集体经济组织以外的成员，甚至流转给城镇居民。城镇居民购买农宅后，无法取得房屋产权证书和办理房屋登记，其权利无法得到保障，也容易产生纠纷。同时，宅基地随意定价以及低价的特点，容易导致宅基地很容易流入不法行为人手中，导致集体资产的流失。宅基地流转隐形市场的存在，不仅造成了土地交易市场的混乱，还导致了集体资产的流失，严重损害了国家和集体的利益。

（五）“小产权房”问题

现行的宅基地流转制度已经明显落后于经济发展的要求，导致了农村宅基地大量闲置与城市建设用地紧张、农村土地价格较低与城市住房价格居高不下等现实矛盾的产生。为缓解城乡土地矛盾、增加收入，村农民集体及农民个体往往违法在宅基地上建造房屋，并将其出售给本集体经济组织成员以外的人。这些房屋因为是在集体土地上建成的，无法办理房屋所有权证，一般被称为“小产权房”。我国不少城市的周边都已经出现了数量众多的“小产权房”。虽然该类房屋不能取得国家不动产登记部门颁发的产权证书，只能取得由乡镇人民政府或村委会私自印发的产权证明，但是该类“小产权房”的价格与同地商品房的相比低了一半以上，且购买程序简单，使用成本较低，因此也吸引了众多的消费者。“小产权房”本身是在宅基地或者其他集体建设用地上建成的房屋，不能进行市场化交易，但是由于“小产权房”与国有土地上建成的商品房的价格差距太大，且“小产权房”往往建在城市郊区或者城镇周边，在城市不断扩大的背景下，“小产权房”的租售都有很大的需求空间。不过，“小产权房”毕竟属于违法建筑，其交易难以受到法律保护，由此滋生不少矛盾纠纷，形成了“小产权房”现象。

三、现行宅基地制度对城乡一体化的影响

毫无疑问，现行的农村宅基地制度已经无法适应我国经济社会快速发展的要求，成为影响我国城乡一体化进程的因素。

（一）不能流通的农村宅基地导致农民缺乏融资渠道

我国现行法律和政策对农村宅基地的流转，进行了严格限制，只允许在同一集体经济组织成员范围内流通，极大地影响了农民房屋财产权的收益。在绝大多数国家，农业相对其他产业都是相对弱势的产业。即使在欧美经济发达国家，农业的发展也都严重依赖政府补贴。我国大部分乡村地区经济条件落后，工商业经济不发达，农民经济收入主要来源粮食种植和经济作物种植，收入来源单一。近几年以来，我国农产品价格一直处于较低水平，对农民收入产生了显著的影响。此外，农作物产值受天气影响比较大，虽然农业科

技比以往进步很多,灌溉等技术比较发达,但是相对农作物本就低廉的价格来讲,农业产值中农业投资成本占比过高,在某种程度上农民仍然是“靠天吃饭”。发达国家的农业发展史表明,只有加大资本投入,发展现代农业,提高农业生产规模化、机械化程度,才能提高农业产出和增加农民收入。在农村土地资源不能进行市场化流通的制度下,农村土地将变成“僵尸资产”。如果农村宅基地和其他土地仍然不能进行市场化流转,农民就不能通过抵押等融资途径筹集资金,无法进行农业产业投资,现代农业发展将变成无源之水。

(二)现行农村宅基地制度影响我国城市化的进程

一个国家的城市化进程,实际上就是农村人口向可获得更高收入的城镇转移定居的过程。在城市化过程中,农村人口之所以从农村向城市转移定居,主要是因为居民能够在城市里获得更高的经济收入,以及享受更好的社会公共服务。根据国家统计局的统计公报,2015 年城镇居民人均可支配收入达 31, 209 元,农村居民人均可支配收入 10, 772 元,城乡居民人均可支配收入差距为 20, 437 元;2016 年城镇居民人均可支配收入 33, 616 元,农村居民人均可支配收入 12, 363 元,城乡居民人均可支配收入差距为 21, 253 元;2017 年城镇居民人均可支配收入 36, 396 元,农村居民人均可支配收入 13, 432 元,城乡居民人均可支配收入差距为 22, 964 元;2018 年城镇居民人均可支配收入 39, 251 元,农村居民人均可支配收入 14, 617 元,城乡居民人均可支配收入差距为 24, 634 元。[1] 可以看出,近些年,城镇居民人均可支配收入一直约是农村居民人均可支配收入的 3 倍左右,而且城乡居民人均可支配收入差距的绝对数量一直处于递增状态。这些年来,由于城乡收入差距悬殊,大批农村青壮年劳动力进城务工,以获取更高的经济收入。农村居民家庭的经济来源渠道来源被拓宽,相当大比例家庭的外出进城务工收入远超农业生产收入,农村青壮年劳动力进城务工大大改善了农村居民家庭的经济状况。虽然我国农村大量青壮年进城务工,但是这些进城务工人员的其他家庭

[1] 根据国家统计局公布的年度“城镇居民人均收入与支出(新口径)”和“农村居民人均收入与支出(新口径)”数据整理而得,载国家统计局官网,http://data. stats. gov. cn/easyquery. htm? cn = C01,最后访问日期:2022 年 10 月 15 日。

成员仍然留在农村地区,这就形成了农村留守老人和留守儿童现象。大部分进城务工人员年老以后仍然返回农村定居,没有成为永久性的城镇居民。

这种情况的发生,有我国城乡二元户籍体制的制度原因,也有农村居民缺乏进城定居资金的经济原因。城乡二元户籍体制把我国居民分为城镇居民和农村居民。在很长一段时间里,随着我国改革开放的深入,我国对城乡之间的户籍管控已经大大放松,特别是近年来国家已经意识到了城镇化的必要性,进而连续出台政策鼓励进城务工农民定居城市。农民工要在城市定居成为城市居民,首先面临定居成本高昂这一现实问题,而其中最首要的就是住房问题。这些年我国房地产价格轮番上涨,城市房价早已经超出了一般居民的承受能力范围。进城定居的农民工举家迁入城市,必须买房或者租房,然而无论是买房还是租房,对于相当多的农民工来说都是巨大的负担。如果他们可以将原先农村宅基地以及宅基地上的房屋进行市场化流转,从而获得一笔较高的收入,那么这笔收入尚且可以在一定程度上支持他们在城市定居。但是,在宅基地和宅基地上面的房屋不可以自由转让的情况下,这些刚刚从农村迁入城市的人口不能以合理的价格出售他们在农村宅基地上面建造的房屋。这就造成了农村房屋和城市房屋价格之间极大的不对等,给农民进城造成困难。

第二节　宅基地"三权"分置的权利结构

我国农村宅基地制度采取的是"两权分离"的权利结构,宅基地所有权归集体,农民取得宅基地使用权。在"两权分离"的宅基地权利结构中,农民或者农户获得的宅基地使用权,既有土地财产权利的属性,也有集体经济组织成员的特定身份特征。在宅基地的"两权分离"权利结构体系中,宅基地使用权包含了身份权和财产权属性,其中身份权属性是指宅基地使用权人是本集体经济组织成员。这就决定了在我国现有的宅基地"两权分离"的权利结构体系下,宅基地使用权无法进入市场流转。从某种意义上可以说,在现有的宅基地"两权分离"的权利结构体系中,宅基地使用权只有使用价值,几乎没有商品价值。而且,由于目前法律没有规定宅基地使用权的期限,近乎无限期的宅基地使用权架空了宅基地集体所有权,或者说几乎等同宅基地集体所有权。在这种宅基地权利配置体系下,宅基地集体所有权难以得到有效体现,宅基地使用权也无法进行流转,宅基地的权利配置近乎处于固化状态。因此,有必要在坚持宅基地集体所有的前提下,改革现行的宅基地"两权分离"权利结构,将宅基地使用权分解成宅基地资格权和宅基地使用权。保护宅基地集体所有权,保障农民的宅基地资格权,盘活宅基地使用权,让宅基地在一定程度上可以流转,使农民从宅基地流转中获得财产性收益,是我国农村宅基地改革的发展方向。通过宅基地制度改革,明确宅基地资格权和宅基地使用权的期限,从而保障宅基地集体所有权的实现。

一、坚持宅基地集体所有权

农村宅基地制度改革首先必须坚持宅基地集体所有。无论是在原先宅基地"两权分离"的权利结构中,还是在现行的宅基地"三权"分置改革方案中,宅基地集体所有这一内容一直没有变化。宅基地集体所有是我国进行农村土地改革必须坚持的基本底线。无论宅基地"三权"分置以何种具体形式实现,宅基地集体所有制都不能被突破。然而,自改革开放以来,时至今日,我国都没有在全国范围内建立实现集体所有的有效途径和机制,宅基地所有权的主体指向不明确。按照现行国家法律的规定,宅基地所有权的主体是村农民集体。至于什么是农民集体,我国的法律和政策性文件一直没有明确规定。如果对我国农村农民集体的历史变迁进行考察,就会发现在不同的地区农村农民集体的指向不同。有的地方指向原来的生产大队,有的地方指向的是生产队,而按照组织的承继关系,分别指的是现在的村委会和村民小组。但是,按照现代社会治理体系的要求和我国法律的规定,村委会是基层群众性自治组织,也是社区组织。村委会本身不是村农民集体,村委会基层群众性自治组织的性质与村集体的性质不相符合。此外,在我国绝大部分地区,村民小组已经名存实亡,既没有相应的组织架构,也没有可供其独立支配的财产。这种村集体经济组织名存实亡的状态,也影响了宅基地农民集体所有的实现。村民集体组织机构的虚化,使其无法作为一个独立的组织来客观公平地分配农村宅基地,更无法独立有效地行使宅基地所有权。

在村委会的性质与村农民集体性质不相符合,村民小组又名存实亡的境地下,我国一些农村地区,尤其是集体经济比较发达的地区,开始对集体产权制度进行改革,进行了探索新形势下集体经济组织实现形式的若干有益尝试。

二、保障宅基地资格权

对宅基地资格权的理解和把握,必须围绕我国宅基地产权制度改革等历史背景来进行。农村宅基地“三权”分置的理论框架,除保持原有的集体宅基地所有权和农民宅基地使用权外,还出现了“宅基地资格权”这一新的表述。

宅基地资格权的出现,是为了破解原有的宅基地使用权无法流转的困境而进行的制度创新。在我国目前的宅基地集体所有权和农民使用权“两权分离”的权利结构体系中,从宅基地使用权表面上看是农民的用益物权,但这种用益物权具有特殊性。宅基地使用权除具有财产权属性外,还具有身份权属性,即宅基地使用权的主体必须具有村民身份,宅基地使用权在某种程度上与村民资格权相联系。也就是说,在我国现行的法律体系中,宅基地使用权与村民这一特定的主体资格相挂钩。我国现行法律体系中的宅基地使用权是财产权和身份权的综合体。我国现行的宅基地政策和法律实践,都不允许村民将其宅基地或者在宅基地上建造的房屋转让给本村村民以外的其他任何第三人。这背后的根本原因,不在于宅基地的财产权属性,而在于宅基地使用权的身份权属性。在宅基地的“两权分离”的权利结构体系下,农民宅基地及其地上建筑物,无法通过转让、抵押等方式进行流转,农民宅基地上面建造的房屋难以产生有效的财产性收益。因此,从盘活农民宅基地使用权以增加农民收入的角度出发,有必要对我国农村宅基地权利结构进行改革,将农村宅基地使用权的身份权属性剥离,将其彻底还原成单纯的仅具有财产权属性的土地使用权,以便实现宅基地的适当流转。宅基地“三权”分置结构下的农民宅基地资格权,便是从原来的宅基地使用权中剥离出来的身份权,因此,对村民宅基地资格权的理解也应当从这个维度进行把握。

宅基地资格权虽然最早作为政策话语出现于官方文件中,但最终仍然需要体现在法律制度中,而宅基地资格权的理论就是衔接政策与法律的桥梁。因此,必须从理论上对宅基地资格权进行界定,尤其是对宅基地资格权的性质进行界定。目前理论界对农民宅基地资格权存在不同理解,主要有"成员权说""取得权说""剩余回收权说"这3种学说。

宅基地资格权"成员权说"。这种观点认为,宅基地资格权"是农民集体成员依法享有的从集体经济组织申请取得宅基地使用权的权利","资格权作为成员权的组成部分,本身属于土地所有权行使方式的范畴,并不是宅基地使用权的组成部分……拥有宅基地分配资格权的农户,并不一定就实际上享有宅基地使用权,其宅基地使用权的取得尚需借助于农村集体经济组织实际分配宅基地的行为,如果农村集体经济组织暂时无地可分,则该农户可能在一段时间内只享有宅基地分配资格权,并不能实际享有宅基地使用权;不仅如此,一旦农户通过实际分配行为取得了宅基地使用权,并且足额行使了该权利(例如分配面积达到法定标准),那么其分配资格权也就归于消失,如果之后其转让了宅基地使用权,也不再享有宅基地分配资格"。[1] 按照这种学术观点,宅基地使用权被界定为集体经济组织成员从集体经济组织处获得宅基地的权利,同时还表现为从集体经济组织处获得宅基地分配的预期性权利。宅基地资格权是对集体经济组织成员生存和福利的一种保障。之所以提出获得宅基地分配的预期性权利,是因为我们部分农村地区,尤其是城市周边地区或者城中村,几乎已经没有空余的宅基地可供分配,因此此时农民享有的是一种期待性权利。宅基地资格权被定义为成员权,是从集体经济组织获取宅基地的权利。这在整体思路上符合宅基地"三权"分置的目标,但这种定义方法只抓住了宅基地资格权的身份属性,而忽略了宅基地资格权的财产权属性,无法解释农民将宅基地使用权对外进行流转,并在流转期限届满以后收回宅基地使用权的依据为何。因为,如果只是单纯地把宅基地资格

[1] 宋志红:《宅基地"三权分置"的法律内涵和制度设计》,载《法学评论》2018年第3期。

权理解为从集体经济组织获取宅基地的成员权，那么宅基地资格权的权利主体是村民，宅基地资格权的义务主体是村集体，宅基地资格权只涉及村民和村集体之间的权利义务关系，宅基地资格权的内容不会涉及其他任何第三人。因此，将村民宅基地资格权仅仅解释为成员权，无法涵盖宅基地资格权的全部应有内容。宅基地资格权“成员权说”，仅仅把握了宅基地资格权的身份属性，存在一定的缺陷。

宅基地资格权“取得权说”。“取得权说”将宅基地“三权”分置中的宅基地资格权等同现行的宅基地使用权。中央一号文件所提出的宅基地“三权”分置中的资格权是指现行法律上的“宅基地使用权”，在“三权”分置之后其本身并不需要也不应该发生本质上的改变，只有这样才能维持既有的法律制度不变，才会不改变现有宅基地使用权人的权利和利益状况。这种观点认为，宅基地资格权是“农民集体成员依法享有的通过分配、继承、共同共有三种方式取得宅基地使用权的权利”。[1] 相较宅基地资格权的“成员权说”，“取得权说”更加完整地说明了宅基地的取得方式，也就是说，集体经济组织成员除通过分配这种方式取得宅基地外，还可以通过继承、共有这两种方式取得宅基地，对宅基地取得方式的阐述更加完整全面。宅基地资格权“取得权说”，虽然对宅基地的取得方式的描述更加全面和准确，但是这种对宅基地资格权的说明同样存在缺陷。首先，该观点没有清楚地表述，宅基地资格权是何种性质的权利，到底是身份权还是财产权，抑或是身份权与财产权的集合。将宅基地资格权等同现行“两权分离”权利结构下的宅基地使用权，就无法解释在宅基地“三权”分置的逻辑结构中，可以转让的宅基地使用权从何产生。无论在宅基地“两权分离”还是在宅基地“三权”分置的权利结构中，宅基地所有权的内涵和外延都没有发生任何变化。而且根据中央的政策精神，宅基地资格权必须得到保障，不允许流转。我国现行法律上的宅基地使用权虽然包含了身份权的内容，但主要还是财产权内容，在物权法律上是一种用益物权。如果仍然将宅基地资格权等同现行的宅基地使用权，而宅基

---

〔1〕 席志国：《民法典编纂视域中宅基地三权分置探究》，载《行政管理改革》2018年第4期。

地所有权又没有发生任何变化，那么宅基地"三权"分置制度将存在逻辑悖论，其中宅基地使用权必将成为无源之水。

宅基地资格权"剩余回收权说"。"剩余回收权说"认为，母权利的权利人已经在事实上取得了对特定土地的支配权。只不过由于其享有的物权，受制于权利的身份性限制而无法流转。如果将之界定为只是集体成员基于成员身份而取得宅基地使用权的资格，则违反了对特定物的支配这一物权的根本要求，所谓的"三权"分置也就无从谈起。"宅基地资格权更应理解为宅基地使用权在流转后的剩余权。"[1]宅基地资格权"剩余回收权说"，将宅基地资格权和宅基地使用权转让联系起来，认为宅基地资格权是指宅基地资格权人将一定年限的宅基地和房屋使用权转让给他人，转让期满后恢复对宅基地占有的权利。这种观点看到了宅基地资格权的财产权属性，注意到了宅基地使用权转让以后，农民本身不拥有宅基地使用权，却能够在期限届满之后将宅基地使用权回收的现象。这说明宅基地资格权与宅基地使用权之间存在千丝万缕的联系。农民将宅基地使用权转让以后，之所以能够回收剩余年限的宅基地使用权，本质上是因为农民仍然拥有宅基地资格权。但是，这种观点也存在较大缺陷，主要表现在，该观点注意到了宅基地资格权的财产权属性，忽略了资格权的身份权属性。宅基地资格权包括集体成员在转让期限届满后将其宅基地使用权收回的权利，也包括集体成员从村集体获得宅基地的资格。农民作为村集体成员从村集体获得宅基地，是宅基地资格权的主要内容。因此，"剩余回收权说"没有合理地涵盖宅基地资格权的主要内容。

笔者认为，宅基地资格权，是农民作为集体成员从村集体获得宅基地的权利，或者以其他身份从村集体获得宅基地的权利，以及在宅基地使用权转让期限届满时收回宅基地的权利。宅基地资格权主要是集体经济组织成员身份权，同时含有部分的财产权内容。宅基地资格具有下列特征：

首先，宅基地资格权具有严格的身份权属性，不能进行转让。我国的法

[1] 李凤章、赵杰：《农户宅基地资格权的规范分析》，载《行政管理改革》2018 年第 4 期。

律和政策之所以规定村民宅基地资格权,并强调必须严格加以保护,是因为这是农民作为集体成员的基本生存保障。在我国广大农村地区,因为世代农民已形成了自建房屋居住的习惯,再加上现行的土地政策基本上禁止农村商品房开发,所以村集体给每一户村民提供一块宅基地建房,是实现农民居住权保障的基本前提条件。因此,即使是在宅基地可以市场化流转的政策下,村民居住利益也依然高于其他任何经济利益,是我国法律和政策优先保护的对象。为了确保每一农户的居住权都能得到实现,必须赋予宅基地资格权身份权的属性。具体而言:一方面,村民作为村集体成员有权利以户为单位从村集体获得宅基地,非本集体经济组织成员不得拥有宅基地资格权,不能从村集体获得宅基地。另一方面,村民从村集体获得的宅基地资格权不得以任何形式转让,即使是在本集体经济组织成员之间进行宅基地转让,转让的也只能是宅基地使用权而不能是宅基地资格权。唯一的例外情形是,宅基地资格权可以通过继承取得。村民从村集体获得宅基地以后去世的,该村民的继承人可以依照继承法律继承该宅基地,并获得该宅基地的资格权。即使该继承人并非本集体经济组织成员,也仍然可以依照继承法律的规定继承宅基地。宅基地资格权期限届满以后,因为该继承人不是本集体经济组织成员,所以村集体应将该宅基地资格权收回,不能发生再次继承的情形。

其次,宅基地资格权与宅基地使用权相挂钩。宅基地资格权的设置是为了实现宅基地使用权的流转,将身份权属性从现行法律规定的宅基地使用权中剥离,形成宅基地资格权和宅基地使用权并行的二元权利结构,就可以使宅基地使用权变成纯粹的财产性用益物权,但这并不意味着宅基地资格权已经彻底没有了财产权属性。虽然宅基地资格权和宅基地使用权是两种并行的土地权利,但从权利初始取得的角度来看,享有宅基地资格权是取得宅基地使用权的前提。村民本身必须拥有村集体成员的身份,从村集体获得宅基地资格权,进而取得宅基地使用权。宅基地资格权始终对宅基地使用权存在某种程度的制约。宅基地资格权主要体现身份权的属性,同时还有一定程度的财产权内容。其财产权属性的最主要的表现形式就是,宅基地资格权人将宅基地使用权转让以后,在该转让期限届满之时,可以依据宅基地资格权将宅基地使用权收回,这种收回权实际上就是财产权属性的体现。

最后,宅基地资格权是有一定期限限制的土地权利。农村宅基地“三权”分置的权利构架设置,除是为了盘活宅基地使用权外,还有另外一个功能和政策目标,那就是保障集体对宅基地的所有权,并在集体成员之间实现宅基地的公平分配。依据我国现行“两权分离”权利结构下的宅基地制度,村民对其拥有的宅基地无偿且永久地享有使用权。一旦村集体将宅基地分配给村民以后,村集体就几乎永久地丧失了对该宅基地的控制和支配。即使由于历史的原因,宅基地分配不公平,村集体也无权对宅基地进行任何形式的调整。为了破解宅基地使用权完全架空宅基地集体所有权的情形,宅基地“三权”分置结构下的宅基地资格权必须有期限限制。宅基地资格权期限届满以后,作为宅基地所有权人的村集体,应该按照事先确定的统一规则,或者对该宅基地资格权进行续期,或者收回该宅基地资格权,而对于不具备收回宅基地条件却已经多占宅基地面积的,对该多占部分实行有偿使用。

三、改革宅基地使用权

通过改革宅基地使用权制度,保障农民集体宅基地所有权。在“三权”分置的宅基地权利结构下,要巩固和体现宅基地集体所有权,除要重建农村集体经济组织外,还必须对宅基地使用权进行适当改革,将永久性的无期限的宅基地使用权改为有期限的宅基地使用权。在宅基地使用权期限到期以后,村集体根据家庭人口的变化情况,分别采取自动续期、超标收费、无偿收回等措施,行使宅基地所有权人的权利。在目前的宅基地制度下,虽然宅基地所有权归农民集体所有,但是宅基地使用权的无期限性和无偿性,几乎架空了宅基地集体所有权,农民集体作为宅基地的所有权人无法对宅基地行使占有、使用、收益、处分权利。宅基地使用权的永久性使其在某种程度上替代了宅基地所有权。集体享有的宅基地所有权,应当是集体对宅基地所享有的占有、使用、收益、处分权,这是所有权本身固有的权利内容。在我国现行的宅基地使用权制度下,农民一旦获得宅基地使用权,就可以永久性地享有这一权利。从理论上讲,由于农民的宅基地使用权是无限期的,所以只有当农户出现了土地违法行为时，集体才有可能将该宅基地收回。但在实际操作中，无论农户是否存在宅基地违法行为，由于宅基地使用权本身的永久性和无偿性，集体都几乎不可能从农户手上收回宅基地使用权。因此，一旦农户获得了宅基地使用权，农民集体几乎就永久丧失了对宅基地的占有、使用、收益和处分权。农民集体的宅基地所有权名存实亡。浙江省义乌市委、市政府印发的《关于推进农村宅基地制度改革试点工作的若干意见》明确规定，“允许宅基地使用权通过买卖、赠与、互换或其他合法方式在集体经济组织内部流转或跨集体经济组织流转。跨集体经济组织流转后使用年限最高为 70 年，使用期届满后可优先续期。流转收益应在集体经济组织和农户个人之间合理分配。流转后，受让人在使用年限内享有宅基地使用权及地上建(构)筑物的占有、使用、收益、处分权利”。浙江省义乌市的这种做法，进行宅基地使用权流转，并明确了宅基地使用期限，实际是在某种程度上强化了村集体的宅基地所有权。

建立特殊情况下一定程度的宅基地有偿使用制度，可以促使宅基地集体所有权更好地实现。由于特殊的历史原因，在历史上很长一段时间里，我国在农民获得宅基地方面没有规定“一户一宅”原则。这导致在我国广大农村地区，每一农户拥有的宅基地数量并不完全相同，无论是按农户数量标准还是按需求人口标准，有些地方不同家庭所占有的宅基地数量都相差很大。这在不同的村民之间造成了利益失衡，这种情况在城市的城中村体现得尤其明显。不同于纯粹的农村地区，我国城市的城中村，按照户籍标准属于农村，但就其地理位置而言实际上已经属于城市。这些城中村中，有些农户多占宅基地，大量修建房屋并将建成的房屋对外出租，获得了相当丰厚的收入，城中村特有的地产经济由此形成，但村民集体并没有从村民出租民房的行为中获得相应的利益。而那些多占宅基地的村民依靠大量的剩余房屋出租，获得了相当大的收益，这不但在不同的村民之间造成严重的利益失衡，而且有相当一部分村民依靠丰厚的房屋租金收入，过着不劳而获的生活，形成了庞大的社会食利者群体。针对这种现象，有必要从制度上对作为宅基地所有权人的集体经济组织的利益给予保障，即针对超过标准占用集体宅基地成员，根据当地的实际情况，按照集体经济组织成员民主决策的原则，收取适当的宅基地超标占用费。

将永久性的无期限的宅基地使用权改为有期限的宅基地使用权，建立特殊情况下宅基地的有偿使用制度，是宅基地使用权制度改革的基本方向。改革的目标不但在于盘活宅基地使用权，更在于保障宅基地集体所有权。宅基地使用权制度的改革是实现宅基地“三权”分置的重要落脚点，涉及不少关联制度，下一节将专门对其制度构建和流转提出相关改革思路，此处不作论述。

第三节　宅基地使用权及其流转的制度设想

我国农村“三权”分置权利构架下的宅基地制度改革的最主要的目的就是在维护农村土地集体所有的前提下，将目前法律规定的农民宅基地使用权拆分成农民宅基地资格权和宅基地使用权，在剥离原先宅基地使用权的身份权属性的前提下，适当盘活剥离了身份权属性以后的宅基地使用权，实现宅基地的市场化流转，让农民获得财产性收益，增加农村居民收入。这就是我国宅基地制度改革的基本初衷和思路。

一、明确宅基地使用权的纯财产权属性

“三权”分置权利结构下的宅基地使用权，与原先“两权分离”权利结构下的宅基地使用权有明显区别。主要区别在于，“两权分离”的宅基地使用权包含了成员权的身份要素，即只有农村集体成员才可享有宅基地使用权，是身份权和财产权的集合体。正因如此，原先宅基地制度改革无论是在理论层面还是在实践层面，都受制于其集体成员身份权的限制，如宅基地使用权及其地上建筑物所有权，只能在同一集体经济组织成员之间流通。而在我国广大农村地区，即使是在宅基地紧张的城乡接合部，相对城镇而言，无论是人均建筑占地面积还是人均住房面积，基本上都属于宽松状态，同一集体经济组织内部成员单纯为了居住需要而购买其他成员宅基地的情况实属稀少。为了巩固宅基地制度改革的成果，确保有关政策和法律在全国的统一实施，

必须在政策层面和法律层面直接明确宅基地使用权单纯的财产权属性，为宅基地市场化流转奠定坚实的政策和法律基础。

二、适度打通不同类型集体建设用地使用权之间的壁垒

农村集体建设用地，实际上包括了农村宅基地、农村集体经营性建设用地、公益性用地。宅基地和集体经营性建设用地，都属于集体建设用地的范畴。只不过宅基地是农民建造自住房屋的用地，保障农民居住需要，经营性建设用地主要是发展农村地区工商业的用地。在目前的政策和体制下，尽管宅基地和集体经营性建设用地属于农村集体建设用地的范畴，但彼此之间不能互通互用。这也是造成农村集体建设用地浪费的主要原因之一。农村宅基地制度改革以后，在确保农民宅基地资格权的前提下，应当合理打通宅基地和集体经营性建设用地的人为区隔，可以将多余宅基地改为集体经营性建设用地，特别是可以将集体收回的宅基地一并转为集体经营性建设用地，尽可能盘活宅基地的价值。这对于发展和巩固农村土地集体所有制，增加农民的群体性收入或许是比较好的制度创新。

三、保障已进城农民的宅基地使用权益

一直以来，我国农村宅基地使用权的分配都是按照是否具有村民身份进行的。时至今天，只要具备村民身份就可以从本集体经济组织分配到宅基地。在历史上，集体成员获得的宅基地没有使用期限限制，但现行制度下的宅基地只能在同一集体经济组织成员之间流转的规定，使宅基地基本上丧失了商品属性，宅基地的流转价格极为低廉，使拥有宅基地的农民没有流转宅基地的动力。很多已经迁入城镇定居的农村居民，即使全家事实上已经离开农村，也不愿意放弃农村宅基地，而任由宅基地荒芜和浪费。将来全国性的宅基地制度改革中，一定会遇到事实上已经进城居住的村民的农村宅基地如何处理的问题。笔者认为，虽然这些人已经进入城市定居，他们原先在农村享有的宅基地仍然应当得到保护，即使是那些户籍已经迁入城镇而不具有本村村民身份的人，其原来的农村宅基地权利也应该给予保护。这种历史原因

造成的局面,不应当由他们来承担不利后果。在宅基地制度改革过程中,有极个别地方将这种情况下的村民的宅基地全部予以没收,或者事实上强制要求其低价退出。从表面上看,这种做法保护了目前集体经济组织成员身份的利益,体现了宅基地的集体所有权,但这种做法可能产生极坏的示范效应。因为目前尚在农村地区居住的集体成员中的很大一部分,将来很可能要迁入城市,汇入城市化的洪流,这是城市化的必然趋势,而如果对先前已经迁入城市的集体成员的宅基地可以强制低价退出或者由集体直接收回,那么由此产生的示范效应,必定使将来打算进城定居的农民对其已经合法获得的宅基地能否得到有效保障产生疑虑,且国家法律对宅基地产权的保护也可能由此落空。因此,只要宅基地取得时是合法正当的,那么无论宅基地使用权人的身份如何变化,都应当一律平等保护。

四、合理确定宅基地使用权期限

我国现行的宅基地使用权制度的最大弊端之一,就是宅基地使用权没有期限限制。没有期限限制的宅基地使用权是我国目前宅基地无法退出的重要原因之一导致了宅基地使用效率的降低,而且使集体经济组织无法行使对宅基地的占有、使用、收益、处分中的任何权利。除非发生征地的情形,否则集体经济组织对宅基地虽然名义上享有所有权,但实际上几乎被彻底架空。宅基地使用权没有期限所产生的另外一个后果就是,宅基地只能批出而不能收回,集体自备的宅基地数量越来越少,甚至在少数地方出现了无地可批的现象。如果这种情形继续持续下去,那么作为身份权的农民宅基地资格权将无法得到保障。同时,在宅基地市场化流转的改革大潮下,必然会出现非本集体经济组织成员使用宅基地的情形。无论是出于保护集体所有权,实现宅基地所有权人利益的考虑,还是出于保障未来集体成员的宅基地资格权的考量,都应当在新的制度设计中对宅基地使用权的期限作出规定。

在具体制度设计上,宅基地使用权的期限与宅基地资格权的期限应当相同,确保宅基地资格权和宅基地使用权的一致性。虽然宅基地资格权和宅基地使用权属于两种并行的土地权利,宅基地资格权更多地体现了身份权属性,而宅基地使用权是单纯的财产性土地权益,但是两者之间存在千丝万缕的联系。宅基地资格权是宅基地使用权原始取得的前提,农民取得宅基地资格权的最终目的也是取得宅基地使用权。因此,在具体的权利期限设计上,二者应当完全一致。因为宅基地使用权设立的主要目的在于用于住宅建设,而我国国有土地上的住宅建设用地使用权是70年,所以可以参考国有土地住宅建设用地使用权期限,将宅基地资格权和宅基地使用权的期限在全国统一设定为70年。农户将其拥有的宅基地使用权流转给第三人以后,第三人享有的宅基地使用权期限是70年减去宅基地已经使用的时间所得出的剩余期限。一旦转让期限届满,转让宅基地的农户有权将宅基地收回。

五、允许宅基地一定范围内跨村流转

宅基地流转改革中具有争议性的问题之一,就是宅基地的流转范围。现行的宅基地及其地上房屋制度存在的最大问题,就是宅基地使用权不得跨越集体经济组织流转,这几乎扼杀了宅基地的商品属性,宅基地几乎丧失了交易功能,宅基地上面的房屋也只有使用价值而没有交易价值,这也是使农民几乎没有土地房屋财产性收入的根本原因。宅基地“三权”分置改革思路的提出,其中一个最重要的目的就是让农民获得财产性收益,而农民最主要的财产就是房屋和宅基地。就宅基地改革的发展趋势和政策目标来看,在新的制度设计中,宅基地跨越本集体经济组织进行流动已经是大势所趋。如果只从农户经济利益的最大化出发,对宅基地的流转范围和受让主体不进行任何限制,那么农民个体将获得最大的经济利益。但是,这会让农村宅基地面临城市资本的巨大冲击。相当多城镇居民可能会利用其经济优势,在我国农村地区买地建房,城市资本深度介入农村宅基地交易,将过分地抬高农村宅基地地价,可能给我国农村本身的乡村秩序造成冲击。这同时,还将使城市面临“小产权房”普遍化的问题,使一些城市面临历史原因造成的“小产权房”如何处理的问题。这些问题的出现,甚至有可能对我国的房地产市场造成影响。但是,如果对宅基地的流转范围限定过于狭窄,就无疑会不合理地扼制宅基地使用权的财产属性,宅基地使用权的价值无法得到应有体现,让农民

财产性利益同样遭受损害。如果对农村宅基地的流转限制过多,那么宅基地的价格会背离宅基地的价值,达不到节约用地和加速城镇化发展的目标。

对此,浙江省义乌市的宅基地流转改革模式是一个非常具有参考价值的方案。浙江省义乌市的改革方案,从最开始的允许跨村流动,发展为后来的允许在全市范围内进行流动。全市范围内的其他需要用地主体,都可以在农村购买宅基地使用权。浙江省义乌市改革模式,在宅基地的流转范围上达到了较好平衡,取得较好效果,且没有引发大的问题。因此,可能更合适的流转范围是,不但允许宅基地跨村流动,而且允许宅基地在同一市区范围内自由流动,非同一市区居民不得购买本市农村宅基地。必须注意的是,宅基地在一个区县范围内的流动,并不是任何人均可在农村购买宅基地使用权,而应当就其他必要的条件加以限制,同时坚决禁止房地产开发企业在农村购买宅基地使用权进行房地产开发。

第八章　集体经营性建设用地流转及其利益分配机制

农村集体经营性建设用地，是指我国广大农村地区因为历史原因形成的非农用的工商企业农村建设用地，包括原先的乡镇企业用地，以及其他单位和个人因为其他原因使用集体土地从事工商业活动的农村土地。2000年以前，在保持城乡二元土地制度的前提下，我国实行国有土地使用权有偿出让制度，国家法律和政策同时禁止集体土地通过市场化方式交易。但从20世纪90年代我国进入快速工业化阶段开始，工商业发展客观上又需要大量集体土地，由此催生出了对农村集体经营性建设用地的强烈需求。以广东为代表的工业发达地区，形成了较大规模的以出租为主要形式的隐形农村土地市场。至此，国家原来完全禁止集体经营性建设用地市场化流转的规定与客观国情已不相适应。2000年开始，中央允许部分地区开展集体经营性建设用地入市流转试点工作，一些地方政府也在积极探索集体建设用地的市场化流转方式，并制定了相应的地方规范性文件。这些地方性的集体经营性建设用地流转试点，在一定程度上缓解了当地经济发展与国有建设用地存量不足的矛盾，也积累了相当多的经验和教训。

与此同时，存量国有建设用地数量有限，远远不足以满足我国经济社会发展，特别是城乡一体化发展的需要。为此，从2004年开始，我国逐渐放松对农村集体建设用地流转的管制。2004年国务院《关于深化改革土地管理的决定》规定，“在符合规划的前提下，村庄、集镇、建制镇中的农民集体所有建设用地使用权可以依法流转。”2008 年党的十七届三中全会《中共中央关于推进农村改革发展若干重大问题的决定》提出，“逐步建立城乡统一的建设用地市场，对依法取得的农村集体经营性建设用地，必须通过统一有形的土地市场、以公开规范的方式转让土地使用权，在符合规划的前提下与国有土地享有平等权益”。2013 年党的十八届三中全会《中共中央关于全面深化改革若干重大问题的决定》指出：“建立城乡统一的建设用地市场。在符合规划和用途管制前提下，允许农村集体经营性建设用地出让、租赁、入股，实行与国有土地同等入市、同权同价。”2014 年中央一号文件《关于全面深化农村改革加快推进农业现代化的若干意见》提出，“引导和规范农村集体经营性建设用地入市。在符合规划和用途管制的前提下，允许农村集体经营性建设用地出让、租赁、入股，实行与国有土地同等入市、同权同价，加快建立农村集体经营性建设用地产权流转和增值收益分配制度。有关部门要尽快提出具体指导意见，并推动修订相关法律法规。各地要按照中央统一部署，规范有序推进这项工作”。在此背景下，2015 年我国确定 33 个县（区）市作为农村土地综合改革试点地区，并由全国人民代表大会常务委员会授权国务院在北京市大兴区等 33 个试点县（市、区）行政区域，暂时调整实施《土地管理法》《城市房地产管理法》关于农村土地征收、集体经营性建设用地入市、宅基地管理制度的有关规定。通过综合改革，总结在全国范围内可复制的经验，为推动全国性的农村集体经营性建设用地流转立法铺平道路。2017 年国土资源部（现自然资源部）、住房和城乡建设部印发了《利用集体建设用地建设租赁住房试点方案》，进一步拓展集体土地用途，拓宽集体经济组织和农民增收渠道。2019 年修改的《土地管理法》删除了“任何单位和个人进行建设，需要使用土地的，必须依法申请使用国有土地”的规定，缩小了国家土地征收范围，也为集体经营性建设用地入市创造了更有利的条件，并通过具体规定从法律上扫除了原法对集体经营性建设用地入市的不合理限制，规范集体经营性建设用地入市的相关程序。至此，农村集体经营性建设用地的流转步入了一个更规范、法治的轨道。

农村集体经营性建设用地的市场化流转已经成为大的发展方向，若干地方的试点经验和做法也为农村集体经营性建设用地流转改革提供了参考，2019年修改的《土地管理法》也明确规定，农村集体经营性建设用地直接入市交易。但是，在制度设计上如何确保集体建设用地与国有土地同地同权、如何设计农村集体建设用地可流转的范围、如何实现与土地征用的合理衔接、集体建设用地流转过程中地方政府的参与应控制在何种程度、集体建设用地流转是否需要进行行政审批、如何解决村庄规划存在的问题、如何建立合理的利益分配机制等问题，都需要进一步研究。[1]

第一节　集体经营性建设用地流转存在的问题

从我国农村集体经营性建设用地经营权的流转实践来看，我国农村集体经营性建设用地流转试点取得了较好成效，在不多占用农用地的前提下为农村地区工业的发展提供了土地，在一定程度上解决了国有建设用地不足的矛盾，减少了征地范围，给农村集体和农民个人增加了财产性收入。但是，农村集体经营性建设用地流转试点过程中，也暴露出了一些问题。

一、权力行使不当

（一）不当干预土地的微观用途

按照中央关于土地改革的要求，农村集体经营性建设用地流转的最基本方针是实现与国有土地同地同权同价的"三同"目标，这也是实现城乡一体化发展的基本要求。中央关于农村集体经营性建设用地利用的限制，设置了"符合规划和用途管制"的规定，同时规定了不得设置其他任何额外条件进行不当限制。唯有如此，才能保障农村集体经营性建设用地与国有土地同地同权。其中，"符合规划"，是指符合土地利用总体规划和城乡建设规划，只有如此，才能最大限度地节约建设用地，合理布局城乡产业，防范局部利益与

---

〔1〕"同地同权"，可以理解为"相同用途和规划条件的土地不因所有制差别而有不同权利""是合理的要求和制度安排。"参见华生：《新土改：土地制度改革焦点难点辨析》，东方出版社2015年版，第39页。

整体利益、短期利益与长远利益产生冲突的目的。通过落实土地利用总体规划和城乡建设规划,可以实现各类资源要素的合理配置,保障各类资源要素在功能上的合理划分,这对维护良好城乡生态环境、实现区域统筹协调发展具有重大意义。也正因如此,我国制定和颁布了《城乡规划法》等一系列法律法规。任何土地的利用,其中当然包括集体建设用地的利用,都必须符合土地利用总体规划和城乡规划的要求。中央政策中的另一个限制"用途管控",是指根据土地利用整体规划和城乡规划的要求,每一区块的土地都必须符合土地规划事先确定的用途,不得将农业用地擅自改为非农用地。所谓用途管控,并不是指地方政府可以根据自身需要,擅自确定农村集体经营性建设用地的具体用途。实际上,符合规划和用途管控,不仅是农村集体建设用地利用必须遵守的规则,同样也是国有建设用地利用必须遵守的规则。

虽然试点政策中一直存在"符合规划、用途管控"的要求,但相关政策和文件对"用途管控"的含义没有作明确具体的说明,再加上地方政府的土地利用总体规划和城乡建设规划较宏观,缺乏必要的前瞻性和稳定性,这就为不当限制集体经营性建设用地的具体用途提供了空间。从目前做法来看,很大一部分地区出于自身财政利益的考虑,将流转的集体经营性建设用地用于工业建设和其他收益较低的用途,尤其是严格限制将集体经营性建设用地用于房地产和其他商业开发,导致集体经营性建设用地的流转价格整体上低于国有土地的出让价格。前几年,中央提倡发展福利性租赁房以抑制房价上涨速度,因为具有福利性质的租赁房不但要占用建设用地指标,而且存在投资回报周期长收益低的问题,一些试点地区将农村集体经营性建设用地用于租赁房改造,事实上造成了集体经营性建设用地和国有土地的差别性待遇。比如,北京作为利用集体建设用地建设租赁住房试点城市,到 2018 年已经确定了 404 公顷集体建设用地用于租赁房建设项目。[1] 除北京外,按照国土资源部(现自然资源部)以及住房和城乡建设部的安排,上海、南京、杭州、厦

---

〔1〕 参见林远:《农村集体土地建租赁房试点探索提速》,载《经济参考报》2018 年 8 月 21 日,A01 版。

门、武汉、合肥、郑州、广州、佛山、肇庆、沈阳、成都等地，开展利用集体建设用地建设租赁房试点。正因为具体用途被严格控制，农村集体经营性建设用地所承载的产业收益较低，其市场价格也明显低于国有土地。以广东省广州市为例，广州市集体建设用地流转价格只相当于国有土地价格的30%～60%。广东省广州市集体建设用地价格偏低，这实际上是全国集体建设用地流转状况的缩影。[1] 农村集体经营性建设用地流转以后，具体用于什么项目，政府不应当加以干涉。只要没有占用农业用地，符合土地利用总体规划和城乡建设规划，地方政府就无权加以干涉和限制。

（二）限制集体经营性建设用地流转

1994年我国开始实行中央政府和地方政府"分税制"改革，地方基层政府普遍面临事权过大而财权过小的问题，地方公共基础设施建设所需要的资金大部分由当地财政承担，再加上GDP考核的因素，地方基层政府已经成为事实上的利益主体。在当前地方基层政府对土地财政的依赖难以完全消除的情况下，实行农村集体经营性建设用地的流转，有可能形成集体建设用地与国有土地市场之间的竞争，对原有的由政府管控的国有土地一级市场造成影响，触及地方政府的财政利益。地方基层政府对农村集体经营性建设用地的市场流转设置一定障碍，其中一种方式就是利用行政审批程序限制集体经营性建设用地流转。

对农村集体经营性建设用地流转是否需要行政审批，2019年修改的《土地管理法》没有明确规定。从各试点地区的情况来看，在一些地区集体经营性建设用地流转需要报基层政府审批。如《安徽省集体建设用地有偿使用和使用权流转试行办法》第14条规定："建设单位使用集体建设用地，应当持集体建设用地有偿使用合同、土地所有权证等有关材料，报乡（镇）人民政府审查，经市、县人民政府土地行政主管部门审核后，报本级人民政府批准。"河北省相关政策文件也规定，集体建设用地使用权的流转必须报政府审批。至于

---

〔1〕 参见宋小青、杨木壮：《农村集体经营性建设用地"入市"思考》，载《中国土地》2015年第4期。

要求报地方政府审批的原因,一些地方政府给出的理由是,通过行政审批程序,可以有效保护耕地,防止农用地非农化使用,节约利用土地资源,有效改善生产和生活环境。[1]

而事实上,保护耕地和节约用地以及改善环境,都不是农村集体建设用地流转需要进行行政审批的正当理由。从目前情况来看,农村集体建设用地流转本身就是农村集体经营性建设用地流转,而农村集体经营性建设用地的流转没有改变土地用途,不涉及耕地保护,只是土地使用权从一方当事人转移给另一方当事人。而且,集体建设用地受让方对受让的集体建设用地进行利用时符合土地利用整体规划和城乡建设规划,再加上我国实行严格的土地用途管制措施,受让方也没有能力将农业用地改为非农建设用地。况且,在单纯的土地出让中,土地上不会形成新的建筑物,土地受让方受让土地后,使用土地时,还需要办理规划许可证和施工许可证,而在这一行政审批过程中可以确保实现土地利用符合规划管理和用途控制。如果在集体建设用地流转时,就需要进行行政审批,那么事实上就赋予了地方政府把控农村集体经营性建设用地流转的权力。

农村集体经营性建设用地流转不需要事先进行行政审批,在我国部分地区也有先例。《湖北省农民集体所有建设用地使用权流转管理试行办法》第9条规定:"集体建设用地所有者以出让、出租等方式将其使用权确定给单位或者个人使用的,应当在出让、出租合同签定后30日内,由集体建设用地所有者和使用者向土地所在地县、市人民政府土地行政主管部门提出申请办理土地登记和领取相关权属证明,并提交下列材料:(一)集体土地所有证或其他土地权属证明文件;(二)建设用地批准文件;(三)集体建设用地使用权出让、出租等合同;(四)集体经济组织村民会议三分之二以上成员或者三分之二以上村民代表同意的证明文件;(五)建设项目环境影响评价文件。"按照湖北省的规定,只要土地出让方和受让方同意,且提交了规定的文件和材料,土地行政主管部门即给予办理土地权属登记和相关权属证明。《广东省集体

---

〔1〕 参见黄志斌:《集体建设用地使用权流转的法律问题》,载《中国土地》2013年第9期。

建设用地使用权流转管理办法》第 14 条、第 19 条、第 21 条关于对集体建设用地使用权出让、出租、转让、转租和抵押的规定，也仅仅要求“按规定向市、县人民政府土地管理行政主管部门申请土地登记和领取相关权属证明。市、县人民政府土地行政主管部门应依法给予办理”。湖北省和广东省不对农村集体经营性建设用地流转进行行政审批控制的做法，说明不进行行政审批控制也不会造成不良的后果。

（三）冒用农村集体经营性建设用地流转之名

中央实行农村集体经营性建设用地流转政策，主要是为了限制土地征收的范围。2004 年我国《宪法修正案》对原来的土地征用制度进行修订，将原先“国家为了公共利益的需要，可以依照法律规定对土地实行征用”的表述，修改为“国家为了公共利益的需要，可以依照法律规定对土地实行征收或者征用并给予补偿”。近年来，中央政府关于农村土地改革的大政方针之一，就是改革农村土地征收征用制度，缩小征地范围，防范土地征收征用对农民利益的侵害。农村集体经营性建设用地流转制度的重要目标，就是缩小国家对农村土地的征收范围。2019 年修改的《土地管理法》整体上体现了限缩政府征地范围的精神。2019 年修改的《土地管理法》第 45 条进一步明确和细化可以征收的土地范围，可以征收土地的仅包括以下 6 种情形：“（一）军事和外交需要用地的；（二）由政府组织实施的能源、交通、水利、通信、邮政等基础设施建设需要用地的；（三）由政府组织实施的科技、教育、文化、卫生、体育、生态环境和资源保护、防灾减灾、文物保护、社区综合服务、社会福利、市政公用、优抚安置、英烈保护等公共事业需要用地的；（四）由政府组织实施的扶贫搬迁、保障性安居工程建设需要用地的；（五）在土地利用总体规划确定的城镇建设用地范围内，经省级以上人民政府批准由县级以上地方人民政府组织实施的成片开发建设需要用地的；（六）法律规定为公共利益需要可以征收农民集体所有的土地的其他情形。”除上述 6 种情形外，不得对农民集体土地进行征收。虽然说《土地管理法》规定的成片开发建设需要用地的可以进行土地征收的情形，并不尽如人意，未必完全体现社会公共利益，对此社会上存在不少争议和看法，但与以前的规定相比，政府征地的范围已经被大大缩小了。

从近些年一些地方农村集体经营性建设用地流转试点的情况来看,存在少数地方政府变相征收农村集体经营性建设用地的情况。主要方式是,在农村集体经营性建设用地使用权流转试点中,不少地方规定由基层政府设立土地投资公司或者土地收储公司,统一收购本行政区范围内用于流转的农村集体经营性建设用地,然后由土地投资公司或者土地收储公司向需要用地的第三方转让农村集体建设用地。有些地方甚至跨村设立政府直接控制的公司,直接由政府控制的公司代表村集体向需要使用集体土地的单位或者个人进行土地使用权出让。北京市大兴区、安徽省芜湖市即是其中典型代表。安徽省《芜湖市农民集体所有建设用地使用权流转管理办法(试行)》第9条第2款规定:"经批准的集镇建设用地,可以由乡镇人民政府统一开发,采用招标、拍卖等方式提供土地使用权。"江苏省苏州市也是按照这个模式进行操作的。[1]

二、与城乡用地规划未能有效衔接

农村集体经营性建设用地流转,必须以符合土地利用总体规划和城乡建设规划为前提。因此,土地利用总体规划和城乡建设规划,在农村集体经营性建设用地流转中处于核心和灵魂的地位。

土地利用总体规划是"在一定区域内根据可持续发展的要求和当地自然、经济、社会条件对土地的开发、利用、保护在空间上、时间上所做的总体安排和布局,是一项长期性、战略性的土地利用规划"。[2] 按照联合国粮食及农业组织对土地利用总体规划的评价,土地利用总体规划可以"帮助用地者选择提高其生产力、可持续利用和满足社会需要的最佳途径"。土地利用总体规划,是对将来中长期一段时间内,某一区域不同类型的土地利用的总体规模、途径和空间分布的布局和管制。

---

〔1〕 参见张鹏:《当前农村集体经营性建设用地制度改革若干构想》,载《苏州大学学报(哲学社会科学版)》2014年第3期。

〔2〕 王万茂主编:《土地利用规划学》,科学出版社2006年版,第23页。

我国的土地利用规划既包括有整体性、统筹性的国土规划,也包括城市规划、乡镇规划和村庄规划。我国的城市规划由于起步较早,国家监管严格,体系比较完整,操作也较规范,基本上能够与城市的发展程度和功能定位协调一致。而我国农村土地利用规划多属于镇级人民政府的管理范围,很多镇级人民政府对于土地规划缺乏足够的重视,且自身专业能力不强,制订规划的随意性较大,制订规划的程序不符合法定要求,再加上人力、物力资源的限制,我国大部分村庄规划水平普遍不高,部分村庄甚至没有任何规划,乡镇人民政府对村庄规划的管理也十分薄弱。这是制约将来我国农村集体经营性建设用地流转的重要因素。

目前我国乡镇规划存在的主要问题有:

第一,乡镇人民政府规划随意性大,制订规划程序不严谨。在比较长时期内,我国乡镇规划整体上处于粗放状态。虽然有建设用地规划,但这些规划的科学性没有得到应有保障,很多时期缺乏应有的前瞻性。规划的内容未进行科学的严密论证。在规划的制订、修改上,往往没有严格依照法定程序进行。在这种情况下,规划的科学性和合理性无法得到保障。

第二,土地利用规划与布局不够科学。根据我国现行制度,农村土地的管理和规划涉及的主管部门较多。规划的制订者和执行者有时可能会分属不同主体,土地规划不集中,很多时候规划制订者缺乏对用地需求的实际调查,因此规划的公正性和科学性就比较难得到保障,无法建立起科学的土地规划管理体系。在一些地区,有的村镇的主要产业为农业生产,但土地规划部门却规划了大量的城镇建设用地,而规划农业用地的数量却达不到应有比例;而有的村镇工矿业发达,城市化水平较高,城镇工矿用地和城镇建设用地需求较大,“一刀切”式统一的规划比例显然是无法满足其需求的。这样不合理的土地规划会导致农村土地功能区定位不明确,土地规划的预期目标发生偏离。

第三,规划体制不合理。长期以来,我国土地利用规划的编制,实行的是自上而下的机制,下级规划的制订必须以上级规划为依据。在规划编制过程中,由于涉及建设用地与农业用地之间的比例问题,关系各级政府能够使用的建设用地指标,而建设用地指标不但对各地方的经济发展起到重要作用,而且也是地方土地财政的重要来源,所以各级政府在编制规划过程中,往往在不违背上级规划的前提下追求自身利益的最大化。这种规划编制体制,难以完全体现社会公共利益。尤其是地方政府的利益追求和中央政府的发展目标并不完全一致,中央政府更加重视社会经济发展的全局和长远利益,更加重视对农业用地的保护,而地方政府往往侧重大的工商业项目发展和城市规模扩大,这使处于规划最低层级的集体建设用地指标受到挤占。据有关学者的调查,我国部分地区集体建设用地规划处于缺失状况。〔1〕 农民集体及其成员作为利益相关者的参与度较低,各级政府作为规划编制者实际上主导土地利用规划和城乡建设规划的制订,农民集体及其成员难以有效地监督规划制订和实施过程中的公平性问题;地方政府出于自身利益考量,在建设用地利用规划和数量计划的制订中,并不具备中立的法律地位,也无法担任社会公共利益代言人的角色。

三、集体建设用地流转收益分配需要公平有效的规则

对于农村集体建设用地入市流转所产生收益的分配问题,学术界普遍关心的是作为土地所有权人的农民集体和国家之间如何进行利益分配的问题。虽然一般认为国家应当参与分配,但对国家参与分配的方式,不同学者有不同的观点和看法。有的学者主张根据所有权理论,即收益的大部分应当归所有权人。他们认为,既然农村土地归农民集体所有,那么集体建设用地流转收入的大部分也应当归农民集体所有。而有的学者则认为,土地是特殊商品,其开发利用具有极大的地理垄断性和环境外部性,土地增值是经济社会发展的结果,按涨价归公、收益共享原理,集体土地的增值并非当地集体土地所有者创造的,因而增值收益应由社会共享,因此,应当由代表社会利益的政府收取大部分收益而非由农民集体获取大部分收益。〔2〕 而收益分配的实践也反映出了以下问题:

---

〔1〕 参见周应恒、刘余:《集体经营性建设用地入市实态:由农村改革试验区例证》,载《改革》2018 年第 2 期。

〔2〕 参见李太淼:《农村集体经营性建设用地入市的难点问题论析》,载《中州学刊》2019 年第 1 期。

收益分配主体不清晰。一是集体土地所有权的权利主体不够清晰,“农民集体”组织机构性质不明,参与分配的主体大多不具备法人资格,不具备承担法律经济责任的市场主体资格;二是土地权益关系不清,对于集体建设用地所有权主体、村民自治组织、经济组织、农民各自对集体建设用地享有的权益,法律缺乏规范界定,因此各主体享有土地收益的法律依据不足。

收益分配机制不健全。目前,我国农村集体经营性建设用地流转只是在试点地区推行,尚处摸索阶段,各地政府各自探索出不同的流转模式和收益分配方法,做法不一。目前尚没有能够在全国推行的完备的收益分配制度和监管体系,因此各地收益分配差异较大,参与分配的主体之间的利益不均衡。此外,集体经济组织内部的收益分配也亟待相关制度予以调整。农民个人与集体经济组织之间的收益如何分配才能达到最好效果,以及在分配之后,如何确保集体经济组织、村民自治组织规范使用土地收益,明确收益用途也是亟须解决的问题。

相关税费问题亟待明确。一是税收制度在流转收益分配中缺位。根据我国税法的规定,对于个人的工资薪金、投资收益、劳务报酬等所得都是需要征收个人所得税的,企业经营取得的收入也是需要缴纳企业所得税。而在城市、城镇、建制镇、工矿区范围内使用土地的单位和个人,则需缴纳城镇土地使用税。根据《城镇土地使用税暂行条例》的规定,城镇土地使用税纳税人不包括集体土地的使用者,但是2006年4月30日发布的财政部、国家税务总局《关于集体土地城镇土地使用税有关政策的通知》对此进行了扩大解释,该通知规定,“在城镇土地使用税征税范围内实际使用应税集体所有建设用地、但未办理土地使用权流转手续的,由实际使用集体土地的单位和个人按规定缴纳城镇土地使用税”,该通知将城镇土地使用税的征税范围扩大到集体建设用地。这说明了我国税务部门也关注到了农村集体经营性建设用地使用权流转可能产生的税费问题,但这笔税费的征收需要进一步以法律法规的形式明确。二是各地政府对集体经营性建设用地流转收益的分配所设立的收费标准缺乏法律依据。就流转收益的分配,不少学者主张政府可以提取部分调节金,但是政府收取调节金必须有明确的收费依据与标准,不能因为地方政府在推动农地流转中的贡献大就赋予其收费的权利。此外,部分地区对于土地再次流转环节中如何保障集体建设用地所有权人的利益,缺乏有效的制度措施。

土地增值收益部分用于农村公益建设的规则不明确。如果农民集体按照所有权决定收益权的理论逻辑获得了大部分土地增值收益,那么,从农民集体所获增值收益中拿出一部分用于投资农村基础设施和农村公共服务事业建设等公益建设,也在情理之中。但问题是,在实践中集体经济组织成员的范围与村民成员的范围不完全一致。如果是属于村民小组集体所有的土地发生流转,那么此时村民小组成员的范围与村民成员的范围就不完全一致,而如何协调村民小组与整个行政村公益建设之间的利益分配,缺乏明确规则。特别是在一些撤乡并村的农村地区,情况更加复杂,不仅有村民小组与行政村之间的关系,也存在旧的行政村成员与扩大以后的行政村之间的利益分配问题。这加剧了利益分配的复杂性。

第二节　集体经营性建设用地流转的制度构想

农村集体经营性建设用地流转,表面上只涉及现有的存量农村集体经营性建设用地流转问题,只是在符合国家规划前提下进行的农村集体建设用地的市场化交易,实则不然。由于我国长期以来的土地城乡二元结构,农村集体建设用地的市场化流转从来没有被提上议事日程。一旦实施农村集体建设用地流转,就必然会涉及土地利用规划和城乡建设规划的制订,关系建设用地指标的分配,涉及地方政府、土地所有权人和土地使用权人等各主体的利益。可以说,农村集体经营性建设用地流转制度构建是一个系统工程,必须进行完整的制度构建。

一、建立统一的农村建设用地制度

建立统一的农村建设用地制度,打通住宅建设用地、公益性建设用地和经营性建设用地的隔离。我国的集体建设用地,按照大类可以划分为宅基地、公益性建设用地和经营性建设用地。国务院确定33个县(区、市)进行

“三块地”流转试点，其中涉及的集体建设用地暂时局限于存量集体经营性建设用地，目的在于稳妥谨慎。2019 年修改的《土地管理法》只规定了农村集体经营性建设用地入市流转，并不意味着将来只能就农村存量经营性建设用地进行流转。党的十七届三中全会通过的《中共中央关于推进农村改革发展若干重大问题的决定》就已经提出“逐步建立城乡统一的建设用地市场”，党的十八届三中全会通过的《中共中央关于全面深化改革若干重大问题的决定》关于“建立城乡统一的建设用地市场”的表述，也没有将农村可流转的土地局限于存量经营性建设用地。

（一）只有集体经营性建设用地入市流转不足以支撑农村土地市场

虽然说我国 3.41 亿亩城乡建设用地总量中，集体建设用地面积达到 2.84 亿亩，是城市建设用地的 5 倍，农村人均占用建设用地面积是城市的 3.8 倍。[1] 实际上，这些集体建设用地包含了农村宅基地、公益性建设用地和经营性建设用地，其中，宅基地占比达到 90%。[2] 以湖北省为例，有学者调查发现，湖北省各地市集体建设用地中宅基地占比普遍在 60% 以上，公益性建设用地占比一般在 30% 以下，经营性建设用地占比最小，一般不超过 10%，经营性建设用地、宅基地和公益性建设用地面积的比例关系为 1∶6∶3。[3] 湖北省集体建设用地的结构，是我国农村集体建设用地结构的缩影。农村集体建设用地结构存在分化现象，其中，集体经营性建设用地数量最少。如果推行集体经营性建设用地入市流转，毫无疑问就需要一定量的集体经营性建设用地，供地量过少会影响其入市流转推行的进度。

（二）整合经营性建设用地、公益性建设用地和宅基地以有效利用建设用地

我国土地利用最突出的问题，就是土地利用效率不高，土地浪费严重，这

---

〔1〕 参见孙宪忠：《争议与思考——物权立法笔记》，中国人民大学出版社 2006 年版，第 455 页。

〔2〕 参见杨珍惠：《集体经营性建设用地直接入市的若干问题探析》（上篇），载《资源与人居环境》2014 年第 12 期。

〔3〕 参见陈义涛、刘艳芳：《湖北省集体建设用地使用权流转现状及分析》，载《中国房地产》2018 年第 12 期。

导致了建设用地尤其是经营性建设用地数量不足,由此屡屡发生地方经济建设违法占用农业用地的情况。作为农村土地改革的重要一环,如果集体建设用地的入市范围仅仅局限于经营性建设用地,尤其是仅局限于存量经营性建设用地,就会导致大量空闲宅基地以及荒芜的公益性建设用地处于闲置状态。一方面,大量的宅基地和公益性建设用地处于闲置状态;另一方面,经营性建设用地数量又严重不足,出现供需失衡问题。要解决这个问题,就必须将农村的全部集体建设用地通盘考虑,不但要实现存量集体经营性建设用地的流转,也要把公益性建设用地和空闲宅基地予以统一规划和考虑。通过做好村镇规划,在保障农村公益性建设用地充足和保障农民宅基地建房需要的前提下,打通宅基地、公益性建设用地和经营性建设用地之间人为的隔离,唯有如此,才不会造成经营性建设用地不足而宅基地和公益性建设用地浪费严重并存的现象。

(三)区域间建设用地结构的差异巨大决定了应当将全部建设用地入市

集体经营性建设用地主要是历史原因形成的以乡镇企业为主体的工商企业用地。乡镇企业产生于20世纪七八十年代,主要集中在我国东南沿海地区,以及内陆省份的大城市郊区。20世纪90年代开始,乡镇企业逐渐衰落,大部分地区对乡镇企业都进行了不同程度的改制,将其转化成民营企业或者其他股份制企业。而我国内陆省份地区,改革开放时间较晚,乡镇企业较少,因而乡镇企业集体经营性建设用地也就相应较少。虽然内陆地区经济欠发达省份的集体经营性建设用地少,但这不意味着这些省份的集体建设用地少。因为这些省份经济不够发达,农业用地经济效益低下,当地农村居民没有节约用地的习惯,当地农村的住宅用地的使用效率比其他省份的低。而且,由于内陆地区集体经营性建设用地数量少,其人均宅基地建设用地面积远高于经济发达地区,其集体建设用地的结构呈现与经济发达地区不同的形态,整体的集体建设用地数量反而比工业发达的沿海地区和大城市周边的郊区更多。对于这些地区,如果只是局限于让集体经营性建设用地入市流转,就很可能会使内陆经济欠发达地区的农村集体经营性建设用地市场成为无源之水，这就大大削弱了集体经营性建设用地入市流转制度的可行性。况且，随着工业化进程的推进，我国内陆地区工业化发展也必将加快，发展工业和城市建设也需要新增建设用地。因为历史原因，内陆地区原本的城市规模就不大，原来城市区域范围内的国有土地数量有限，再加上工业发展布局的重新规划，发展工业所需的土地主要依赖农村集体土地供给。存量集体经营性建设用地的数量根本无法满足工业化和城市化发展的要求，因此必须要使用增量集体经营性建设用地。基于农业用地严格的用途保护，增量集体经营性建设用地原则上不能使用农业用地，而应当将现有的集体建设用地中的宅基地和公益建设用地进行转化。如果不能将宅基地和公益性建设用地统筹考虑入市，就无法达到充分有效利用建设用地的目标。

（四）农村建设用地的碎片化决定了必须统筹农村“三块”建设用地

由于历史上我国的村镇规划缺乏科学性和前瞻性，很长时间以来农村集体建设用地处于杂乱分布状态，农村集体经营性建设用地大多零散分布在城中村、城乡接合部或者农村腹地。虽然农村集体经营性建设用地的数量多，土地总量大，但受农村地形地貌的影响，单块土地面积小。工业用地、商业用地、住宅用地和公益性用地互相交错，这种零星分散的布局也给农村集体经营性建设用地入市带来了一定难题。之所以出现这种分布形态主要是因为我国幅员辽阔，农村数量多且分布广，各地发展不均衡。很多村都有各自的建设用地，各村对自己集体所有的土地各自管理，相邻村落之间也未能互相统一协调，各村形成了各自小规模、封闭的经营性建设用地布局。就个体面积而言，单块土地面积小，但考虑到我国村落数量之众多以及农村地区之广阔，其总量又是非常可观的。在此情况下，如果只让存量集体经营性建设用地入市，那么数量众多且分布零散的集体经营性建设用地将无法被利用。这不但造成大量集体经营性建设用地无法被有效利用，而且给将来的土地利用总体规划和城乡建设规划的制订带来了困扰。为此，建立统一的农村建设用地制度，打通3块建设用地流转的制度隔离，是城乡一体化发展思路下农村建设用地改革的必由之路。

二、强化国土空间规划的科学性和法定性

符合土地利用总体规划和城乡建设规划，是农村集体建设用地流转的前提。土地利用总体规划是对将来中长期土地使用空间布局的规划，是为了实现区域内国土空间的科学开发、利用以及治理。城乡建设规划，是指在一定时期内根据当地的经济社会发展目标，各级政府统筹安排城乡发展建设空间布局，是保护生态和自然环境、合理利用自然资源的重要依据。我国目前的趋势就是将土地利用总体规划和城乡建设规划合二为一，统一为国土空间规划。

国土空间规划关系各生产生活要素在国土空间分布的合理性，涉及生产生活环境的适宜性，与一个区域的可持续发展有密切联系。因此，土地利用总体规划和城乡建设规划，首先必须保证科学性和合理性。与此同时，国土空间规划与每一块土地的具体用途紧密联系，直接界定了土地的发展权，在相当程度上决定了土地的市场交易价格，对各方当事人的利益和经济发展起到重要作用。制订土地利用总体规划和城乡建设规划时，要保证节约用地、功能布局合理和程序正当。

（一）进一步完善规划体制

根据《中共中央关于全面深化改革若干重大问题的决定》的要求，农村集体经营性建设用地实行与国有土地同等入市、同权同价，同样也以符合规划和用途管制为前提。建立城乡一体化的土地市场，必须拥有城乡一体的土地利用总体规划和城乡建设规划。

1\. 改变完全“自上而下”的规划编制方式。由于不同层级的规划存在宏观与微观、可操作性强弱的差别，在目前“自上而下”的规划编制体制下，下级政府的规划制订容易与国家级规划产生偏差。在制订规划过程中，国家应在宏观上把握和掌控规划的主要内容，而具体微观规划的制订和决策交由地方政府负责，实行“自上而下”和“自下而上”相结合的规划编制体制。通过发挥上级规划的宏观指导和监督职能，严把规划论证、审查和修改关，可以使

规划编制得更合理。[1]

2. 国土空间规划要实行“城乡并重”。过往“重城轻乡”的做法导致了城乡用地失衡现象严重，是我国土地规划中非常突出的一个问题。这是因为在规划过程中地方政府受上级规划所提出的调控指标的影响，为了保证当地经济重头——城市发展指标得到满足，不得不牺牲乡村的发展指标。在规划编制过程中忽略农村发展用地需求的现象普遍存在，地方政府将有限的指标布局在城镇周边，反而将大量农村社区居民点整合规划成农用地，同时又将腾退出来的城乡建设用地指标布局到城镇周边，变相增加了城市建设用地指标，挤压了农村集体土地的发展权。农村集体经营性建设用地经营权要实现入市交易，就应在不改变规划编制基本原则和要求的前提下，编制城乡统一的用地规划，彻底转变固有的规划编制思路与方法。因此，在接下来实行城乡统一的用地规划时，应当将“重城轻乡”彻底转变为“城乡并重”，落实村级土地规划编制，合理确定土地使用空间分布、结构和限制条件，保证农村建设用地的需要，为农村集体经营性建设用地入市交易扫清障碍。值得庆幸的是，2019 年修改的《土地管理法》将“统筹安排城乡生产、生活、生态用地，满足乡村产业和基础设施用地合理需求，促进城乡融合发展”纳入了土地利用总体规划的编制原则；同时，该法还新增了土地利用年度计划应当对集体经营性建设用地作出合理安排的相关规定。以上立法变化正契合了土地利用规划要“城乡并重”的改革方向。

3. 保障规划制订的公众参与。因为规划不仅仅涉及国土空间利用的空间布局合理性，而且还关系土地所有权人和土地使用权人的核心土地利益，因此在规划编制中需要保障土地所有权人和使用权人的参与。但是，在实际的土地利用总体规划和城乡建设规划的编制和实施过程中，利益相关主体的参与程度普遍较低，规划编制和实施的公开性不足，农村居民往往成为规划编制和实施中的弱势群体。我国《城乡规划法》第 22 条规定，“乡、镇人民政

---

〔1〕 参见于艳华：《城乡统一建设用地市场下土地规划编制的思路与方法研究》，载《内蒙古师范大学学报（哲学社会科学版）》2015 年第 1 期。

府组织编制乡规划、村庄规划，报上一级政府审批。村庄规划在报送审批前，应当经村民会议或者村民代表会议讨论同意”。这一法律条款在实际执行过程中没有得到有效贯彻。而且，受能力和物力财力的限制，相当多地区并没有村庄规划，即使制订了村庄规划，村庄规划的水平也普遍低下。这成了制约我国乡村发展的重要因素。

（二）强化规划的法律效力和权威性

我国城乡规划法对控制性详细规划的制订、实施和修改作出了明确具体的规定：城市控制性详细规划由城市政府城乡规划主管部门组织编制，经本级政府批准，报本级人民代表大会常务委员会和上一级政府备案；县人民政府所在地镇的控制性详细规划由县人民政府城乡规划主管部门编制，经县人民政府批准后，报本级人民代表大会常务委员会和上一级人民政府备案；县人民政府所在地镇以外的镇的控制性详细规划由镇人民政府组织编制，报上一级政府审批。控制性详细规划是核发建设用地规划许可证、建设用地出让证、建设工程规划许可证的基本前提条件。修改控制性详细规划，组织编制机关应先论证修改的必要性，征求规划地段内利害关系人的意见，报原审批机关同意后方可进行，并按原程序报批；修改涉及城镇总体规划强制性内容的，应当先修改总体规划。

国土规划和城乡规划是技术规范，更是具有法律效力的权力约束规范。2007年制定的《城乡规划法》，相较之前的《城市规划法》（已失效），有一个重大的变化，那就是关于控制性详细规划的强制性规定。这种强制性规定，是在总结了原《城市规划法》实施过程中，相关国家机关和地方政府部门随意变更规划的经验教训的基础上制定的。在实践中，有的地方政府和部门存在变更用地边界、用地类别、容积率、建筑密度、建筑高度、停车位数量和出入口方位等的问题。规划部门必须针对当前普遍存在的问题，改进控制性详细规划的编制工作，提高规划成果的科学性和可行性。唯有如此，才能在规划实施中有效强化规划的权威性。

三、尊重农民集体和其他土地权利主体的合法权益

尊重历史原因形成的多元农民集体的利益。虽然由于历史原因,我国农民集体在法律的构造上存在重大缺陷,其中最容易遭到诟病的就是农民集体本身不是严谨的法律词汇。"农民集体"不是民法中规定的财产权主体类型,如自然人、法人和非法人组织,而是一个由多个农民个体组成的"集合体","农民集体"的主体性质和在民法上的地位,决定了农村土地所有权主体是虚置的。[1] 此外,农村土地所有权主体还呈现多元化特点。我国现行法律法规实际上确立了3类农村土地所有权主体,即乡(镇)农民集体、村农民集体和村民小组农民集体,这3类主体拥有的农村土地所有权的范围不同。这种3级所有制的集体组织,彼此之间没有明确界限,有时候会有所重合,非常容易让人感到困惑和产生混乱。根据农业部(现农业农村部)2002年的一项调查数据,土地所有权归村民小组占有的占所调查数的44.9%,归行政村占有的占所调查数的39.6%,行政村和村民小组共同占有的占所调查数的14.7%,其他形式占有的占所调查数的0.8%。[2] 这些年来,我国一些地方开展了撤乡并村工作,扩大了行政村的范围,使原先行政村村民集体所有的土地,既不是现在的行政村村民所有,也不是村民小组所有,导致农民集体的类型更加多元。虽然平常因为没有企业利用集体土地开展生产经营,多元的农民集体类型平时并没有给当地农民带来不便,但是一旦进行农村集体经营性建设用地流转,面对巨大的财富利益,原先村集体成员就可能会组织起来主张自己的权利和利益。如果对这种历史原因形成的多元农民集体之间的利益处理不当,就有可能导致农民的抗争,进而危害社会稳定。即使将来对农民集体重新进行立法,也不可能无视历史原因形成的多元农民集体的利益,只能是在承认多元农民集体利益的前提下,进一步健全农民集体的组织形式。

---

〔1〕 参见韩文龙、刘灿:《农民土地财产权的内涵及实现机制选择——基于案例的比较分析》,载《社会科学研究》2013年第4期。

〔2〕 参见刘庆乐:《村组整合条件下农民土地所有权的效应》,载《改革》2010年第2期。

尊重现有土地使用权人的权利。在我国广大农村地区,无论是宅基地还是经营性建设用地,除有农民集体作为土地所有权人外,绝大部分都有农民集体以外的土地使用权人。大部分集体建设用地上都有土地使用权人兴建的建筑物和构筑物。作为土地所有权人的农民集体出让集体经营性建设用地的行为,必然会涉及现有的土地使用权人的利益。根据我国集体经营性建设用地的发展历史,虽然农村集体土地最初是无偿划拨给土地使用权人的,而且也没有规定土地的使用期限,但在一些经济较发达的地区,因为企业改制等原因,部分土地使用权人已经支付过一定的价款。在这种情况下,农民集体进行土地流转时,必须尊重土地使用权人的利益。这就形成了作为所有权人的农民集体与使用权人之间利益的对立。农民集体单方面收回土地使用权并将其出让流转的行为,必然要遭到土地使用权人的强烈反对,但如果不收回土地使用权往往又无法实现土地使用权的出让。这是一个经常被回避但最终又无法回避的现实问题。无论是农民集体还是土地使用权人,都希望达到自身利益的最大化。如果彼此能够相互妥协,达成双方都可以接受的协议,那么这就是最好的结局。但是,一旦无法达成协议,强势的农民集体就有可能单方面确定补偿条件,强行收回土地使用权,形成以集体作为一方主体的"小征地"现象。为了解决这个问题,国务院将来必须制定相应的法规,为争议的解决提供准则。

四、健全土地交易市场秩序

(一)发展和培育二级土地市场

农村集体经营性建设用地流转需要市场,这个市场不但包括一级市场,也包括二级市场。根据经济学理论,市场流动越自由,资源越能得到有效的配置,这也是集体建设用地入市交易能够有效配置土地资源的原理所在。毫无疑问,农村集体经营性建设用地初次出让属于一级土地市场,在一级市场上,集体经营性建设用地从农民集体手中流出,正式走向市场,流转到第一手土地使用权人手中。

除一级市场外,还应当建设二级土地市场,建设土地二级市场的积极意义是显而易见的。二级市场能够引导土地资源进一步流动，优化土地资源配置。比如，第一手的土地使用权人因为各种原因不愿意或者不需要使用建设用地时，可以通过二级市场再次流转。这既为其他需要建设用地的市场主体提供了土地资源，又使第一手土地使用权人通过流转收入弥补投资损失，同时还能避免因为放弃经营建设用地而造成土地撂荒的资源浪费现象的出现。建设二级市场还有利于发掘土地的真实价格。在一级市场，由于政府指导及参与的问题，农村建设用地流转的价格也很大程度上是政府指导的价格，或高或低，未必反映出土地的真正价值，而通过二级市场的再流通，土地的价格被重新定义，其首次定价是偏高还是偏低，都会通过二级市场反映出来。

（二）建立统一交易平台和中介服务体系

当前我国集体建设用地流转还有一个突出问题，那就是土地流转缺乏交易平台及相关的中介服务平台，因而交易价格不透明、流转无序、收益分配不公等。根据实践中的情况，除部分农村集体建设用地流转试点地区外，全国各地方普遍缺乏专门针对农村集体建设用地流转的交易平台和中介服务平台。在没有统一、正规、监管有效的交易平台的情况下，农村集体建设用地流转普遍是私下流转，存在交易无序、缺乏管理甚至权力“寻租”的问题。统一交易平台和相关中介服务机构的缺失，导致了供需双方信息不对称，不仅增加了交易成本，减少了成交机会，还不利于土地资源的自由配置。此外，由于缺乏交易平台及与之相关的价格评估等中介服务机构，土地流转价格没有标准可以参考，只能由流转双方协商确定，往往不经农民集体同意或存在失真的情况，农民集体因此而未能获得应有的收益，造成了集体资产流失。

因此，要推进农村土地入市，就需要建立统一的农村集体建设用地流转交易平台，完善平台规章制度的建设，完善和明确与流转条件、交易程序、流转形式、交易价格、收益分配、权利义务设定等方面相关的制度规定。通过农村集体建设用地流转交易平台建设，将农村集体建设用地流转纳入规范化管理的轨道，加强供需管理、价格管理，显化集体土地价值，建立有序的流转市场环境。该统一的交易平台是交易的市场，更能通过透明化、公开化的管理实现监管职能，能够有效防止操纵土地流转的权利“寻租”，改善当前普遍存在的土地无序流转现象。与此同时，还需要建立市场中介服务体系。为了促进农村集体经营性建设用地流转，迫切需要建立土地流转市场的信息、咨询、预测和评估等服务系统，使中介服务专业化、社会化。通过中介平台实现信息的有效传达，让土地流转各环节的工作能够有效衔接，提高土地流转效率。

（三）设立土地基准保护价格体制

农村集体经营性建设用地入市交易可能面临的一个问题是，交易主体之间无序的价格竞争，部分交易主体以非正常低价冲击土地市场秩序。我国农村集体经营性建设用地流转在绝大部分地区都属于新鲜事物，因此在全国范围内推行集体经营性建设用地流转，除少数试点地区外，其他地区农民集体都普遍缺乏经验。部分地区农民集体对土地的市场价格难以把握，甚至可能出现由于集体决策机制民主程序不完善而产生的以权谋私的现象，导致土地出让金价格过低，产生土地交易价格恶性竞争。这样一方面使集体利益受损，另一方面又对现有的土地市场秩序产生了影响。

为了防范农村集体经营性建设用地的低价无序竞争，可以参照我国试点地区实行基准地价和最低保护价格的做法。我国部分试点地区的做法是，政府相关部门对不同地段和不同类别的土地，委托第三方中介机构进行基准价格评估，在此基础上形成动态的土地基准价格或者最低保护价格，并且定期公布。集体建设用地的成交价格不得低于政府规定的基准价格和最低保护价格。政府通过委托第三方评估机构对土地价格进行评估，规定基准价格和最低保护价格。这一制度有其合理性和正当性，但是，如果禁止低于基准价格或者最低保护价格进行交易，则也有可能产生副作用，因为评估价格可能本身就不合理。一旦评估价格不准确，尤其是如果确定的基准价格过高，就会导致交易无法进行。对于如何解决集体建设用地基准价格规定过高的问题，广东省东莞市和辽宁省大连市的地方性做法值得借鉴，即明确规定如果市场报价低于政府规定的最低保护价格或者基准价格，则政府享有优先购买权。相较禁止低于基准价格或者最低保护价格进行交易的刚性做法，这种做法更尊重市场经济规律，也更富有弹性，可以避免基准价格或者最低保护价格不合理导致交易无法进行的问题。况且，国家严格控制土地征用，地方政府手中持有的经营性建设用地数量将越来越少，而通过赋予地方政府在特殊情况下的优先购买权，可以使地方政府能够掌握一部分市场化的农村土地资源，增强政府对土地市场的调控能力。这样既不会妨碍集体建设用地的正常市场化流转，又使地方政府对土地交易有一定的干预能力。

第三节　建立法定化的利益分配机制

农村土地流转的规范，除要基于社会公共利益管理的需要制定有关土地管理的法律规则外，还要解决其中的核心问题，即利益的分配问题。土地流转中的利益分配问题是关于土地流转成果该如何分配的问题，是整个农村土地制度改革中最关键的一环，关系到农村集体经营性建设用地使用权的流转能否顺利推行下去。只有解决好农村集体经营性建设用地流转中的收益分配问题，在国家、土地所有权人、土地使用权人之间进行合理的利益分配，农村集体经营性建设用地流转的政策目标才能实现。建立兼顾国家、农民集体和农民个人的收益分配机制，既要保障农民收入得到切实提高，保证农民能够分享改革红利，又要保证集体资产得到合理的分配和利用，不被侵占流失，实现保值增值。同时，政府也应当适当分享改革红利，从而为推动地区公共基础设施建设等筹措资金，这也有利于改善区域发展的不平衡现象。

一、建立全国统一的集体经营性建设用地收益税收制度

对于农村集体经营性建设用地入市流转所产生收益如何处理的问题，当前我国试点地区在实践中的做法是，由农民集体收取大部分收益，国家按照贡献收取一定比例的调节金。2016 年财政部和国土资源部（现自然资源部）联合发布的《农村集体经营性建设用地土地增值收益调节金征收使用管理暂行办法》规定，农村集体经济组织通过出让、租赁、作价出资（入股）等方式取得农村集体经营性建设用地入市收益，以及入市后的农村集体经营性建设用地土地使用权人，以出售、交换、赠与、出租、作价出资（入股）或其他视同转让等方式取得再转让收益时，向国家缴纳调节金。调节金分别按入市或再转让农村集体经营性建设用地土地增值收益的 20% ～50% 予以征收。

政府以征收土地收益调节基金的方式,参与农村集体经营性建设用地流转所得利益的分配,只能是权宜之计。从长远来看,必须制定相关的税法,让政府以税收征收的形式参与农村集体经营性建设用地流转收益的分配。这是因为,按照建设法治国家的基本要求,以及我国法律规定的税收法定原则,不能在税收体系之外另行设置调节基金。我国调节基金种类繁多,相当多的调节基金设置随意性大,设置也未必科学,由此产生了大量税收以外的政府性收入。况且,调节基金与税收相比,在征收方式上缺乏相应的法定性。基于税收法定原则,以税收方式对自然人、法人和非法人组织进行征税时,实行的是税率法定。何种情形下适用何种税率有明确规定,税务机关对此没有自由裁量权,而且税收减免的情形也有明确的规定,并且法律对税收征管机关如何进行征税设有明确具体的程序要求。正因为税收有政府调节金不具有的优越性,在能够使用税收进行调节的情况下,应尽可能采取征税手段而不是征收调节基金的手段来进行社会财富的二次分配。对农村集体经营性建设用地流转所得进行征税,主要是为了解决不同区域和地段土地价格差异导致的收入差距过大问题。考虑到我国区域发展不平衡,不同区块土地价格差异巨大这一现实,可以考虑采取土地收益增值累进税率,单位面积收益不同的,采取不同的税率,并可参照我国现行房地产税体系,主要针对几个环节征税。

就税收类型而言,政府参与农村集体经营性建设用地流转收益的分配,可以参照土地增值税的方式,由集体建设用地出让人按照土地增值额缴纳一定比例的税费;同时,由于农村土地也属于自然资源,可以参照城镇土地使用税的征收方式,由集体建设用地使用权人、受让人等缴纳土地使用税;此外,可与房产税相挂钩,虽然在当前农村集体经营性建设用地使用权流转中土地的用途受到限制,不得用于居民住房开发,但可以用于租赁住房开发,因此可以向租赁房产的经营人进行征税。就税率而言,采取适当的税率种类和征收比例至关重要。当前我国税率类型大体包括定额税率、比例税率和累进税率和超额累进税率,其中超额累进税率能调节过高收入且程度较缓和,是一种较适宜的方式。与此同时,征收比例不宜过高,如果过高,一方面会打击建设用地市场交易的积极性,另一方面会使纳税人不堪重负进而偷税漏税。

一个合理良好的利益分配机制是通过各种经济手段,能够调整各利益主体之间的收益分配关系,实现各方面利益的相对平衡,保证市场的经常性和稳定性。如果集体经营性建设用地使用权的流转价格过高,或者对土地使用权人征收的税赋过重,那么,虽然土地所有权人的利益和国家利益得到了极大满足,但是土地使用权人交易的积极性势必会受到打击,土地使用权人必然会产生强烈的抵触心理,农村集体经营性建设用地的流转就会变得十分困难,农村集体经营性建设用地最终也只能是有价无市,最终农民集体也无法从中受益。

二、建立土地所有权人和使用权人间的利益分配机制

农村集体经营性建设用地流转利益分配机制,是集体经营性建设用地使用权在流转过程中形成的增值收益的分配和再分配的制度安排,是政府借助经济杠杆调控、参与土地收益分配和再分配的一系列运作过程。在这一过程中,首先绕不开的就是土地所有者和使用者之间的利益分配,也就是如何实现土地所有权人与土地使用权人的利益平衡的问题。目前绝大部分农村存量集体经营性建设用地都已经有土地使用权人。由于历史原因,这些土地使用权人中有相当一部分主体所使用的集体土地最初是因为兴办乡镇企业的需要,由农民集体无偿划拨的。企业改制以后,相当多的乡镇企业转为了私营企业或者其他类型的股份制企业。无论是原先乡镇企业对集体经营性建设用地的使用,还是改制以后的企业对集体经营性建设土地的使用,都没有期限的限制。虽然改制以后企业所使用的土地仍然是农民集体无偿划拨的,但是改制过程中股东已经支付了部分对价。这样,在农村集体经营性建设用地的流转中,集体土地出让所得必然面临如何在作为土地所有权人的农民集体,以及作为土地使用权人的企业和个人之间分配的问题。古往今来,我国农民都把土地看得非常重要,虽然现在农村土地给他们带来的经济利益不多,但农民潜意识里把土地当成了自己唯一的财富,如果土地流转价格过低或者说不够高,那么农民集体是绝对不会愿意把土地流转出去的。因此当土

地所有权人和土地使用权人就土地流转发生冲突时,集体经营性建设用地很难顺利流转,需地市场也无法得到满足。考虑到关于农村集体经营性建设用地入市流转的问题,农民集体和原先的土地使用权人之间往往难以达成协议,在制度设计上应当由中央政府制定彼此之间利益分配的一般性规则,使农民集体和原土地使用权人有进行协商的具体依据,双方按照规则的规定进行协商,以便达成一致协议。

至于二级市场中集体经营性建设用地使用权再次流转所产生的增值收益,作为土地所有权人的农民集体不应当再次参与收益的分配。之所以如此,是因为通过出让方式流转的农村集体经营性建设用地,在土地出让以后的合同期间,集体经营性建设用地使用权人已经"买断"了土地使用权。二级土地市场实际上是土地使用权的再次流转,与作为土地所有权人的农民集体不存在利益关系。政府对二级土地市场交易进行的征税,主要是为了防范土地投机活动,调节国家和获得土地交易收益的土地使用权人之间的利益分配。

三、严禁地方政府占有集体土地出让收益

在收益分配机制的构建中,还需要严格禁止和防范地方政府占有集体土地出让收益。在允许农村集体建设用地入市交易以前的很长一段时间内,大多数地方政府通过征地来创造财政收入。除地方国有建设用地使用权出让时收取的土地出让金外,建设用地交易过程中涉及的增值税、城市维护建设税、房产税、契税、城镇土地使用税、耕地占用税、土地增值税、新增建设用地有偿使用费等各种税费收入,也都归入地方财政。农村土地入市之后,中央政府势必会出台更加严格的管控措施,严格限定征地条件,缩小征地范围,征地势必越来越难,很多地方政府所依赖的土地财政将难以为继。在地方财政吃紧,甚至出现财政赤字,而现实发展却急需资金的情况下,很多地方政府就容易盯上农村集体建设用地,希望在农村集体经营性建设用地使用权流转的过程中获取更多的利益以充实其地方财政。正是基于这种原因,要在制度层面采取有效措施防范地方政府不当侵占集体经营性建设用地流转所得。

严防地方政府以土地管理者的身份从集体经营性建设用地流转中获取大量不当利益。地方政府在土地流转过程中承担指导者和裁判员的角色,这意味着地方政府很可能制定具体的实施细则,确定集体经营性建设用地流转的具体实施办法,其中就包括了收益分配的具体办法,并以此作为牟取土地利益的工具。从一些地方的实践来看,各试点地区政府在农村土地制度改革过程中,存在提取“土地入市调节金”“土地出让收益金”“土地开发专用金”等各种资金的现象。因此,为防止地方政府侵占农村土地入市收益,中央政府有必要制订统一标准,规定地方政府除可以征收法定比例的税收外,以及其他允许收取的刚性费用外,禁止在法律和行政法规规定之外另行收取任何费用,以保证大部分增值收益能够留在农民集体手中。

要严防地方政府以提供公共产品提高了土地价值为由,收取法律和行政法规规定之外的费用。完善的公共基础设施确实能够提高土地的价值,但是土地的价值主要还是由其稀缺性所决定的,其增值也是社会经济发展、政策导向等各方面的因素共同作用的结果。因此,不能说因为提供了公共产品,就把土地的增值收益归因于此,从而收取各种名目的费用。况且,政府作为管理者,本身就有责任、有义务提供公共服务,这是地方政府的职责所在。总之,地方政府不得以此作为要价的“筹码”,在土地流转中为自己博取超额利益。

四、协调农民集体和集体成员之间土地收益的分配

除农民集体与政府、土地使用权人这些外部利益分配协调外,农民集体内部之间如何分配集体土地入市所获收益,也是集体经营性建设用地流转利益分配机制需要关注的问题。我国农村的土地归农民集体所有,这意味着农村土地所有权人是农民集体。“农民集体”既是“农民”,又不是“农民”,与“农民”存在统一与对立的地方。一方面,“农民集体”由农民组成,代表了每个农民的根本利益。“农民集体”既不是具有法人资格的实体,又不是自然人实体,其作出决策和享有利益还是通过农民来实现的,即“农民集体”本身是没有利益需求的,其背后还是农民的利益需求。从这个意义上来说,“农民

集体”就是“农民”,土地归“农民集体”所有也即归“农民”所有。另一方面,“农民集体”与“农民”又存在不一致和利益不统一的地方。在现实利益分配下,有话语权的“农民”只是当前农民集体的成员,其作为独立的个体、独立的自然人,除集体意志外,必然是有个人的利益诉求和价值取向的。而农民集体作为一个集体组织而存在,具有一个整体发展和长远发展的问题。这就需要为整个农民集体的整体发展和长远发展提供发展公益资金。这些为整个集体长远发展所支出的资金,需要从当前集体经营性建设用地流转中留存,但农民集体成员,即个体的“农民”,尤其是已经离开农村进入城市定居或者有意愿到城市定居的农民,很可能会出于谋求个人利益最大化的本能,更多地考虑当前的个人利益,比如,其会主张把全部的土地流转收入分给现有农民集体成员,不愿为农民集体整体的长远发展考虑。在这种情形下,“农民”与“农民集体”又是不一致的,农民个人所作出的决定并不能代表整个农民集体的本质利益需求。

考虑到这种情况,在农民集体和农民集体成员之间分配农村集体经营性建设用地使用权流转收益时,不能仅仅依靠农民的简单表决,也不能仅看“农民集体”的决策意见。必须要认识到,农村土地不仅是当前一个个农民的财产,也是后辈农民集体成员的财产,任何人都无权透支或侵占子孙后代的资源,需要考虑到农民集体整体和长远发展的需要。在具体制定分配政策时,应当让作为理性人和宏观调控人的国家参与进来,国家通过政策的规定进行指导或监管,协调双方的利益分配。在保证现有农民集体成员分得适当利益的同时,也要在农民集体组织内部留存一部分收益,用于集体公益事业和村民社会保障等集体整体长远发展的需要。

第九章　农村土地流转风险及防范

20世纪70年代末80年代初实行家庭联产承包责任制,在社会上曾经引起过广泛的担忧。当时部分人认为,家庭联产承包责任制就是分田到户,认为这违背我国社会主义的性质,可能在我国农民之间引起严重的贫富分化,甚至有可能引起土地兼并。改革开放40余年的实践表明,实行家庭联产承包责任制,将集体土地分给农户承包经营,并没有引起上述问题。我国古代历史上因为土地兼并过于严重,曾经发生过多次农民暴动,引起了社会动荡,更加重了一些人对土地变革的忧虑。一些人对土地变革极其敏感,其中有僵化的教条主义的因素,也有对可能引起社会风险的担忧。

我国现阶段进行的农村土地"三权"分置和农村土地流转试点改革,也引起了部分学者的忧虑。农村土地的市场化流转,农村土地从分散的农户手中向经营者集中,农村宅基地和集体建设用地的市场化流转,都引起了我国部分学者的担忧。有人认为,这种改革可能会引发社会风险,认为土地流转在增加农民收入的同时,会带来农村土地兼并,丧失土地的农民将缺乏最后的社会保障,资本下乡将侵蚀农村和农民的利益,并且引起我国的粮食安全问题等一系列问题。"土地作为一种保障手段对穷人更重要,因为他们通常没有足够的收入去购买现金保险,也没有足够的人力资本从事其他非农工作。穷人拥有了一定数量的土地,至少可以为自己生产足够的食物。"[1]对农村土地市场化流转的担忧,有些是基于对现实问题的误解,有些是对潜在风险的警示,也有一些纯粹是没有依据的想法在作祟。以"三权"分置为主要内容,市场化流转为主要导向的农村土地改革,客观上将推进我国城市化进程,实现农业生产的规模化经营,但也可能在一定程度上产生一定的社会风险,但这种风险整体上也不是不可控的风险。因此,我们在推进农村土地改革和市场化流转的同时,既不要为那些现实中并不存在的有关风险的杂音所干扰,也要重视农村土地流转中确实可能出现的具体风险,采取合理的防范措施应对可能产生的局部性问题。

第一节　农村土地流转的风险

当前,农村土地流转已为中国农村改革发展大势所趋,但一些学者对此有不同的看法和担忧。其中,有一些观点和看法确实是根据实际情况提出来的具有建设性的建议,但也有相当一部分观点更多的是出于意识形态或者自己臆想的担心。总体来看,关于农村土地流转存在的风险问题,主要有下列观点。

一、担心"违背社会主义制度"

持这种观点的学者认为,赋予农民土地财产权的改革可能违背社会主义制度。应该说,持这种观点的学者的担心实属多余。历史的车轮行驶到今日,我国国情已经与改革开放初期大不相同。经过40余年的改革开放,实践已经证明,农村家庭联产承包责任制并没有改变生产资料的集体所有,反而通过赋予农民土地权利和生产经营的自主权,调动了广大农民的生产积极性,使农业生产取得了前所未有的成就。"中国农业发展有走向社会主义道路的制度空间,但中国政府的政策选择使得中国农业发展正在走向资本主义式小农家庭农业。""土地私有化或变相私有化(如各种永佃制)改革思路,无

[1] 姚洋:《土地、制度和农业发展》,北京大学出版社2004年版,第110页。

法克服小农经济的局限性,也无异于放弃农业社会主义改造的制度性成果。这对于我国农业发展而言是一种历史性倒退,并会给农业现代化设置更大的障碍。可以认为,中国农业发展站在十字路口,一方面,中国农业发展正在走向危险的境地;另一方面,中国在社会主义经济制度的框架下还有调整道路的制度空间,而不是已经完全或者无可挽回地是'资本主义'的。"[1]还有人虽然没有明确以所谓的社会主义和资本主义的区分来对待农村土地流转,但字里行间明显地表现出了这种强烈的倾向。"在农村土地问题上,需要明确指出,一旦土地私有化、商品化,农民个体可以自由买卖土地,只是获得短期收益,从长远看必然会导致土地被少数资本持有者收购、吞没,农民将失去土地。土地私有就会成为农民彻底失去土地、彻底无产阶级化的过程。中国农民的数量很大,如果大量农民失去土地,将带来不可想象的后果。"[2]这种观点和表述,将农村土地流转与土地私有化挂钩,所谓的农民"无产阶级化"就是在此论证思路上得出的结论。这种观点不过是以另一种方式表达对农村土地流转的反对。

二、担心"造成农村贫富分化"

持这种观点的学者主要是担心,土地城乡一体化将导致国家缺少建设资金,造成农村贫富分化,导致社会食利者产生。他们认为,我国现行的城乡二元土地制度是世界上最好的土地制度,现行的农村集体土地所有制度决定了,我国可以通过征收农村土地来获得土地财政收入,实现土地增值归公,为我国快速推进工业化和城市化提供充足的财政支持。相反,如果建立城乡统一的土地市场,城市郊区农民可以"一夜暴富",形成庞大的食利者阶层,对非城市郊区的农民不公平。"'缩小宅基地范围,建立城乡统一的建设用地市场,允许集体建设用地入市'按这个方案,土地城市化所产生的农地非农使用增值收益,就主要归特定的城市近郊农民占有了。这些近郊农民因此一夜

〔1〕 王海娟、贺雪峰:《小农经济现代化的社会主义道路》,载《中国乡村研究》2018 年第 1 期。
〔2〕 陈培永:《新自由主义对中国未来发展的潜在危害》,载《红旗文稿》2017 年第 24 期。

暴富,形成土地食利者阶层,城市土地财政收入来源枯竭,快速城市化进程中,城市基础设施建设无法跟上城市规模的扩大,现行土地制度下面凭借土地财政实现的城市化扩大与基础设施建设良性循环的机制,也就不再有效了。而占农民总数95%的最为广大的非城市近郊农民,不仅无法享受到农地非农使用的增值收益,而且他们也更难享受到进城时较好的城市基础设施服务。"[1]

这种观点,站在了国家整体发展资本来源,以及广大农村居民财富利益均等化的角度来审视当前的农村土地改革,看似具有相当的合理性,实则不然。改革开放以来,尤其是20世纪90年代以来,我国工业化和城市化进程快速推进,取得了举世瞩目的成就。改革开放开始的1978年,我国城镇人口只占总人口的17.9%,2018年城镇人口占总人口的比重为59.58%。[2] 改革开放40余年,我国建立了完备的工业体系,成为世界公认的制造大国。这些年取得如此重大的成就,依靠的就是改革开放政策。通过改革开放,发展多种经济形式,国有经济不断壮大,非公有制经济得到快速发展,并且已经成为我国经济的半壁江山。在工业化和城市化的过程中,资本积累主要源于两条途径,中央层面主要是依靠经济发展增加税收收入,地方经济主要依靠当地制造加工业和服务业等的税收,而房地产的发展给城市基础设施建设提供了充裕的资金来源。因为我国大部分地区原来的城市规模不大,国有土地占比有限,所以发展工业和扩张城市就必然涉及使用农村集体土地这一现实问题。这些年来,我国城市依靠征收农村集体土地发展工业,农村地区为工业的快速发展提供了较廉价的工业用地,同时我国通过征收集体土地实现了房地产业的快速发展,极大地改善了城市居民的居住条件,实现了我国城市化的快速扩张。2019年,土地出让金占地方财政总收入的41.8%,以"五税"加

---

〔1〕 贺雪峰:《为什么说中国土地制度是全世界最先进的——答黄小虎先生》,载《湖南科技大学学报(社会科学版)》2018年第3期。

〔2〕 参见《我国大陆2018年末总人口接近14亿》,载新华网,http://www.xinhuanet.com/politics/2019-01/21/c_1210043265.htm。

土地出让金的口径来计算，2019 年土地财政收入占地方财政收入的 52.9%。[1] 主要依靠征收农村土地产生的土地出让金形成的地方土地财政，是一次性的财政收入。虽然一次性的土地财政收入在短期内可以给地方财政带来较可观的基础设施建设资金，但是长期依赖地方土地财政，存在很高的市场和政策风险。像中国这样的大国，最终的发展不可能一直依赖土地财政来提供发展资金，而是需要依靠科学技术进步和生产力水平的提高，实现我国从制造大国向制造强国的转变。要实现这种转变，根本机制在于市场主体有相应的资源投入生产经营，以及进行技术研发，从根本上促进生产力水平的提高。无论多大规模的土地财政都无法实现建设工业化和现代化强国的目标。

从目前的情况来看，我国的土地财政还引发了另一个全局性问题，那就是居民部门负债率急剧上升和财富过度集中在房地产领域。我国居民负债的主要原因在于城镇居民购买住房需贷款。到 2018 年，我国居民部门债务占 GDP 比重达到 50%，居民部门负债主要集中在房地产领域。[2]《中国家庭财富调查报告（2017）》数据显示，2016 年在全国家庭的人均财富中，房产净值占总资产近七成，在城镇和农村家庭的人均财富中，房产净值的比重分别为 68.68% 和 55.08%。[3] 商品房占据家庭财富总量比值过高，居民部门的还贷压力过大，这已经严重影响了我国城市居民购买力的升级。作为一个人口和经济大国，我国经济发展的主要动力在于投资、消费和出口，其中消费的比重必将越来越大。仍然按照以往的土地财政模式，通过征收农村集体土地来发展房地产业，将对我国产业结构的调整和城市居民消费水平的提高产生严重的不良影响。对于那种维持土地二元结构以及通过征收农村土地来实现土地财政的观点，这种做法长此以往不但会使我国农业和农村地区发展缺少必要资金，而且对我国宏观经济的良性发展也极端不利。至于说集体建

---

〔1〕 易居研究院：《2019 年地方政府对土地财政的依赖度报告》，载中房网，http://www.fangchan.com/data/134/2020-02-25/6637964452304327335.html。

〔2〕 参见肖立晟、袁野、柯楚秋：《审视中国的债务风险》，载《中国金融》2019 年第 11 期。

〔3〕 参见经济日报社中国经济趋势研究院：《中国家庭财富调查报告（2017）发布——房产净值成家庭财富最重要组成部分》，载《经济日报》2017 年 5 月 24 日，第 15 版。

设用地流转主要发生在城市郊区,产生数量巨大的食利者阶层,对其他地区的农民不公平的观点,这是没有考虑到对于农村集体建设用地流转产生的收益,国家可以通过税收等杠杆作用,实现较公平的利益分配。国家通过税收的机制参与高地价的农村土地流转收益分配,将所获利益的一部分用于城市基础设施建设,另一部分则可以通过财政转移支付等方式用以支持不发达地区经济社会的发展。所以,即使是我国城市的城中村或者城市郊区的集体建设用地,因为与国有建设用地同地同权而通过流转产生了较高收益,这些收益也不可能全部由城中村或者城市郊区农民享有。通过法定的土地使用权流转收益分配机制,可以在国家、集体和个人之间达到一个相对利益平衡的状态,避免食利者阶层的产生,由此也可以避免造成严重的贫富分化。

三、担心“引发土地兼并”

在农业社会,土地兼并一直是颇受关注的问题。20 世纪 90 年代之前,我国史学界主流的话语体系一直认为,中国封建社会发生周期性的农民起义的根本原因在于土地兼并。一个王朝建立之后逐渐发生土地兼并,最后导致富者连绵阡陌,穷者无立锥之地。丧失土地的农民贫困潦倒、食不果腹,最终由此爆发了大规模的农民起义,而农民起义不但推翻了旧政权,而且造成了社会动荡。再加上中国共产党在革命时期,在广大农村地区开展“打土豪分田地”土地革命,让广大无地的农民获得了土地,得到了广大农民的拥护,成功取得了国家政权。“随着资本过剩压力下城市利益集团推动,很容易导致土地向少数人集中的、满足资本利益的、不再强调公平的所谓改革要求。其实,如果实现了土地及自然资源的规模化集中、资本化开发,所产生的收益也往往为少数人分得。”[1]“在我们看来,不能从农业生产的工业化、农村管理的企业化和农民生活的城镇化去系统地解决中国乡村土地问题,其无论是旧土改、还是新土改;其土改是以国有化为主、还是以私有化主,都难以解决中国

[1] 温铁军:《土地改革与中国城镇化》,载《小城镇建设》2015 年第 8 期。

土地的历史性社会毒瘤——土地兼并的巨大的社会与历史危害。”[1]

这种土地兼并论没有考虑到传统农业社会与我国现阶段的社会背景的巨大差异,是没有必要的杞人忧天。关于我国传统农业社会土地兼并引起农民起义的论断,是新中国成立以后到改革开放之前,我国史学界盛行的主流观点,这种观点没有得到具体事实的证实,只是一种通过逻辑演绎得出的结论,这种观点是否正确本身就存在疑问。改革开放以后,学界对我国封建社会历史的研究愈发深入,土地兼并引起农民起义进而导致社会动荡这一观点,受到了史学界相当多人的质疑。我国封建社会发生动摇王朝根基的历次大规模农民起义,其直接原因并不是土地兼并,而是政府的沉重赋税导致大批农民破产,再叠加各种自然灾害引发大量流民聚集。从我国历次大规模的农民起义所提出的诉求来看,很少有大规模农民起义提出均田赋的主张,这说明了土地兼并不是大规模农民起义的主要直接原因。相反,农民起义对政府苛政的控诉,往往成为直接的诉求。以我国明末农民起义为例,当时农民起义提出的“迎闯王,不纳粮”口号,直接反映了明朝末年普通农民沉重的税负是导致农民起义的主要原因,农民起义并不是因为土地流转引起的土地兼并。

况且,我国当下进行的农村土地流转,并不会引发土地兼并。

第一,现行的市场化流转的农村土地改革与封建社会土地兼并有本质不同。封建社会发生大规模土地兼并的主要原因在于豪强对自耕农的超经济剥削,而现行我国土地改革中的农村土地流转重在实现市场化交易。虽然在我国封建社会也始终存在基于市场因素进行的农村土地流转,但是我国封建社会大规模的土地流转引起社会问题,主要是因为自耕农无力负担沉重的赋税,被迫将其土地献给豪强,沦为豪强的佃农,以此逃避官府的承重税负。占有大量土地的豪强属于社会的特权阶层,享受免予纳税的特权。特权阶层利用其社会地位,以无偿或者近乎无偿的方式获得了大量土地,这才是我国封建社会土地兼并的主要特征。我国现在进行的农村土地改革,其中包括农村

[1] 亚思明:《不要让土改沦为新形式的土地兼并》,载《资源与人居环境》2008年第23期。

土地流转,在制度层面上已经彻底消除了特权社会阶层利用自身的优势地位,低价或者无偿掠夺农民土地的基础,农村土地的流转也是基于经济原因的自愿平等交易。特别是在废除农业税以后,享有农村土地权利本身不存在税费负担,不存在像封建社会一样因为税费负担沉重而引起的超经济土地兼并的社会基础。

第二,经济结构的巨大差异消除了大规模土地兼并的动力。我国现在跨入工业化的中后期,社会的主要财富集中在工商业领域和服务业领域。国家统计局数据显示,近些年来我国农业产业 GDP 占比已经低于10%,且总体呈现逐年下降的趋势,2018 年我国农业产业 GDP 的占比降至 7.2%。[1] 由此说明,将资金投入农业生产领域,投入农业用地领域,往往无利可图。发达国家的经济数据也表明,农业产业是需要政府补贴的弱势行业,也几乎没有企业因为占有大量农用土地而成为经济巨头。正是因为财富由农村向城市集中,由农业部门向工业部门和第三产业转移,整个社会丧失了占有大量农业用地的强烈动力,也就不可能出现大规模的农村土地兼并现象,农村土地流转的结果只能是种粮大户、家庭农场和农业企业并存的局面。

第三,我国农村土地流转也不存在导致大规模农村人口失业的风险。随着我国工业化进程的加快,以及受计划生育政策长期实施的影响,近年来,城乡居民生育意愿下降,我国人口增长幅度整体上呈负增长。我国农村地区劳动力人口向外输出的增长幅度也呈现下降趋势。我国农村人口增长呈逐年下降趋势,虽然农村劳动力人口向城市的转移仍将继续,但是农村已经不再能够为工业化提供源源不断的剩余劳动力人口。我国已经逐渐呈现劳动力人口数量不足的端倪,"刘易斯拐点"已经到来或者即将到来。

国家统计局《2018 年农民工监测调查报告》表明,2014~2018 年,我国农民工虽然总量继续增加,但增长幅度整体上已经呈下降趋势。2018 年农民工总量为 28,836 万人,比上年增加 184 万人,增长 0.6%。农民工增量比

---

〔1〕 参见林小昭:《中国经济 70 年:GDP 从 600 亿到 90 万亿,第三产业逐步成为发展新引擎》,载第一财经网 2019 年 6 月 20 日,https://www.yicai.com/news/100231938.html。

2017 年减少 297 万人，总量增速明显比上年回落 1.1 个百分点。2018 年，虽然农民工数量总量仍在增加，但新增外出进城务工农民 13,506 万人，比上年减少 204 万人，下降 1.5%。[1]

近年来，我国农民工平均年龄呈上升趋势。2018 年农民工平均年龄为 40.2 岁，比上年提高 0.5 岁。从年龄结构看，40 岁及以下农民工所占比重为 52.1%，比上年下降 0.3 个百分点；50 岁以上农民工所占比重为 22.4%，比上年提高 1.1 个百分点，近 5 年呈逐年提高趋势[2]（见图 9－1）。

图 9－1　2014～2018 年我国农民工规模

资料来源：国家统计局：《2018 年农民工监测调查报告》，载国家统计局官网，http://www.stats.gov.cn/tjsj/zxfb/201904/t20190429_1662268.html。

农村土地流转以后，对农村土地进行规模化和集约化经营，投入更多的资金和技术进行农业生产，提高农业生产效率，确实会减少农业生产部门对劳动力的需求。但无论如何，在我国农业用地规模化集中经营逐渐发展的过程，农户会根据自己的情况决定是否将其土地流转，不会在丧失工作机会的

---

〔1〕 参见国家统计局：《2018 年农民工监测调查报告》，载国家统计局官网，http://www.stats.gov.cn/tjsj/zxfb/201904/t20190429_1662268.html。

〔2〕 同上。

前提下将自己的土地进行流转。随着我国工业化的进一步深入，工业化水平的进一步提高，城市对劳动力人口的需求进一步增加，但是城市本身往往又呈现人口下降趋势，需要大量的农村劳动力人口进行补充。即使对我国农业进行高度集约化经营，在整体劳动力人口减少的大趋势下，农业生产高度集约化产生的剩余劳动力，也可以通过城市强劲的劳动力需求加以消化。这既提高了农业生产效率，又为我国工业化城市化提供了更多劳动力。

四、担心"土地同权不符合宪法"

这种观点主要是认为，农村土地流转体现的"土地同权"不符合《宪法》规定。虽然绝大部分人也认为，无论是农村集体土地还是城市国有土地，都是社会经济发展的生产资料，从法律上讲，无论是国有土地所有权还是集体土地所有权，无论是国有土地使用权还是集体土地使用权，全部都是法律上平等的物权，应当平等地受到法律保护，权利主体享有平等权利，在入市交易过程中应当实行同地同权的政策，这是法律理论的应有之义。但是，却有极个别人认为，只有维持城乡二元土地结构，才符合《宪法》的规定。"将土地国家所有与集体所有两种权属形态与城乡两类主体结合形成我国土地二元制度结构。法律规定城市土地属于国家所有，城镇建设必须通过征收集体所有土地完成，显示城乡建设用地权利不同的制度属性。按照物权平等原则批评城乡建设同地不同权，是忽视土地作为基本生产资料的公有制属性。""中央提出建立城乡建设用地统一市场的改革目标，是为更有效配置土地资源和更公平分配土地增值收益，在探索出具体操作办法之前，现行制度不宜简单抛弃。"[1]

农村土地流转并不改变农村土地生产资料的公有制形式。我国《宪法》和其他法律规定，城市的土地归国家所有，农村土地归农民集体所有，这是我国土地公有制在《宪法》和其他法律上的两种实现形式。以土地"三权"分置

---

〔1〕 桂华：《城乡建设用地二元制度合法性辨析——兼论我国土地宪法秩序》，载《法学评论》2016 年第 1 期。

为核心的土地改革和农村土地流转制度,并没有触及农村土地集体所有的问题,仍然坚持和维护了农村土地集体所有制。即使是进行市场化流转,流转的也只是农村集体建设用地使用权以及农用地的土地经营权,农村土地的集体所有制没有动摇,也不会动摇。农村土地的“三权”分置改革和农村土地的市场化流转,以及农村土地流转与国有土地流转的同地同权,都没有削弱农村土地的集体所有制属性。无论是土地国有还是土地集体所有,都是土地公有制的不同形态。相反,我国《宪法》关于土地的规定,为一体化的城乡土地制度提供了充分依据。我国《宪法》第 10 条规定:“城市的土地属于国家所有。农村和城市郊区的土地,除由法律规定属于国家所有的以外,属于集体所有;宅基地和自留地、自留山,也属于集体所有。国家为了公共利益的需要,可以依照法律规定对土地实行征收或者征用并给予补偿。任何组织或者个人不得侵占、买卖或者以其他形式非法转让土地。土地的使用权可以依照法律的规定转让。”该条中“国家为了公共利益的需要,可以依照法律规定对土地实行征收或者征用并给予补偿”的内容,反而为城乡统一土地市场提供了充分的宪法依据。按照这一条文的规定,国家只有为了社会公共利益的需要才可以对土地进行征收或者征用,这就意味着在其他情形下,即使是为了经济建设的需要使用农村集体土地,也不能采取征收或者征用的方式。国家为了建设需要使用农村集体土地时,只要不是为了社会公共利益,就必须以市场化方式从农民集体处获得土地使用权,其他任何组织和个人也同样如此。由此可见,我国《宪法》对土地征收或者征用的限制性条款,为城乡一体化的土地市场提供了充分的宪法依据。

建立统一的城乡建设用地市场,是我国城乡走向共同繁荣的现实要求。无论我国采取何种土地权利制度和社会治理方式,最终的目标都是实现城乡共同繁荣,这是我国长期的既定方针和目标,也是社会主义共同富裕的基本要求。我国从农业集体化运动开始到现在实行的城乡二元土地权利制度,都只不过是特定时期为了尽快实现工业化而不得已采取的从农村获取资源的措施,并不是我国发展所追求的终极目标。从农村集体化运动开始到现在已经超过半个世纪,我国已经建立并且基本建成了涵盖所有门类的工业体系,我国已经基本实现了从农业社会向工业社会的转变。从全球的横向竞争来看,我国农业的竞争能力远比工业竞争能力弱,原先通过城乡二元结构获取农村资源支持工业化发展的政策,已经不能再继续持续下去,现在要实现城市和乡村的共同繁荣。要实现城乡共同发展和共同繁荣的目标,就要实行工业"反哺"农业、城市"反哺"农村的政策,在为农村和农业提供补贴的同时,必须破解城乡二元结构,推进城乡一体化进程。这既包括消解城乡二元户籍体制,也包括消解城乡二元土地制度,实现国有土地和集体土地的平等权利,最大限度地限制国家征地范围,允许农村集体建设用地直接入市交易,体现对农村土地集体所有权的尊重和保护。如果仍然继续实行城乡土地二元制度,不允许农村集体土地交易,那么地方政府基于土地财政的激励,会继续大量征收农村集体土地以进行经济建设,这不但容易形成重大土地违法行为,使农村和农民很难在土地征收过程中获得公平对待,导致农村和农民的土地经济权利容易遭到侵犯,而且也意味着继续实行城市对农村的剥夺,城乡共同繁荣的目标就根本无法实现。

五、担心"破坏乡村治理结构"

一些社会学学者,出于维护现行的乡村治理结构的考虑,认为土地的流转,尤其是农村土地的规模化流转,会产生大量农村土地向少数人集中的问题,导致农民失去土地,使无地的农民和拥有大量土地的资本力量之间产生对立,动摇乡村治理的社会基础。这种观点认为,农村土地的流转只能局限在同一农村集体经济组织内部成员之间,而且只能是零星的小规模化流转,反对农村土地尤其是承包地规模化的跨区域流转。"我反对的是不可逆的土地流转,比如由地方政府推动的大规模土地流转。地方政府推动的大规模土地流转背后,大都有资本力量的介入,资本介入与政府推动往往是结伴而行。当前农村土地经营权实际上一直是在流转,这样的流转往往是自发、小规模、不规范,且局限在村庄内部农户之间的土地流转,这样的土地经营权自由流转就没有任何问题。”[1]“资本高价流入农地以形成规模经营，仅仅种粮食无法盈利，因此需要有国家财政的支持。同时，大规模经营的农户与仍然无法进城却又失去土地的村庄老弱病残之间没有利益联系和社会联系，这样两个群体之间有的只是对立与冲突，不可能形成稳定的治理结构。”[2]一些从事乡村研究的社会学学者也持有同样观点。集中的大规模的农地流转并不可行，这不只是损害农民权益的问题（实际上，我们在前面已经分析过，大多数农民是认可这种流转方式的），更重要的是将给农村稳定造成不利影响……农民自发的土地流转虽然在形式上并不符合经济学、法学等要求的规范性，却在大量劳动力流出的情况下，保证了土地的有效利用，并形塑了一支维护社区秩序和农村稳定的中坚力量。[3] 他们的观点和看法总结起来大体如下：(1)农村土地规模化流转以后，青壮年劳动力人口除进城务工外，留在农村的便由自主生产经营的农民沦为农业企业的雇工；(2)只有村庄内部自发零星的土地流转，才能维持一批青壮年劳动力在农村从事农业生产经营，保障一批青壮年劳动力人口在农村地区维护乡村秩序；(3)规模化的土地流转促使乡村地区青壮年劳动力进城务工，留在农村的老弱病残人员难以发展成为大规模经营农户，由此农村地区会形成两个利益对立的群体。

“规模化的农村土地流转破坏乡村治理结构”的观点，表面上看起来有一定的道理，但这种观点没有考虑到工业化和城市化进程不可避免地会对现代农村社会造成的冲击，与农村土地的规模化流转没有必然联系，更没有考虑随着工业化和城市化进程的进一步加快，农村人口进一步减少是大势所趋。而且，我国农村土地流转必须遵循自愿原则，农村土地流转采用何种方式，由农民自主决定，农民自身可以根据自己的利益判断，采取不同的流转方式。

一方面，农民从自主经营的小农户向农业工人转变，反而可以提高自身

[1] 贺雪峰、黄晓峰：《农地流转绝不能“不可逆”》，载《国土资源导刊》2011年第3期。

[2] 贺雪峰：《为谁的农业现代化》，载《开放时代》2015年第5期。

[3] 参见王德福、桂华：《大规模农地流转的经济与社会后果分析——基于皖南林村的考察》，载《华南农业大学学报（社会科学版）》2011年第2期。

的收入。外来资本介入农村土地流转,农村土地的规模化流转导致农村生产经营用地进一步连片集中,可能会彻底打破我国农业生产小农户经营的碎片化现象,使部分原本自主经营土地的农民放弃农业生产经营主体的身份,或者进城务工,或者留在农村成为大规模农业生产经营者的产业工人。从我国目前的情况来看,在农村地区,除少数家庭农场或者承包大户直接从事农业生产经营外,一般的农户也会兼业从事农业生产经营活动。农业的低附加值,决定了农业生产经营活动在没有规模效应的情形下很容易产生亏损,不但生产产值低下,而且农民还必须支付租赁农业机械设备以及购买化肥、农药、种子等成本。单纯地经营自己的承包地,已经难以支付农业再生产和劳动力再生产的成本。也正因如此,我国出现了规模巨大的进城务工人员群体,农民希望在农业生产之外的工业和流通领域寻找工作机会,获得更高的工资性收入,由此形成了数量庞大的农民工群体。通过农村土地的规模化流转,进一步促使农村青壮年劳动力人口向城市和工商业产业以及服务业转移,留下来的农村劳动力则成为农业经营企业的雇员,在农业企业上班从事农业生产经营活动,从农业企业获得工资性收入。劳动力本身具有流动性,农业企业向农业工人支付的工资不可能太低,留在农村受雇于农业企业的农业工人,获得的收入肯定高于作为个体小农户从事农业生产经营的收入。从小农户到农业企业雇员的身份转变并不会恶化农民的经济状况,只会使农民的收入进一步增加。

另一方面,在农村维持超过农业生产所必需的青壮年劳动力人口数量,只会进一步恶化乡村治理。从20世纪90年代开始,我国开始了大量农村劳动人口向城市的转移,有些是定居在城市,还有相当一大部分人口是以农民工身份在城市就业,留在农村地区的劳动力人口占比越来越低。大量劳动人口从农村向城市的转移,并没有降低农业生产总产值,我国粮食总产量连年递增,其他农产品供给也日益丰富,我国农产品供应早已告别短缺时代。我国直接从事农业的人口数量不断下降,农产品供给量却不断增长,这主要得益于我国农村土地承包制和农业技术水平的不断提高。但同时这也说明了一个问题,农业领域的生产经营活动在现有的科学技术水平下,对直接从事农业生产经营劳动力的吸收能力不断下降,农业机械和现代农业设备的使用使农业生产经营不需要数量过多的农业人口,农业人口的不断减少是现代科学技术水平进步的必然结果。在农业科学技术水平大大提高,农业生产的机械化和自动化程度不断提高的情况下,仍然维持数量庞大的劳动人口从事农业生产活动,意味着大量劳动人口会不完全就业,也就是隐性失业。维持数量巨大的劳动人口在各自的小块土地上从事农业生产经营,表面上维护了农村地区的乡村治理,实际上却以农村劳动力人口隐性失业、牺牲农村家庭收入为代价。一个贫困的乡村,无论维持了多少数量庞大的劳动人口,如果无法维持良好的社会秩序,就只能认为是失败的乡村治理。只有工作岗位和就业机会与劳动力人口相匹配的农村,才能维持良好的社会秩序。村庄范围内自发的农村土地流转,很难形成土地经营的规模化效应,整体上将仍然维持以户为单位的农业生产经营。在农业经营普遍效益不好的情况下,仍然会有大批劳动力以农民工的形式进城务工。这样既无法加速城市化进程,也会导致农业生产力水平和农村就业人口不匹配。

第二节　农村土地流转的风险防范

我国农村土地流转,并不存在本章第一节所述的那些似是而非的风险,农村土地流转本身也不是制度设计的最终目标,制度设计的最终目标在于让我国农村的土地制度与我国工业化城镇化速度相匹配,在于建立高效发达的现代农业体系,进一步完善我国的乡村治理,推动形成工农互促、城乡互补、协调发展、共同繁荣的新型工农城乡关系,加快农业农村现代化,全面推进乡村振兴。然而,农村土地流转毕竟是全国性的、复杂的巨大社会工程,农村土地流转的速度规模与质量必须达到一定的平衡。尤其是我国广大农村小农户数量众多,经济社会发展水平不均衡,而农村土地“三权”分置改革是根据农村整体的生产力发展水平进行的自上而下的顶层制度设计。在这种情况下,个别地区难免发生一些风险,对此也不能掉以轻心。

一、集体建设用地流转可能变相为农村土地征收风险

在我国现行的建设用地制度下,各级地方政府为了发展经济的需要,在

需要使用农村土地的时候采取征地的方法，将集体土地转化为国有土地，用于工业企业招商引资，或者用于商业和房地产项目的开发。农村集体土地转化为国有土地的过程涉及农村土地的征收征用这一现实问题。地方政府通过对农村集体土地的征收征用，直接或者间接地获取了土地财政收入，由此形成了被学者广泛诟病的土地财政现象。随着农村土地制度的改革，特别是随着我国《土地管理法》的修改，农村集体土地转化为国有土地的范围将受到严格限制。修改后的《土地管理法》规定，只有为了社会公共利益的需要，才能征收农村集体土地。

地方政府将集体建设用地流转变相为农村土地征收的主要手段为，地方政府绝对主导集体建设用地流转。与 1978 年开始的农村土地承包制度不同，当前进行的农村土地改革过程中，地方政府必然广泛参与。1978 年开始的农村土地承包制是农民自发形成，最后由中央政府承认和确认的，是一场自下而上的农村土地制度变革。农村土地承包制的形式较简单，只是涉及以家庭为生产单位开展生产经营，还是以生产小队为单位开展生产经营这一问题。现行的农村土地流转改革，尤其是其中的集体经营性建设用地改革，在集体建设用地流转过程中，在土地使用权人、作为土地所有权人的农民集体以及需要建设用地的土地受让方之间，往往需要地方政府进行程度不等的协调和介入。集体建设用地又涉及土地利用总体规划和城乡建设规划，关系集体土地所有权人、土地使用权人和地方政府之间的土地利益分配，这些都离不开地方政府的参与。

政府主导农村土地流转，主要体现在主导农村宅基地流转和主导城市郊区或者城中村集体经营性建设用地流转两个方面。虽然我国农村土地“三权”分置改革和农村土地的市场化流转制度包含农业用地改革和农业用地流转的内容，但由于我国实行严格的土地用途限制，农地农用是农村土地改革最基本的底线。违反农地农用这一政策“高压线”，地方政府官员容易受到严厉处罚，地方政府借农村土地流转改革之机，将农业用地进行变相征收的概率相对较低。而且，如果不改变农业用地的用途，流转以后的土地仍然作为农用地使用，获得的收益相对有限，地方政府也就缺乏变相进行征收的动力。相反,宅基地和集体经营性建设用地本身就属于建设用地的范畴,而地方政府采取何种方式具体使用建设用地,中央政府并不进行干预,只是对建设用地总量进行控制。国家通过实行耕地总量控制的方式,控制建设用地的总量。近几年我国部分地区进行了集体建设用地流转试点,从一些地方的试点情况来看,相当一部分试点地区规定,集体建设用地的流转只局限于城市规划区以外的集体建设用地,城市规划区范围内的集体建设用地仍然采取土地征用的办法,浙江省嘉兴市就是其中的典型。其中固然有防止集体建设用地流转破坏城市规划的考量,但更主要的原因是出于政府自身财政利益的考虑。在城市规划区内的土地,单位土地面积价值更高,城市规划区范围内的土地往往既可以作为工业用地,也可以作为商业用地和住宅建设用地。如果将城市规划区范围内的集体建设用地采用市场化方式进行流转,那么虽然政府也可以从中得到一些收入,但这种收入和直接征地获得的收入相比少得多。因此,地方政府在试点过程中缺乏将高价值农村土地用于市场化流转的动力,甚至会想办法对高价值农村集体建设用地流转进行控制。

为了防范地方政府变相征收集体建设用地,在农村土地制度改革过程中,中央政府需要通过制度设计的方式,强调集体建设用地流转必须以集体土地所有权人和土地使用权人为主导,地方政府的主要职能在于制订科学的土地利用总体规划和城乡建设规划,在于进行必要的协调。在农村集体建设用地的流转中,由作为土地所有权人的农民集体作为土地流转的主体,农民集体自主决定土地流转的方式、期限、价格等事项,基层政府对农村集体建设用地流转是否符合土地利用总体规划以及是否符合城乡建设规划进行监督管理,在一般情况下不能直接介入集体建设用地流转的微观事项。在确实涉及跨村合作等需要由政府部门出面协调的事务时,地方基层政府应集体经济组织的要求,进行必要的帮助和指导,但最终还是由土地权利人自己决定土地的流转。只有这样对基层政府在集体建设用地流转中的作用进行定位,严格禁止地方基层政府在农村土地流转过程中的越权行为,才能确保农民集体和农民的土地权利和土地利益不会受到不当侵犯,才能保障基层政府权力的规范运行,防范基层政府将农村建设用地流转转化成为变相的土地征收。

二、土地撂荒与粮食安全风险

农村土地流转和土地撂荒本身并没有必然联系。相反,我国现行的碎片化农户土地使用模式,在工业化和城市化的进程中受到了一定程度的冲击。正如前文所述,虽然家庭承包责任制激发了农民的生产积极性,使我国的农产品产量得到了前所未有的提高,但小规模的农业生产经营难以为农民提供致富渠道。与此同时,开始于我国20世纪90年代的工业化和城市化,为我国广大农村居民在工商业领域提供了丰富的就业机会,大量劳动力人口从广大农村涌向城市和工业发达的沿海地区,形成了规模巨大的以农民进城务工为主流的移民浪潮。农民在工厂和城市所获的工资性收入远高于承包地经营收入。农业生产的低产值和农村承包地的碎片化,更是导致了在农村从事农业生产只能获得低收入。在经济利益驱动下,大量农村青壮年劳动力离开农村涌入城市。在缺乏青壮年劳动力的广大农村,在土地碎片化、农户分散经营的情况下,从事农业生产经营的劳动力明显不足,各农村地区不同程度地出现了土地撂荒现象。而正是农村土地的流转,将农村承包地集中到了一些农业大户、农业合作社等新型农业经营主体手中进行规模化生产经营。所以说,正是土地流转本身在一定程度上改变了农户个体经营的土地碎片化现象,也使土地撂荒现象得到一定程度的改善。

同样地,现行农村土地改革本身也并不会引发国家粮食安全问题。在一些人看来,农村土地流转有可能危害我国的国家粮食安全,因为农业生产是低附加值的产业,一般人不会通过流入土地从事农业生产经营活动,而是假借农村土地流转占用大片农用地,从事非农建设以谋取其他行业的高利润,由此会导致我国耕地面积减少,最终危害国家粮食安全。他们强调,对农村土地流转,首先必须"有利于粮食安全,十几亿人口的国家,吃饭始终是大事。特别是石油价格高企,生物能源产业化已经成为现实,汽车也要吃粮食了,粮食安全更脆弱了,更紧迫了,更复杂了,更重要了"。[1]

---

〔1〕 李昌平:《中国土地流转制度过去、现在和将来》,载《吉林农业》2016年第15期。

毫无疑问,包括农村土地流转在内的任何土地制度安排,首先都必须考虑我国的粮食安全,粮食安全是整个国家安全的前提和基础。我国人均耕地资源稀缺,10%的耕地资源养活了全球近20%的人口。在这种情况下,我国实行世界上最严格的耕地保护制度。无论过去、现在还是将来,也无论是在法律还是在政策层面,我国都要一直强调基本农田保护,严格控制非农建设占用耕地。我国特别实行了坚守18亿亩耕地红线的永久基本农田保护政策,强调不得通过调整土地利用总体规划来占有永久基本农田,涉及重大建设项目确实需要使用永久基本农田的,即使在可行性研究论证阶段,也必须由省级土地行政主管部门对其必要性和合理性以及耕地补充方案进行论证,并报国土资源部(现自然资源部)进行用地预审。农用地转为非农建设用地,以及土地征收必须依法依规报国务院批准。在土地流转改革过程中,上述所有的我国永久基本农田保护政策都必须得到坚持和维护,不得动摇。这是保障我国国家粮食安全的底线和前提,也是进行农村土地流转改革的前提。

是否能够坚守18亿亩耕地红线,能否坚决杜绝将农业用地转化为建设用地,确保永久基本农田面积不减,能否确保国家粮食安全,与农村土地是否市场化流转没有任何关联性。农村“三块地”流转并没有改变土地用途,即使在农村土地改革试点地区,也是进行没有改变土地用途的土地改革试点工作。包括承包地在内的所有农业用地的流转都必须严格坚持农地农用的原则,决不允许将农业用地转化为建设用地。在农业用地发生流转以后,土地流入的一方也必须完全按照土地性质从事农业生产经营活动,不允许将农业用地转为非农用地,也不允许土地流入的一方撂荒土地,否则土地流出的一方有权收回承包地经营权。农村集体经营性建设用地原本就不是农用地,而是建设用地,集体经营性建设用地流转本身不会减少农业用地数量,无论是将集体经营性建设用地用于工业用途、商业用途或者用于住宅建设开发,都不影响现有的存量农用地的数量。我国目前的宅基地改革试点过程中,确实存在将宅基地与集体经营性建设用地打通的情况,在严格实行“一户一宅”和节约用地原则的前提下,将通过宅基地改革获取的连片宅基地转化为集体经营性建设用地。但就本质而言,宅基地和集体经营性建设用地没有根本性

差异，都是农村集体建设用地。宅基地与经营性集体建设用地两者都属于存

[illegible]

营性建设用地之间的[illegible]

分宅基地入市交易，集体经营性集体建[illegible]

不会引起农业用地的减少。所以，将农村土地流转与[illegible]

缺乏基本逻辑的荒唐结论。

其实，无论是否进行“三块地”改革，无论是否进行农村土地流[illegible]须严加管控将农业用地转化为非农建设用地。耕地面积是否继续减[illegible]存在粮食安全问题，主要取决于国家对农业用地转化为非农用地在事实上的管控能力。我国的重大土地违法行为，无论是政府直接的土地违法行为，还是在地方政府默许下发生的企事业单位土地违法行为，都与地方政府的土地财政和招商引资激励机制有关。正如有学者指出的那样，“在我国，地方政府是土地违法的主要主体，而地方政府的违法动机又同时来自于财政激励和引资激励两个方面”。“①在全国层面，财政激励和引资激励都是地方政府土地违法的重要驱动因素，且后者的驱动作用要更强。②在东、中、西部的区域层面，东、中部地区的土地违法主要受引资激励驱动，财政激励的作用并不显著；而西部地区的土地违法则受财政激励和引资激励的共同驱动，且后者的作用更强。”[1]虽然农村土地流转与耕地面积减少和国家粮食安全没有必然的关联性，但是中央政府仍然必须加强对地方政府土地执法行为的监控力度，防范极个别地区趁农村土地流转改革之机将农用地转化为非农建设用地。

第三节　农村土地流转的技术性风险防范

我国现行的“两权分离”农村土地制度，是改革开放初期设计的与农村村民身份完全重叠的土地生产经营制度。这种农村土地制度的最大特点是

〔1〕 张绍阳、刘琼、欧名豪：《地方政府土地违法：财政激励还是引资激励？》，载《中国人口·环境资源》2017年第8期。

土地权利只能基于农村村民身份而享有，任何农民集体成员之外的人都不能享有土地权利，除非其基于特定原因获得了村民身份。在长期生产经营过程中农户自发形成的一些土地流转，也没有跳出村民身份的框架，土地流转的方式也较简单，几乎不带有任何市场因素。因此，这种土地流转应该说几乎没有太多风险。而在现行推动的以市场化为主导的土地流转试点及未来的土地制度改革中，因为市场因素的介入，农村土地流转范围不再局限于集体经济组织成员，流转方式也更加多元。市场是资本的舞台，任何资本都有趋利的特性，在市场作用下，土地作为市场中的生产经营要素，其生产经营风险难免会增加。为此，在当前推进的农村土地流转制度改革中，政府需要在具体的流转技术设计方面，增加法律制度风险防范机制，警惕和防范土地改革和流转中出现的技术风险。

一、农民土地入股经营企业的法律风险

我国农村土地流转改革目前整体上处于探索阶段，农村土地流转有出租、调换、出让、入股等多种形式。一般农民之间自发形成的小规模农村土地流转，流转周期较短，流转方式更灵活，不太可能引发大的危机。但是，对于农村土地以入股方式流转至企业性质的农村土地经营者，必须高度警惕和防范其中风险。

这类企业性质的土地经营者为了规避风险，往往将企业注册成为公司类型的法人组织。按照我国现行法律的规定，企业股东对企业法人债务承担有限责任。也就是说，公司责任与股东责任分离，公司财产与股东财产分离。只要股东按照章程的规定完成了出资义务，如果企业因为经营不善等原因无力偿还债务，公司以公司财产对外承担全部责任，而股东就只是在其出资范围内对公司债务承担责任。在公司制企业组织架构下，股东对企业债务承担有限责任，已经完成了出资义务的股东不需要对企业债务另行承担责任，这就大大降低了股东风险。同时，公司必须以自身的全部财产承担责任，这既包括股东出资的财产，也包括公司自我积累的财产。这是企业法人制度的基本特征。

农民以入股方式将其土地经营权作为出资入股农业企业法人，也是农村土地经营权流转的一种方式。但是，农民未必能够理解这种土地经营权流转方式存在的巨大风险。在以土地经营权入股农业生产经营企业法人的情形中，农民入股以后就成为农业企业法人的股东，农民原本享有的农村土地经营权便转化为公司财产，农民以丧失土地经营权为对价获得一定比例的农业企业法人股权。农业企业法人和股份合作社相比，有两点重要的区别。其一，两者表决权不一样。在股份合作社这种组织形式中，一般而言出资更多的成员和出资更少的成员有相同的表决权，原则上各社员的表决权相同；在股份制企业法人中，股东则按照同股同权的原则行使表决权，出资越多的股东的表决权越大。其二，出资财产退还机制不一样。股份合作社的成员有退出合作社的权利，对其入股合作社的财产可以要求合作社退还，合作社的成员只需要补足分摊到自己名下的之前的亏损即可；一旦股份制企业法人的股东出资入股，其出资的财产即归股份制企业所有，入股的股东即丧失对所出资财产的权利，股份制企业的股东可以将自己的股份进行转让，却不可以要求企业法人将自己以前入股的财产予以退还。

在我国土地承包制体制下，一般农户家庭拥有的承包地数量不多，整体价值有限。在农民以承包地入股农业企业的情形中，虽然以土地入股的农民也是股东，但其入股的土地折合成股本，所占股份比甚低，其对企业重大事项的表决权几乎可以忽略不计。也就是说，虽然以土地入股农业企业的农户也是股东，但农户所享有的股权比例几乎无法影响农业企业的生产经营决策。如果农业企业法人运行稳健、经营效益良好，则以土地经营权入股的农民可以获得企业收益。如果农业企业法人出现经营性或者其他原因导致的亏损，企业经营难以为继，则企业的债权人可以要求作为债务人的农业企业，以包括农民入股的承包地经营权在内的全部财产承担责任，甚至可以要求将农民入股的承包地经营权进行拍卖。此时农民既丧失了承包地经营权，又无法获得分红。特别是在农民以其承包经营的土地入股，同时又在农业企业上班成为农业企业工人的情形中，农业企业法人因为经营不善等原因负债，且因此而无法经营下去时，农民入股的土地很可能被强制执行用于偿还企业债务，同时农民自己也失业了,此时农民遭受丧失土地和失业的双重打击。

正因为以土地经营权入股农业经营企业法人,农户存在丧失土地经营权并且失业的风险,地方基层政府和村委会等基层组织,应当培养和提高农民的法律风险意识,对农户以承包地经营权入股农业企业法人的,一定要进行必要的风险提示。在以承包地经营权入股农业经营企业时,出资入股的一个重要环节就是办理土地经营权变更登记。在发现农户因以土地经营权入股农业企业而进行土地经营权变更登记的情形时,登记机关应当向农户宣传相关的法律知识,告知入股经营的法律风险。这样才能最大限度地让农户清楚以土地投资入股农业生产经营企业的法律后果,从而进行是否流转土地经营权的选择,尽量规避或者减少农户因为不懂法律知识而丧失承包地经营权的风险。

二、农村土地流转登记的法律风险

从保障农村土地流转的长期性和稳定性出发,将来农村土地流转过程中需要对流转周期较长的土地经营权进行土地权利登记,对土地流入方给予充分的权利保障,以维持土地流转关系的稳定。我国 2018 年修订的《农村土地承包法》规定,土地经营权流转期限 5 年以上的,当事人可以申请工地经营权登记,未经登记的不能对抗第三人。至于承包地的流转方式,法律并没有作限制性规定。这就意味着,包括长期租赁方式在内的任何形式的承包地经营权流转,都可以进行承包地经营权登记。一旦进行登记,承包地的流入方就享有物权性质的经营权。另外,在以租赁方式长期流转承包地经营权的实践中,租金的给付一般是按年支付,每年支付一次。如果承租方因为经营管理不善而欠下巨额债务,无力支付经营权租金,那么出租农户有权将出租的承包地收回。但是,对经营权已经进行登记的承包地的处理,此时往往面临“两难”的处境。一方面,农户作为承包权人和承包土地的出租人,在承租方没有支付租金的情况下有权收回出租的土地;另一方面,承租人的债权人主张登记在债务人名下的承包地经营权是债务人享有物权的财产,应当将该财产用于偿还债务,而不能由出租方加以收回。这就很容易在承包地出租人和承租人的其他债权人之间引发纠纷。按照物权法原理，只要办理了经营权转移登记的土地，新的土地经营权人就对该土地享有用益物权，当该土地经营权人的财产不足以偿还债务时，其债权人有权要求将通过拍卖土地用益物权等方式所得款项用于偿还债务。在此情况下，如果只满足出租人返还承包地的要求，而不考虑承包地承租人的债权人的主张，那么这种做法就是以牺牲法律的规定为代价来保护承包人的土地权利。但是，如果严格按照法律的规定，满足第三方债权人的要求，就会使农民有丧失土地经营权的危险。一般的农民缺乏应有的法律专业知识，他们很难理解承包地经营权转移登记所带来的法律后果。因此，除非承包地承租人一次性付清整个租赁期间的租金，否则原则上不应当进行承包地经营权流转登记。对于承包地租赁中的承包地经营权流转登记，相关国家登记机关应当对农民进行最大限度的提示，让作为出租方的农民知晓其中风险。这样才能保障农民的利益，否则很容易导致农民遭受损失，进而产生纠纷。

三、忽视原土地使用权人利益的风险

在集体经营性建设用地流转中，土地使用权出让方是作为土地所有权人的农民集体，受让方是需要使用该土地的企业或个人。2016 年我国财政部、国土资源部（现自然资源部）联合发布《农村集体经营性建设用地土地增值收益调节金征收使用管理暂行办法》规定，农村集体经营性建设用地入市或再转让，政府按照20% ~50% 的比例征收土地增值收益调节金。虽然财政部和国土资源部（现自然资源部）的规定主要是针对农村集体经营性建设用地流转试点地区，但是将来也可能制定全国统一的国家土地增值税规则。然而，这一规定只解决了国家与其他土地权利主体之间的利益分配问题，实际的农村土地流转收益分配情况远比规定复杂得多。如果不对有关利益分配机制进行系统设计，或者如果利益分配机制在执行过程中操作不当，则将在相关利益主体之间引发难以协调和平衡的矛盾，很有可能造成严重的利益对立和冲突。

这种利益对立和冲突，主要体现在土地使用权人和作为土地所有权人的

农民集体之间的矛盾。集体建设用地流转所得收益的分配问题,一直是我国农村土地流转理论研究的一个重点,这方面也诞生了较多的研究成果,但是这些研究主要集中在如何确定国家与其他土地权利主体之间的利益分配这一问题上,对于作为土地所有权人的农民集体和土地使用权人之间的利益分配研究则较少。然而,土地使用权人和土地所有权人的利益冲突恰恰最复杂,尤其是原有土地使用权人的利益保障往往没能得到应有重视。

按照现行的一般做法和政策规定,集体建设用地流转的主体是农民集体,但在实践中大部分用于流转的集体建设用地,本身就已经有土地使用权人。如果在集体土地流转过程中,没有原土地使用权人的参与,完全由农民集体一方单独进行土地流转,那么原土地使用权人会觉得自己的权利被别人所代表,没有得到应有尊重,因而可能在达成了土地流转协议,乃至已经办理了集体建设用地流转手续以后,以没有参加土地流转为由,拒不交出已经完成流转手续的土地,不接受、不承认集体进行的土地流转。原来的土地使用权人和新的土地使用权人可能由此产生严重的利益对立与冲突,导致土地流转无法顺利进行,最严重的情况有可能为土地受让方支付了相应价款却无法使用该土地。

此外,土地权利人内部因利益分配而产生的严重冲突与对立,可能成为激化矛盾的“导火线”。我国现行的集体建设用地使用权,包括宅基地使用权和集体经营性建设用地使用权两大类。从现有的土地改革综合试点情况来看,将来很有可能打通宅基地使用权和集体经营性建设用地使用权之间的制度壁垒,让两者均可以作为经营性建设用地使用权出让。每个地区、每一个地块的土地价值都不一样,有的土地还有地上建筑物,如何平衡不同情形下的土地使用权人与农民集体之间的利益分配至关重要,处理不当很可能会引发激烈的矛盾与冲突。特别是在我国相当多的地区,农村集体经济组织客观上已经不复存在,往往由村委会代行集体经济组织职能,以村委会的名义对外进行集体建设用地流转。对集体建设用地流转所得的集体部分的收益,有些地区会在集体成员之间进行分配。作为非土地使用权人的大部分村民,往往要求最大限度地限制原土地使用权人可以得到的分配比例,从而达到大部分集体成员分配数额的最大化。这就在少数原土地使用权人和多数非原土地使用权人的村民之间引起利益冲突。村委会干部不敢也不愿意得罪大部分村民,往往无法满足原土地使用权人的利益要求。

为此,为了防止在集体经营性建设用地流转过程中出现这种技术风险,尽量避免产生不必要的社会矛盾和冲突,需要在具体的流转利益分配机制上进行科学合理的设计。要充分考虑集体经营性建设用地原使用权人的利益诉求,适当与农民集体其他成员作区分,进行一定的利益分配倾斜。在流转程序机制设计上,保障集体建设用地原使用权人的参与权和表达权,以推动农村土地流转的平稳顺利进行。

第十章　优化乡村治理的配套制度构建

农村土地流转的目标是于保持我国农村集体土地所有权制度不变的前提下,改革土地权利结构,强化农民土地财产权,将土地逐渐从身份关系的桎梏中解放出来,让土地回归财产属性,尽可能实现土地资源的市场化配置。现代以来的中国,土地不再是单纯的生产资料和生活资料,而是全社会聚焦的关注点。新中国成立以来,历次农村社会的重大变革往往都与土地制度的变革息息相关。互助组、人民公社和家庭联产承包责任制的改革变迁,既是土地权利和经营方式的变革,也是农村社会治理的同步变迁。这一过程中,我国农村社会治理形式经历了从国家通过基层政权对单个农户进行相对松散的管理,到通过初级农村合作组织、高级社、人民公社再到村委会进行规范管理的。20 世纪 70 年代末开始的农村土地联产承包经营方式,激发了农民的创造力和生产积极性,使中国农村焕发出了巨大活力。与之相辅相成的以农村村委会为载体的"乡政村治"乡村治理模式,整体上维持了中国乡村的稳定与和谐。建立在这种土地制度基础上的乡村治理方式,既保持了国家对农村土地资源和农村人口资源的严格控制,又通过农业生产方式的改变提高了农民的生产积极性,解放了农村生产力,实现了我国粮食和其他作物的增产丰收。尽管我国农业和农村相较改革开放前,已经发生了天翻地覆的变化,但现行具有身份固化和成员封闭特征的村委会制度,与农村土地权利不能流转这一经济基础相对应,难以满足当前加快土地流转,推动形成工农互促、城乡互补、协调发展、共同繁荣的新型工农城乡关系的新需求。随着我国城镇化进程的推进，基于发展现代农业和全面振兴乡村的客观需要，土地流转的封闭性逐渐被打破，以“乡政村治”为主要内容的乡村治理结构也应当进行大的改变。通过乡村治理结构的改革，清除农村土地和房屋等资源市场化配置的“绊脚石”，实现对农民土地房屋财产权的保护，助力乡村振兴战略的实现。

第一节　剥离村委会的集体经济组织职能

自20世纪70年代末80年代初我国进行了农村政治经济体制的全面改革后，我国广大农村逐渐形成了现行的“乡政村治”治理模式。改革初期的乡村治理模式设计是国家政权组织设置到乡镇一级人民政府，由基层乡镇人民政府行使国家权力，在各个乡镇人民政府下辖的各村，村委会是村民自我管理、自我服务的基层群众性自治组织，村委会不具有国家权力职能，其设立目标在于实现乡村自治。[1] 然而，改革初期对人民公社体制下确定的“三级所有、队为基础”乡村治理模式的改革并不彻底。由人民公社体制下承担集体经济职能的生产队改制而成的村民小组，由于种种原因，几乎没有办法行使任何经济职能，村民小组作为农村主要集体经济组织的功能被虚化。原先生产大队的集体财产管理权限和经济职能，逐渐落入村委会手中。村委会在乡镇人民政府权力向基层延伸的过程中逐渐成为乡镇人民政府权力行使的“半代理人”。这样，村委会便逐渐脱离了它的村民自我服务、自我管理的自治组织功能定位，集农村集体经济组织的经济职能与对村民进行行政管理的职能于一身。如此，我国广大农村形成了现行的村委会全面管理农村经济和政治的“政经合一”体制。这种体制不但背离了改革初期设计的村委会自治组织的功能定位，而且导致了农村社区的集体成员和集体资产的封闭性，阻

---

〔1〕 根据1982年《宪法》的规定，村委会是基层群众性自治组织，具有办理本居住地区的公共事务和公益事业，调解民间纠纷，协助维护社会治安，并且向人民政府反映群众的意见、要求和提出建议等功能。1987年11月，全国人民代表大会常务委员会通过《村民委员会组织法(试行)》，确认了村民自治制度的法律地位。1998年《村民委员会组织法》正式实施，村民自治制度在全国推行。

碍了包括农村土地在内的农村集体财产性资源的市场优化配置,与我国快速推进的城镇化进程不相适应。

一、“政经合一”体制是历史产物

20世纪70年代末,我国广大农村地区发生了大变革,农村土地制度和经营方式发生了巨大改变。这直接导致原先的农村土地所有权人和具体生产经营活动的组织者即生产队名存实亡。家庭联产承包责任制的实施,使原先组织集体生产的职能从生产队转到个体农户。作为土地承包人的农户,是农村土地的具体占有者和土地经营者。原先的生产队职能在很短时间内被瓦解,人民公社、生产大队与农村家庭联产承包责任制的生产经营方式也不相适应。为此,到20世纪80年代初期,中央在全国范围内对人民公社和生产大队进行了改造,[1]恢复乡镇一级人民政府以取代人民公社,将生产大队改造成为具有村民自治性质的基层群众性自治组织,即村委会,生产队则成为几乎没有任何职能的村民小组。[2]

二、“政经合一”体制虚化了集体经济组织

通过从“三级所有、队为基础”向“乡政村治”治理体制的转变,国家放弃了对农村自上而下的全面控制,使农民获得了集体化时期所未有的自由。“乡政村治”的治理体制与农村家庭联产承包责任制的土地生产经营方式大体适应,但也带来一些问题,且时至今天,这种体制的弊端愈发明显。其中,最大的问题就是集体所有权主体的虚化和村委会职能的越位。

在集体化时期我国农村最坚实的经济组织——生产队,在家庭联产承包责任制实行以后逐渐落入名存实亡的境地。集体化时期,生产队掌握包括土

[1] 1983年10月,中共中央、国务院发出《关于实行政社分开建立乡政府的通知》,全国各地陆续恢复乡人民政府的建制,到1985年春,全国完成了“社改乡”的工作,全国的5.6万多个人民公社改建为9.2万多个乡(镇)人民政府,原有的生产大队和生产队也被改建为村委会和村民小组。参见[美]黄宗智:《长江三角洲小农家庭与乡村发展》,中华书局1992年版,第178页。

[2] 到1985年,全国已建立近95万个村委会。参见罗平汉:《村民自治史》,福建人民出版社2006年版,第79页。

地在内的农村全部生产资料,生产队既是农村土地的所有权人,也是农村土地的占有权人,同时生产队统一组织农民从事生产经营活动,将劳动生产所得在农民之间进行分配,是农村最具核心力量的集体组织。家庭联产承包责任制实行以后,原来由生产队占有的土地生产资料全部归农户控制,生产和分配职能也从生产队转到农户手中。生产队在这一时间丧失了其基本功能,只剩下集体土地所有权人这一身份。但在我国土地所有权结构中,农村土地集体所有权又是残缺的所有权,农村土地集体所有权不包含一般所有权构造中最重要的处分权。农村土地集体所有权人无权将集体土地通过市场流转的方式出让土地所有权,农村土地所有权便成为不能动弹的"死物"。由原生产队转化而来的村民小组,虽然名义上仍然是农村集体土地的所有权人,但因为不具有任何社会功能,又缺乏必要的经费支持,同样处于名存实亡的境地。

与村民小组名存实亡相比,由生产大队重组而来的村委会获得了与其名义上的法律资格不符的地位。村委会既是村民自治组织,同时又是实际上的农村集体经济组织。按照我国《村民委员会组织法》的规定,我国村委会是基层群众性自治组织,是村民自我管理、自我教育、自我服务的社区组织。依照《村民委员会组织法》的规定,村委会本身不具有经济组织功能,不是集体经济组织。但是,按照我国现行法律的规定,农村土地又归村集体所有,人民公社解体使村民小组名存实亡的事实,又导致了村委会成为事实上的农村集体土地所有权人,行使农村集体土地所有权的各项权能,村委会逐渐成为农村集体土地的实际所有者。

村委会逐渐成为农村集体土地所有权人的根本原因如下:其一,人民公社体制解体以后,村委会成为农村唯一的农村集体组织,这是村委会逐渐成为农村土地所有权人的根本原因。在生产队、生产大队和人民公社的乡村治理模式被废除之后,人民公社被彻底改制为专门行使国家权力的乡镇基层政权,乡镇人民政府的公权力机关性质,决定了其不可能接管农村集体土地的所有权,乡镇人民政府只能代表基层政权对土地资源利用进行管理。原先生产队转化而来的村民小组,除有村委会指定的村民小组组长外,没有其他任何组织架构,没有公章,没有任何活动经费,更没有章程和议事程序。在法律层面上,没有相关立法确定村民小组的法律地位。这种没有组织机构、没有议事规则、没有必要经费的"三无"境况,决定了村民小组无力行使集体所有权的权能,集体土地所有权被虚化。一方面,农村土地由农民集体所有是客观存在的事实。土地征收等都涉及土地权利的变动,都需要相关的组织机构代行农村土地所有权人的职责。这样,作为农村仅存的集体组织——村委会就顺理成章地代行了村民小组的职能。其二,村委会与乡镇人民政府的密切联系,为村委会代行集体土地所有权提供了便利。同时,由于"农民集体"这一概念一直不是太清晰,对于谁才有资格代表农民集体行使集体土地所有权这一问题,农民没有清晰认识,这为村委会行使集体土地所有权创设了条件和便利。在现行体制下,尤其是我国农村城镇化进程不断推进的当下,行使集体土地所有权便意味着可以获得程度不等的利益。在增加村委会收入和增加个人利益的双重推动下,村委会有动力去代替村民小组行使土地所有权。

三、"政经合一"体制带来乡村治理问题

村委会代替村农民集体行使集体经济组织权利,导致了农村社区的封闭性。如果不对此进行改变,我国农村社区现代化改造必然非常困难。村委会是我国最基层的也是目前能较有效发挥作用的自治组织。村委会集村民自治权、村管理行政权和集体土地所有权于一身,与村民成员固定、农村土地不可自由流转和排斥外来人员成为新村民的非市场体制相适应,却与农村土地流转的发展潮流相背离。在稳定和保护农民的土地房屋财产权利方面,我国目前已经确定,村民离开农村地区进城定居的,其在农村的土地、房屋和宅基地等土地权利仍然应当得到法律保护,进城定居的农民仍然对其原先的农村土地、房屋享有权利。这种法律和政策的变化,虽然不会对现行的村委会"政经合一"体制造成冲击,但已经打开了一定的缺口。一旦农民离乡进城定居,他们便不再拥有村民的身份。但如果继续维持村委会集体所有权人的身份,就会出现非集体组织成员却享有村集体组织成员财产权利的逻辑困境,构成

对集体所有权理论的根本挑战。按照集体所有权的理论,集体所有权是集体组织的全体成员作为共同的一个主体,对财产的占有、使用、收益和处分权利。任何集体组织的成员一旦退出,则不再享有以集体成员身份为基础的任何权利。进城定居农民已确定退出村农民集体,却享有村农民集体成员才享有的土地使用权,无论如何都与村委会作为村集体所有权人的制度设计不相符合的。村委会"政经合一"体制与农村土地市场化流转的不兼容,使我国农村社区的封闭性难以被打破。从国家鼓励并支持的长期的农村承包地经营权市场化流转来看,既然农地经营权已经通过市场化流转到他人手中,那受让土地的经营者必然会进入土地所在的农村社区进行土地耕作与使用,将不可避免地与当地的基层政权及其延伸机构发生各种各样的社会关系。如果不改变现行的村委会实际兼任集体土地所有权人的状况,就无法处理土地受让人与村委会的关系。按照现行的村委会体制,村委会成员依旧封闭,除原本的本村集体成员及其后代外,只有与本村村民通婚嫁入当地定居者,才有可能成为本村村民,享有集体组织作为土地所有权人的成员利益,尤其是其中的集体土地补偿款等经济利益。正因为这种经济利益的存在,当下各个村委会都会最大限度地拒绝外来人员的加入,从而导致了成员身份封闭的社区体系的形成。这种在经济利益驱动下形成的农村社区封闭性,导致外来的土地经营者几乎没有取得当地社区成员资格的可能,尽管这些外来的土地经营者受让当地土地进行经营,并且有可能长期在本地社区居住。这种农村社区封闭性的形成,固然有村委会制度设计不当的因素,但其更内在的原因是,村委会实际上兼具村民自治组织和集体土地所有者双重身份。单纯的村民自治组织成员身份不会给村民带来直接的经济利益,单纯的农村社区组织成员数量的增减不会影响其他成员的利益,因而原社区成员也不会拒绝外来成员加入本社区。但是,一旦社区组织成员身份与集体所有权成员身份重叠,情况就大不一样。集体财产总量相对固定,所有成员依据身份参与集体财产收益分配,每增加一个成员,就多一人参与财产分配。这必然使既有的集体组织成员拒绝新成员的加入,外来人口即使长期居住在本社区之内,也很可能会被当地村委会拒绝接纳为当地农村社区组织的新成员。

封闭的"政经合一"治理模式与开放的社会发展潮流不相协调。"现行建立在'政经合一'基础上的村民自治体制及治理方式不仅难以实现有效的公共管理,也难以提供全面的公共服务,造成村民自治和基层民主的封闭性,阻碍了社区和社会的融合。"[1]"如果构成农村社会的三大基本要素——农民、基层组织和基层政府,都在严格的管制之中,必然会使整个社会缺乏活力和效率。"[2]任何农村社区外来人口都与当地的社区自治组织存在密不可分的联系。一方面,从理论上讲,或者从法律上看,外来的土地经营者直接与土地承包人发生土地流转关系,外来务工人员在当地从事工商业活动,他们的行为直接影响当地社会经济发展和社会治理状况,而在现行体制下他们又往往被排除在当地社区组织成员之外;另一方面,这些人的一些社会活动又不可能绕开当地社区组织。基于节约成本的考虑,我国农村的公共基础服务由各村委会提供。在我国广大农村地区,来自政府层面的各项社会公共服务资源都需要通过各村委会、居委会(是指农村地区的小城镇)进行分配。例如,对于与农业有关的土地面积测绘、农业补贴、农机补贴等各项资源的分配,乡镇人民政府必须依赖各村委会提供资料,或者由农业经营者提供信息,而各村委会负责核实,乡镇人民政府再通过村委会下拨各种款项。如果外来居民受让村民经营的土地,那么即使该受让人不是该村村委会成员,也不可避免地会与当地村委会发生千丝万缕的联系,其各项权益的实现离不开村委会的协助与配合。如果外来土地经营者不能成为当地村民,那么这将给土地经营者带来巨大的不便,有可能使外来土地经营者难以通过正常渠道获得其应有的正当利益。

对于这一问题,较好的解决办法是再造农村集体所有权主体。具体的做法是,把实际上的集体所有权人身份从村委会中剥离,另行设立新的村集体经济组织。新的集体经济组织以现有的全体村民为其成员,该集体经济组织可以封闭运行,不因村民数量的增加而增加组织成员人数。外来新增人口只

---

〔1〕 项继权、刘开创:《城镇化背景下中国乡村治理的转型与发展》,载《华中师范大学学报(人文社会科学版)》2019 年第 2 期。

〔2〕 李昌平:《大气候:李昌平直言"三农"》,陕西人民出版社 2009 年版,第 25 页。

会增加村民的人口数,外来人口获得村民身份,对于保障外来人口的合法权益、促进原本村民与新加入村民的关系融合、维护乡村的社区秩序都有重大意义。这种在原本的村委会之外另行组建新的农村集体经济组织的做法,剥离了附加在村民身份上的财产关系,实现了村民身份与农村集体经济组织成员身份的分离,还原了村委会纯粹的农村基层群众性自治组织属性,从根本上解决了农村社区组织的封闭性问题,促使迁居至农村社区的外来人口融入新的自治组织。

第二节 农村集体产权制度的改革

为了确保集体财产利益,尤其是集体土地财产利益不受侵害,需要在进行农村集体产权制度改革的基础上,建立多层次农村集体经济组织,还原集体所有权的本来面目。

一、改革农村集体产权制度

在农村地区开始实行改革开放以后,我国废除了"三级所有、队为基础"的人民公社体制,确立了以家庭经营为主体的土地承包制度,以家庭生产经营模式替代了原先的集体生产经营模式,让农民在取得土地使用权的同时也获得了前所未有的自由。然而,农村土地承包制度只不过是对农业生产经营方式的改变,没有触及我国农村最基本的生产资料制度——农村的土地制度。农民拥有土地经营权,但农民没有土地所有权,土地等最重要的生产资料基本上仍然是归农民集体所有,村农民集体设立的乡村企业财产没有量化分配到集体成员名下,这些原来属于人民公社、生产大队和生产队的财产仍然属于农民集体所有。人民公社体制解体以后,原先生产大队拥有的集体财产和原先人民公社拥有的集体财产,理论上和法律上应分别归村集体和乡镇集体所有。然而,从生产队演化而来的村民小组虽然在理论上承继了原先生产队的身份,但实际上却处于名存实亡的状态,同时在生产大队和人民公社基础上建立起来的村委会和乡镇人民政府被剥离了集体经济职能,这导致了村集体所有财产和乡镇集体所有财产找不到对应的财产所有权人。这在实践中最终演变成由村委会和乡镇人民政府代为行使村集体所有权和乡镇集体所有权,没有达到最初设立村委会和乡镇人民政府时设计的“政经分离”的目标。集体产权主体模糊、集体财产管理人员缺乏相应的管理能力、集体财产权的行使没有受到规范化的监督与制约等各种问题,导致集体资产运行效率不高,出现集体财产流失等现象。我国农村集体经济模糊的产权正成为农村经济发展的制约因素,其低效率的一面已越来越明显。[1] 在这种情况下,我国东部经济发达地区因为原先乡镇企业比较发达,存在大量的村办企业,同时村委会又在原先村集体土地上新建了不少物业用于出租并取得营业收入,有的还设立了各种工业园区或者农贸市场等,还有不少乡镇和村利用集体土地发展了其他工商业企业。随着这些非农化的农村集体经济的发展,如何对这些集体经济收益进行分配,面临体制上的障碍。在这种情况下,我国部分东部经济发达地区在20世纪90年代就开始进行集体经济组织的重建,在村委会之外另行成立村集体经济组织,自发进行农村集体产权制度改革。这种情况在广东省和浙江省尤其普遍。

最典型的莫过于我国温州市“三分三改”政策,即在实行村级集体经济组织重建的同时,塑造新型的农村社区组织,实现城乡一体化的社会治理。从2011年开始,浙江省温州市实行“三分三改”为主要内容的集体经济产权制度改革和社区体制改革,取得了良好效果。“三分”,是指“政经分开”“资地分开”“户产分开”。“政经分开”,是指把村党委和村委会与村级集体经济组织分开,村民身份与村集体经济组织成员身份分开;“资地分开”,是指把集体一般经营性资产与土地资产分离,分别进行处理;“户产分开”,是指把户口与产权关系分开,使农民在农村所享有的各项权益不因户口转换而改变。“三改”,是指“股改”“地改”“户改”。“股改”就是对村集体经济组织的经营性资产全部进行折股量化,按照现代企业经营模式运作。“地改”就是建立农村土地合作社,将农村集体所有的土地纳入集体土地合作社。在保持农村土地所有权不变和保障土地使用权人利益的前提下,实行农村集体

---

〔1〕 参见王振、莫建备:《市场深化与农村集体经济组织的变革》,载《社会科学》2001年第1期。

建设用地流转,允许宅基地用益物权流转,帮助农民进城。"户改"就是按照使用人口和实际拥有住宅进行户籍登记,形成开放包容流动的新型农村社区。温州"通过'三分三改',进一步明晰村民和集体的产权,剥离村民集体产权与村籍身份,打破传统村级组织的家族宗族血缘封闭性,推动农民转变为市民、农村转变为社区、传统集体经济转变为现代合作经济。因此,被视为社区建设和社会管理创新,也是我国城乡统筹、社区建设、管理创新和政府转型的探索、创新和发展,为我国社区建设和社会管理创新提供了新思路和新模式"。[1]

在部分地区试点经验的基础上,中共中央和国务院在全国范围内逐步开展农村集体产权制度改革。按照党和国家政策,我国农村实施的任何改革措施,不能削弱集体所有制,只能加强集体经济。特别是根据我国《宪法》和其他法律的规定,农村土地属于农民集体所有,任何单位和个人不得以任何方式处置集体土地所有权。大部分经济不发达的农村地区,虽然事实上存在集体所有权主体虚置的问题,但在理论上和政策上一直存在集体土地所有权,只不过是村集体所有权由村委会代为行使,乡镇集体所有权往往由乡镇人民政府代为行使。随着农村经济的发展,特别是农村土地的市场化流转,农村集体经营性建设用地入市交易必然使相当多的土地等资源性集体资产转化为货币资产。在农村集体产权制度改革中,要保障农村土地流转过程中广大农民的利益,保证集体资产不被少数人贪占,让农民从集体经济的发展中得到实实在在的好处。为此,2015 年中央一号文件中共中央、国务院《关于加大改革创新力度加快农业现代化建设的若干意见》提出,要推进农村集体产权制度改革,"探索农村集体所有制有效实现形式,创新农村集体经济运行机制。出台稳步推进农村集体产权制度改革的意见。对土地等资源性资产,重点是抓紧抓实土地承包经营权确权登记颁证工作,扩大整省推进试点范围,总体上要确地到户,从严掌握确权确股不确地的范围。对非经营性资产,重

[1] 项继权、李增元:《经社分开、城乡一体与社区融合——温州的社区重建与社会管理创新》,载《华中师范大学学报(人文社会科学版)》2012 年第 6 期。

点是探索有利于提高公共服务能力的集体统一运营管理有效机制。对经营性资产,重点是明晰产权归属,将资产折股量化到本集体经济组织成员,发展多种形式的股份合作。开展赋予农民对集体资产股份权能改革试点,试点过程中要防止侵蚀农民利益,试点各项工作应严格限制在本集体经济组织内部。健全农村集体'三资'管理监督和收益分配制度"。2016 年中共中央、国务院《关于落实发展新理念加快农业现代化实现全面小康目标的若干意见》再次提出,"到 2020 年基本完成土地等农村集体资源性资产确权登记颁证、经营性资产折股量化到本集体经济组织成员,健全非经营性资产集体统一运营管理机制"。2017 年中共中央、国务院《关于深入推进农业供给侧结构性改革加快培育农业农村发展新动能的若干意见》再次提出,"抓紧研究制定农村集体经济组织相关法律,赋予农村集体经济组织法人资格。全面开展农村集体资产清产核资。稳妥有序、由点及面推进农村集体经营性资产股份合作制改革,确认成员身份,量化经营性资产,保障农民集体资产权利。从实际出发探索发展集体经济有效途径,鼓励地方开展资源变资产、资金变股金、农民变股东等改革,增强集体经济发展活力和实力"。与此同时,我国在全国范围内围绕农村集体资产清产核资和经营性资产股份合作制改革两大重点任务,各地方以股份合作制为主体,重建农村集体经济组织。"无论是基于集体所有制的制度传承还是基于组织创新的制度驱动要求,股份合作制都无疑是最适合中国农村经济发展要求的路径选择。"[1]

根据农业农村部的统计,截至 2016 年年底,全国农村集体资产总额为 3.1 万亿元(不包括土地等资源性资产)。在所统计的 55.9 万个村中,经营收益 5 万元以上的村有 14 万个,约占总数的 1/4(见图 10-1)。东部地区村均集体资产总额 1027.6 万元,中部地区村均集体资产总额 271.4 万元,西部地区村均集体资产总额 175 万元(见图 10-2)。[2] 2015 年,中央政府在 29 个县部署开展农村集体资产股份权能的改革试点,经过 3 年试点探索,29 个

---

〔1〕 何嘉:《农村集体经济组织法律重构》,中国法制出版社 2017 年版,第 4 页。

〔2〕 参见乔金亮:《农村集体产权制度改革向纵深发展》,载《经济日报》2018 年 6 月 20 日,第 4 版。

试点县共清查核实集体资产 1125.6 亿元,确认集体成员 918.8 万人;后来中央政府在 29 个试点县的基础上,陆续扩大试点范围;除中央政府确定的试点县外,允许地方自行安排试点县。到 2018 年 6 月,全国已有超过 13 万个村组完成此项改革,确认集体成员超过 1 亿人。我国农村集体产权制度改革呈现"扩面、提速、集成"的局面。[1]

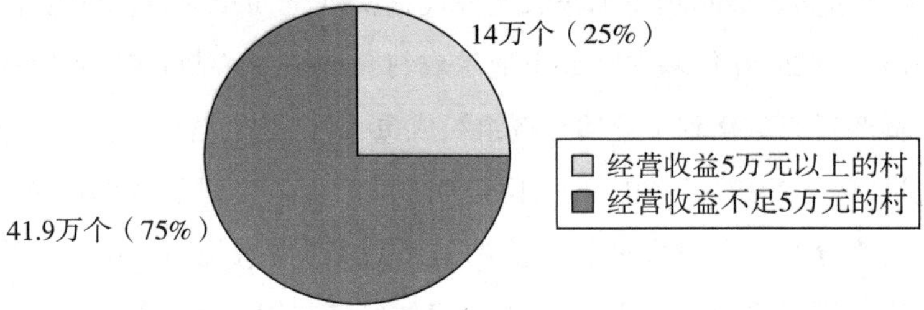

图 10-1　2016 年年底经营收益 5 万元以上的农村数量

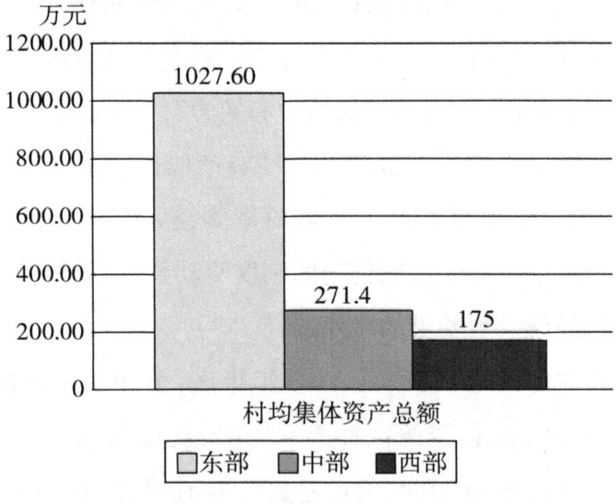

图 10-2　2016 年年底村均集体资产情况

中央政府自上而下地在全国范围内开展的农村集体产权制度改革的主要核心内容:在核资清产的基础上,针对农村经营性资产,实行股份制确权到

[1] 参见乔金亮:《农村集体产权制度改革向纵深发展》,载《经济日报》2018 年 6 月 20 日,第 4 版。

户,赋予农村集体经济组织法人地位。从制度层面解决了我国农村存在的村集体经营性资产所有权主体不明的问题,在制度设计上基本上实现了新时期的"政经分离",将村集体经营性资产纳入统一的股份合作制集体经济组织,并赋予该集体经济组织特殊法人地位,从法律上明确了村级股份合作经济组织是我国最基本的农村集体经营性资产的所有权人。在实践中,通过折股量化的方式,按现有农村人口进行股权分配,采取"增人不增股,减人不减股"的原则,固化了每一个集体成员所享有的股份比例,保障了全体集体成员共同的分配权利。在实践中,有些地方除划出集体成员股份外,还留出了一定比例的集体股。集体股分红用于集体公益事业和村内部其他公益性开支,同时也用于支持村委会的正常运转。在国家财政对我国农村社区公共投入不足的情形下,确定固定比例的集体股,未尝不是一个合适办法,这样就兼顾了集体成员的个体利益和社区的公共利益。

农村集体经济的客体,除经营性资产外,还有公益性资产,以及土地这种资源性资产。可以说,我国农村地区集体经济最主要的资产就是土地资产。如何进行集体土地资产产权制度改革,是农村集体产权制度改革不可回避的问题。从这些年农村集体资产产权制度改革的实践来看,部分地区对农村集体土地资产的产权制度进行了改革,设立了土地合作社等组织,以期实现农村集体土地所有权。而大部分地区所进行的农村集体产权制度改革,只是针对经营性资产进行折股量化,针对农村土地进行的农村集体土地产权制度改革的进展较缓慢,甚至还有相当多地区因为政策不明朗而基本维持原有农村集体土地产权制度。这是我国农村集体产权制度改革的不足之处。

二、形成多层次农民集体所有权实现方式

我国目前正在全国范围内进行的农村集体产权制度改革按照先易后难的原则开展,这就决定了改革具有其相应的局限性。首先,只对村一级的经营性资产进行了改革,村民小组和原先自然村的集体资产,以及乡镇集体资产尚未纳入统一制度安排。由于我国历史上形成的乡镇一级集体资产没有被纳入产权制度改革的范畴,完整的农民集体资产所有权体系未能重建,而

且乡镇一级的集体资产很可能转化成为乡镇人民政府资产,农民集体的财产利益没得到有效保障。其次,改革所针对的资产仅仅是经营性集体资产。在我国广大农村地区,尤其是在我国广大中西部经济不发达地区,因为历史上工商业不发达,相当多农村缺乏村一级的经营性集体资产。只对村级的经营性集体资产进行核资清产,对缺少乡镇企业基础的农村地区的意义有限。最后,在人民公社、生产大队和生产队已经消亡,而由生产队转化而来的村民小组又名存实亡的情况下,对于如何实现农村土地集体所有权这一问题,现行政策没有明确规定。长期以来我国一直坚持农村土地归农民集体所有,无论是在经济发达地区还是在经济欠发达地区,农村土地等资源性财产都是农村集体的主要财产。如何实现农村土地集体所有,如何重构农村土地集体所有的形式,以及如何认定集体成员资格等问题,是我国进行农村土地改革、实现农村土地流转必须面对的现实问题。

要克服农村集体资产产权制度改革存在的局限性,需要建立多层次的农民集体所有权的实现方式,对农民集体所有权主体进行完整的构造。以村为单位进行集体经营性资产股份制改革,只是我国农村集体资产产权制度改革的一部分。除经济发达地区外,大部分农村都缺少村级经营性集体资产,其最重要的农村集体资产是农村集体土地。我国明确规定了承包地实行所有权、承包权和经营权"三权"分置改革,宅基地改革也在试点探索进行中。2019年修改的《土地管理法》明确规定了集体经营性建设用地可以直接入市流转。在农村土地制度改革过程中,农村集体"三块地"集体所有制始终不变,这是已经明确的我国农村土地产权制度的基本方针。在人民公社体制解体以后,我国原有的集体所有权主体事实上已经消亡或者名存实亡,而新形势下集体所有权承载主体的不及时建立导致了集体所有权主体虚置现象的出现。在农村土地不发生流转的情形下,维持现状可能不会产生大的问题,但是一旦要进行农村集体经营性建设用地市场化流转等,马上就涉及由谁进行流转、流转所得由谁进行分配等问题,这些问题都需要通过重建农村集体经济组织才能得到有效解决。重建农村集体经济组织就必须进行农村集体所有权组织的再造,构建起完整的农村集体所有权主体体系。

建立多层次农村集体所有权主体的具体方式为建立村民小组、村级和乡镇三级集体经济组织。根据集体财产的演化历史，人民公社体制下原先归生产队所有的集体财产，无论是经营性资产还是资源性资产，全部归新建立的村民小组集体所有。原先属于生产大队的财产，全部归新成立的村级集体经济组织所有。如果原先生产大队的集体财产正在被公益性使用，或者正被村委会非经营性使用，那么可以由公益性组织或者村委会继续使用该集体财产，但所有权必须转归村级集体经济组织，并且由新设立的村级集体经济组织与村委会或者其他机构订立合同，允许村委会或者其他机构非经营性使用。这样就解决了村集体财产的所有权归属问题，也保障了非经营性使用者的使用权，不会对集体财产使用现状造成冲击。原先人民公社所有的集体财产，全部划归新设立的乡镇集体经济组织，由乡镇集体经济组织对乡镇集体财产行使占有、使用、收益和处分的权利。

除上述3种农民集体所有制形式外，还有一种介于村民小组集体和村集体之间的农民集体所有，也就是单个行政村范围内若干村民小组共同所有的农民集体所有制形式。造成这种农民集体所有制形式出现的原因主要是，前些年我国实行过撤乡并村的行政区划变革，即为了减少行政运行成本，在20世纪90年代到21世纪初这一段时间里，我国曾经将若干行政村合并成为一个行政村。于是，一个新的行政村内就存在原先隶属于旧的行政村集体所有的财产。这种原先旧的行政村集体所有的财产，既不是新的行政村的集体财产，也不是单个村民小组的集体财产，而是由若干村民小组集体所有的财产。

重新建立的三级集体经济组织，都具有法人地位。对这些集体经济组织的法律地位，我国《民法典》有明确规定，这些集体经济组织是特别法人，不能进行破产清算。《民法典》第96条规定："本节规定的机关法人、农村集体经济组织法人、城镇农村的合作经济组织法人、基层群众性自治组织法人，为特别法人。"《民法典》第99条第1款规定："农村集体经济组织依法取得法人资格。"法律上规定的特别法人的最重要特征就是不能进行破产清算。法律之所以将这些集体经济组织单列为特别法人，是因为这些集体经济组织的主要财产是农村集体土地。按照我国《宪法》和相关法律的规定,农村土地所有权只能归农民集体所有,农村土地不能进行土地所有权的交易和流转。如果按照一般法人来对待农村集体经济组织,那么由于法人以其全部财产对外承担民事责任,就存在以农村集体土地所有权为农村集体经济组织的债务承担责任的风险,这与我国农村土地归农民集体所有的基本土地制度不符。主要是基于这个原因,法律才将这一类农村集体经济组织与其他法人组织相区分。

虽然农村集体经济组织是特别法人,不需要在工商登记机关进行法人登记,享有特别的权利,受到特别的保护,即确保农村集体土地所有权不会成为承担民事责任的财产。但是,这种制度设计也存在一定程度的问题。在农村集体经营性资产很少或者几乎没有的经济不发达地区,只设立具有特别法人地位的农村集体经济组织不会产生明显问题。但在经济发达的农村地区,集体经营性资产数量众多,如果给予经营集体经营性资产的集体经济组织特别法人地位,就会使交易相对方心存顾虑,担心集体经济组织的特别法人地位会使自己的债权无法实现,这样反而给经营集体经营性资产的集体经济组织带来交易障碍。基于这种情况,在经济发达的农村地区,如果有较多的集体经营性资产,可以将集体经营性资产划分出来,单独组建股份合作制企业。这些股份合作制企业虽然也是农民集体经济组织,但是不行使集体土地所有权,只通过对集体经营性资产的营运取得利益。这种农村集体经济组织只是一般的法人,不具有特别法人地位,股份合作制企业以其全部财产对外承担民事责任。换言之,农村集体经济组织当中,享有集体土地所有权的属于特别法人,单纯运营农村集体经营性资产的农村集体经济组织则是一般的企业法人。这样既保障了农村土地集体所有制不被动摇,又保障了集体资产的有效运营。

农村集体经济组织是法人组织,就必须按照法人的一般法律规则,建立相应的法人治理结构,即建立决策机构、日常经营机构、监督机构。“公司制的组织方式是实现农业生产现代化管理的保证也是建立现代化农村的必然要求。"[1]考虑到我国不同地区的农村集体资产数量和质量差异很大，经济发达程度分化严重，不同地区所设置的法人治理结构可以有一些差别。在经济发达的农村地区，对于经营性资产数量多、日常交易频繁的集体经济组织，可以设立专职的企业管理机构并配备管理人员，专职从事集体经济组织经营活动。在集体经济比较薄弱的农村地区，经营性资产数量少，集体经济组织较少开展经营活动，因此在维持正常的法人治理结构的前提下，可以考虑由集体成员兼任集体经济组织管理人员，以减少不必要的费用支出。

三、农村集体经济组织成员资格的认定

改造农村集体产权制度还必须要面对的一个问题是，农村集体经济组织成员的确认，也就是成员资格的认定。农民集体所有权是集体农民作为一个整体对集体财产享有的占有、使用、收益和处分权利。农民集体离不开特定的组织作为载体，也不能缺少相应的成员。农村集体经济组织是农民集体所有的承载主体，是农民集体所有的表现形式。与此同时，农村集体经济组织是一种特殊的法人组织，是基于以土地为主的财产的集合和成员的集合而成立的组织。农民集体是动态的集合体，农民集体成员出生、死亡、结婚、求学、迁入、迁出、入伍等各种原因，以及外来人员流动等因素，均会导致农村集体经济组织成员的变动，影响集体经济组织成员的组成和成员之间的利益分配。目前，我国法律没有对集体经济组织成员资格的认定作出统一规定，各地方在如何认定集体经济组织成员资格上没有统一标准，这样极容易导致农民集体与集体成员资格存在争议的社会成员在集体利益分配问题上产生纠纷。各级法院公开的由成员资格认定引发的承包经营权及征地补偿款分配纠纷案件，仅 2016 年一年就达 9145 件之多。[2] 农村集体经济组织成员身份认定标准的滞后，以及我国农村集体经济组织数量之众多和所拥有财产之巨大，加剧了农民集体经济组织成员身份认定的矛盾。

---

〔1〕 叶祥松等：《新型农村经济组织：农联模式》，上海三联书店 2010 年版，第 111 页。

〔2〕 参见陈小君：《我国农民集体成员权的立法抉择》，载《清华法学》2017 年第 2 期。

从各地的实践情况来看,农民集体经济组织成员资格认定标准有户籍标准,以及以户籍为基础考虑其他因素的复合性标准。

(一)户籍标准

户籍标准,即以农村集体经济组织所在地的户籍作为集体成员资格认定的唯一标准。如《安徽省实施〈中华人民共和国农村土地承包法〉办法》等就明确规定,以户籍作为唯一依据。此外,湖北省、山东省也以户籍是否在农村集体经济组织所在地,作为确定农村集体经济组织成员资格的标准。农民只要拥有集体经济组织所在地的户籍,就是该集体经济组织成员。若因为其他原因将户口外迁,则该农民就丧失集体经济组织成员身份。这种方法简单明了,相当多地区的司法审判活动往往就采取这种认定方式。

(二)以户籍为基础的复合标准

部分省份并不只以户籍作为农村集体经济组织成员资格认定的标准。比如,广东省,只要是原来人民公社、生产大队和生产队的成员,且现在仍然拥有当地户籍,就自动成为对应的农村集体经济组织成员。至于在家庭联产承包责任制实行以后迁入且拥有当地户籍的人口是否可以成为集体经济组织成员的问题,由农村集体经济组织现有成员表决认定。重庆市、陕西省、天津市高级人民法院,分别通过会议纪要等形式,对司法实践中农村集体经济组织成员身份的认定作出了规范。这些地方所采取的成员资格认定标准一般以户籍为基础,并且要求在农村集体经济组织内部进行生产和生活,或者以集体经济组织所在地的土地作为具有成员资格的依据。具体内容主要有:(1)取得成员资格的条件。父母双方或者一方有集体经济组织成员身份,所生子女自动取得农村集体经济组织成员资格;因为婚姻、收养关系在农村集体经济组织所在地生产、生活,户籍已经迁入的人口取得集体经济组织成员资格;因国家政策移民迁入农村集体经济组织所在地生产、生活,取得当地户籍的,可以成为农村集体经济组织成员。(2)集体经济组织成员资格的丧失。有下列情形之一的,丧失集体成员资格:死亡、取得其他农村集体经济组织成员资格、农转非并且取得国家公职人员身份。(3)不丧失成员资格的情况。婚姻关系发生在农业户口和非农业户口之间,持农业户口的仍享有原农村集体经济组织成员资格;因外出经商、务工等原因,脱离集体经济组织所在地生产、生活,未迁出户口的;因在大中专院校学习、服义务兵或初级以下士官兵役等原因被注销、迁出户口的。

各地的做法尽管有所差异,但基本上是以户籍为中心来确认农民集体经济组织成员资格。在我国城乡二元户籍结构壁垒森严的历史时期,以户籍作为区分农村集体经济组织成员和非农村集体经济组织成员的标准,具有天然的合理性和正当性。但是,在我国快速进行城市化、人口流动加速的当下,是否具有农村集体经济组织所在地户籍已不能完全反映实际情况。因此,"一刀切"的户籍标准虽然简便易行,实际上并不完全合理。

在我国工业化的历史进程中,广大农民在工农业产品"剪刀差"的政策下,为我国城市和工业的发展提供了巨额的原始积累。有学者计算过,"从1952年至2002年,农民向社会无偿贡献的土地收益为51,535亿元,2002年无偿贡献土地收益7858亿元,按照目前3%的银行利率来计算,相当于无偿放弃了价值26万亿的土地财产权"。[1] 如果以集体经济组织所在地户籍作为认定集体经济组织成员资格的前提和标准,就相当于将把那些为我国经济发展作出了巨大贡献,因为年老身边没有子女而不得不迁入城市的原先农村人口,排除在农村集体经济组织成员以外,使他们不能享受工业"反哺"农业的利益,这显然是有失公平的。特别是对于那些年老以后迁入城市,在城市又没有合理的养老保险和医疗保险的农民,这种做法无益于又剥夺了他们原本在农村可以得到的集体经济组织的收益。

以户籍为集体经济组织成员资格前提的做法无法适应我国城市化和"人户分离"的现实要求。自20世纪90年代开始,我国出现了大规模的农村人口向城市人口转移的现象,有些人口的转移是阶段性的转移。有相当多农村劳动力人口从农村迁入城市,长期居住在城市,成为城市常住人口,却未将户口迁入城市。也有相当一部分农村人口,因为如果在城市没有户籍,子女就

[1] 贾生华、郑文娟:《规范集体建设用地使用权市场是加快征地制度改革的突破口》,载《经济体制改革》2010年第4期。

无法享受正常的入学待遇，尽管客观上不具备条件，却还是咬紧牙关将自己和子女的户口从农村地区迁到城市。这就形成了普遍的“人户分离”现象，以及大量农村人口向城市转移的现象。这些从农村迁移到城市的居民，一旦丧失原先集体所在地户口即丧失集体经济组织成员身份。这种成员资格认定标准会不利于目前已占有农村集体土地的成员进入城市，从而影响我国城市化的进程。

为了解决农村集体经济组织成员资格认定问题，有必要制定全国性统一法律制度，确立农村集体经济组织成员资格身份标准。这种标准应当符合下列基本原则：(1)体现成员对农村集体经济的历史贡献。那些在人生的青壮年时期在农村集体劳动，为农村集体发展贡献了大部分青春，后来因为种种原因离开了该集体而没有加入新的集体经济组织，且缺乏有效的养老保险和医疗保险的人员，应当有权利取得集体经济组织成员身份；那些从外地迁入时间不长，没有对原先集体经济发展作出多少贡献的人员，即使拥有集体经济组织所在地的户籍，也不能取得集体经济组织成员资格。至于如何认定对集体的贡献，应当以农业税改革和家庭联产承包责任制这两个时间作为节点。在家庭联产承包责任制实施之前就已经是集体成员的，一律认定为对集体作出了较大贡献。在家庭联产承包责任制实施以后、农业税改革之前迁入当地农村社区的，根据具体贡献的大小，确定是否享有集体经济组织成员资格。在农业税改革以后迁入集体所在地户口的，一律不认为对集体经济作出贡献。(2)血缘关系取得身份。原始集体成员的子女，目前尚在该集体所在地生产和生活的，一律认定具有集体经济组织成员身份。(3)是否有稳定的其他收入来源和可靠的社会保障。原先是集体经济组织成员，但是因为某种原因转为城镇居民，取得国家工作人员身份，有稳定的收入并且拥有国家支付的养老保险和医疗保险的，考虑到这些人已经脱离农村，并且生活有了稳定的保障，不予认定集体经济组织成员身份。(4)婚姻关系引起的集体成员身份变动。因为婚姻关系嫁入某地成为当地居民的，如果原先所在的集体已经完成了集体产权制度改革，取得了嫁出地集体经济组织成员资格的，不再享有嫁入地集体经济组织成员资格身份；如果嫁出地尚未进行集体产权制度改革,则在嫁入地集体产业制度改革过程中可以取得当地集体经济组织成员身份。同样,外嫁女结婚以后仍然在原集体生活,又没有取得嫁入地集体成员身份的,有权取得嫁出地集体经济组织成员身份;在嫁入地已经取了集体成员身份的,不能在嫁出地取得集体经济组织成员身份。(5)一旦取得集体经济组织成员的身份,则该身份不因后来发生的事项而发生变化。我国集体产权制度改革的核心就是,对集体财产进行折股量化,将集体财产量化到每一个具体的集体成员手中,采取"增人不增股,减人不减股"的原则。一旦完成集体产权制度改革以后,即进行股份固化。集体经济组织成员的子女等有权对该股权进行继承,集体经济组织成员也可以在现有的同一集体经济组织成员范围内转让自己的股份。

第三节　完善村民自治保障机制

依照我国《村民委员会组织法》的规定,村民自治,即村民通过自己选举的村委会行使自治权,独立管理乡村的内部事务,是我国乡村民主建设的重要内容,也是实现有效乡村治理的重要内容。我国《宪法》和《村民委员会组织法》等法律之所以确立村委会制度,是因为这是对我国农村民主政治经验的总结,也是保障农民利益的较好的机制选择。"改革后乡村政治生态的重要变化是农民个人利益合理性和合法性的再次确认,村民自治只是这一经济自主性在政治制度上的逻辑延伸,也是一种基于市场、民主和法制理念的新的乡村治理方式。"[1]然而,当前我国农村村委会在具体运行过程中,还存在问题。这些问题的存在在客观上削弱了法律赋予其的村民自治功能。"村民委员会尽管在法律上属于村民群众自治组织,但事实上属于国家对公社体制之后的农村社会的重组,具备国家行政管理的功能。"[2]具有一定国家行政管理功能的村委会,客观上难以实现真正的村民自治功能,对我国农村土地产权和流转制度改革的顺利推进也造成了阻碍。

---

〔1〕 于建嵘:《岳村政治:转型期中国乡村政治结构的变迁》,商务印书馆 2001 年版,第 7 页。

〔2〕 徐勇:《乡村治理的中国根基与变迁》,中国社会科学出版社 2018 年版,第 29 页。

一、建立法定化村委会补助制度

对于不当干预村委会选举,可以通过完善选举法和选举制度予以解决。通过完善《村民委员会组织法》和选举法,确保村民的选举权、监督权等落实到处并赋予村民更多的救济权利,这样基本上可以逐步消除乡镇人民政府控制和操纵村委会选举的现象。另外一个问题是,我国很大一部分地区的工商业经济不发达,除土地外,村委会没有其他任何财产和收入,村委会日常运行的资金都无法得到保障,村集体的收益无法提供村干部必要的劳动报酬。在这种情况下,我国不少经济不发达的农村地区,便在正规的法律制度外,延伸出“村干部工资,乡政府保障”的做法。乡镇人民政府为村干部提供劳动报酬以保障他们的正当收益,但这种做法毕竟没有法律依据,只有现实的合理性和正当性。乡镇人民政府对村干部劳动报酬的全额补助,确保了我国经济不发达地区村委会的正常运行,暂时解决了村委会因收入不足而难以开展活动陷入的问题。但是,这种非法律化和非制度化的资金补助制度也存在弊端。最主要的弊端是,这种补助是非制度化和非法律化的,是否提供补助和提供多少补助缺乏强制性的法律和制度规定,而取决于乡镇人民政府的意愿。一旦乡镇人民政府认为村干部的行为违背乡镇人民政府的利益,认为村干部的行为属于“不听话”的行为,乡镇人民政府就完全可以按照自由意志停发对村委会干部的补助,而村委会干部无法通过合法的渠道和途径获得救济,只能选择要么没有劳动报酬地工作,要么辞去村干部职务。通过这种非制度化、非法律化的资金补助,农村集体经济不发达地区的乡镇人民政府基本上达到了对村干部的有效控制。

因此,要解决村委会依附乡镇人民政府的问题,除进一步完善村民选举制度外,必须从法律上直接明确规定政府对村委会的补助制度。以法律形式明确规定补助的条件、金额、标准、发放程序等事项。改变现行的由乡镇人民政府发放村委会干部工资的做法,由县市财政直接拨付给村委会干部,或者由县市财政直接拨付到村委会的账户上。区县人民政府一般不直接与各村委会发生业务关系,虽然县级人民政府的各项农村工作有时也需要通过村委会来推动与协助,但其具体实施主体却不是各级县市人民政府,而是各基层乡镇人民政府。这种资助拨款体制的变化虽然不能彻底摆脱县市人民政府对各村委会的间接控制,但相较原先乡镇人民政府非制度化的对村委会通过工资补助进行控制的方式,法定化制度化的县市人民政府补贴体制让乡镇人民政府对村委会的控制力大为削弱。通过这种制度设计,我国经济不发达地区的村委会可以从政府获得必要的资金补助,有开展必要事务的经费,且不会因为这些工资补助而受制于乡镇人民政府从而失去独立性,可以回归其基层群众性自治组织的本质。

二、健全村务监督机制

我国 1988 年实施的《村民委员会组织法(试行)》开始了农村基层村民自治的实践。1998 年第九届全国人民代表大会常务委员会第五次会议通过《村民委员会组织法》,2010 年和 2018 年我国两次对《村民委员会组织法》进行修改。《村民委员会组织法》的实施,以“民主选举、民主决策、民主管理、民主监督”为基本内容和自治原则,推进了我国农村地区村民自治的发展。通过对基层民主实践探索,2004 年中共中央办公厅、国务院办公厅联合发出了《关于健全和完善村务公开和民主管理制度的意见》,强调必须强化村务管理的监督制约机制,设立村务公开监督小组,对村委会组成人员进行监督。2010 年修改的《村民委员会组织法》第 32 条明确规定,“村应当建立村务监督委员会或者其他形式的村务监督机构”,第 33 条规定“民主评议每年至少进行一次,由村务监督机构主持。村委会成员连续两次被评议不称职的,其职务终止”。2010 年《村民委员会组织法》将实践行之有效的村委会监督机制法律化。《村民委员会组织法》规定,设置村务监督委员会,在我国村民自治体系中形成了较完备的“三委两会”格局下的“三权制衡”机制,以保障农民充分享有知情权、参与权、表达权和监督权。由于某些原因,在村务监督委员会村级权力运行中,村务监督委员会难以形成对村委会的有效监督。在实践中,村务监督委员会往往不被地方基层乡镇人民政府所重视,有些地方甚至没有村务监督委员会。有的村务监督委员会的权限和议事规则不够明确,一些地方村务监督委员会没有发挥应有作用,出现了村务监督委员会虚置的现象。[1]

为了充分发挥村务监督委员会的作用,特别是在我国农村土地流转中的监督作用,应采取以下六方面的具体措施:(1)村务监督委员会委员的选举应参照村委会委员的选举,实行完全的村民直接民主选举。每一届村务监督委员会委员的选举与每一届村委会委员的选举同步,同时选出村委会委员和村务监督委员会委员。(2)村务监督委员会设为常设机构。为了保障对村委会的全程监督,有必要将村务监督委员会作为常设机构,其委员的任期与村委会相同。考虑到村务监督委员会没有对日常事项的决定权,村务监督委员会委员任职一律采取非脱产的兼任制度,村务监督委员会委员每年固定领取一定的报酬作为适当补偿。支付报酬所需费用由地方财政列支,在经济状况比较好的地区,从集体企业提留利润中给予固定报酬。(3)采取回避制度以确保村务监督委员会的独立性。村务监督委员会委员不能由村委会委员兼任,村委会委员的近亲属也不得担任村务监督委员会委员。鉴于我国村党支部组成人员和村委会组成人员往往相互交叉兼职,并且村委会和村党支部的职能在实践中往往难以区分,为了确保村务监督委员会委员的独立性,村党支部组成人员及其近亲属原则上不宜担任村务监督委员会委员。(4)村务监督委员会委员有权列席村委会会议,并在会议上发表自身的意见和看法,但是村务监督委员会委员没有表决权。村务监督委员会委员列席村委会会议,主要是为了保障村务监督委员会的知情权,以及对村委会行使职权进行过程监督。如果村委会没有通知村务监督委员会委员列席会议,那么村委会会议所作的决议无效。这也是为了确保村务监督委员会委员履行职责的必要制度设计。(5)在制度上明确村务监督委员会的权限。明确村务监督委员会对村委会"人财物"和"责权利"进行全面监督,赋予村务监督委员会召开村民大会或者村民代表大会的权力。为了保障村务监督委员会监督的有效性,如果村务监督委员会全体委员一致不认同村委会的决议,那么村委

---

[1] 参见杨郁、刘彤:《村务监督委员会的虚置化困境及出路》,载《农村经济》2014 年第 2 期。

会的决议应暂停执行。村委会对应当作为的事项不作为,损害村民的民事权利的,村务监督委员会有权以自己名义向人民法院提起诉讼,以保障全体村民财产利益。村务监督委员会有权通过召开村民大会或者村民代表大会,提出对村委会组成人员的罢免案。(6)村务监督委员会每年向村民大会或者村民代表大会进行述职并报告工作,接受村民或者村民代表的质询,保障村民对村务监督委员会组成人员的监督权。达到一定人数比例的村民有权在村民大会或者村民代表大会上,对履职不合格的村务监督委员会委员提出罢免案。经村民大会或者村民代表大会表决,超过半数村民或村民代表同意的,该罢免案生效。

三、理顺基层政府行政权与村委会自治权之间的关系

我国农村乡村治理的重要一环,就是理顺基层政府的行政权和村委会自治权之间的关系。只有合理划分基层政府的行政权与村民自治权,才能保障乡镇人民政府依法行政,保障村民自治。正如有学者指出的,改革中国基层政府与乡村社区的关系模式,实现基层群众自治与政府行政管理的有效衔接,成为基层民主建设和乡村社区治理的重中之重。[1] “在乡村治理实践中,村民委员会职能的异化使村民自治的载体失去其应有的作用。”[2]虽然我国《村民委员会组织法》明确规定,属于村范围内的内部事务完全实行村民自治,基层乡镇人民政府不予干涉。但在法律实际执行过程中,乡镇人民政府的行政权与村委会的自治权一直没有被有效划分。要解决这个问题,第一步是转变理念,尤其是基层政府要树立尊重村委会自治权的观念,树立服务本位的理念,为村民自治的实现提供良好的环境。第二步是在制度层面,通过法律法规明确乡镇人民政府对村委会进行指导帮助的含义,明确规定乡镇人民政府只能对村委会的工作进行大的方针政策的宏观性指导、把握大的方向而不能对村委会的日常具体事务进行干预。乡镇人民政府的帮助,主要

---

〔1〕 参见金太军、张振波:《乡村社区治理路径研究:基于苏南、苏中、苏北的比较分析》,北京大学出版社2016年版,第1页。

〔2〕 杨菊平:《非正式制度与乡村治理》,上海交通大学出版社2016年版,第72页。

是对村委会的村务自治提供政策、资金等方面的扶持。明确乡镇人民政府和村委会各自的具体职能,基层乡镇人民政府和村委会在各自具体职能范围内活动,保证乡镇人民政府依法行政,保障村委会的自治权。通过理顺乡镇人民政府与村委会的关系,实现乡镇人民政府行政管理职能和村委会自治职能的有机衔接。

参考文献

1. [德]马克斯·韦伯:《儒教与道教》,王容芬译,商务印书馆 1995 年版。

2. [英]威廉·配第:《赋税论》,陈冬野等译,商务印书馆 1963 年版。

3. [英]莫里斯·弗里德曼:《中国东南的宗族组织》,刘晓春译,上海人民出版社 2000 年版。

4. [美]吉尔伯特·罗兹曼主编:《中国的现代化》,国家社会科学基金“比较现代化”课题组译,江苏人民出版社 1988 年版。

5. [美]黄宗智:《华北的小农经济与社会变迁》,中华书局 1986 年版。

6. [美]黄宗智:《长江三角洲小农家庭与乡村发展》,中华书局 1992 年版。

7. [美]黄宗智:《中国的隐性农业革命》,法律出版社 2010 年版。

8. [德]鲍尔、施蒂尔纳:《德国物权法》(下册),申卫星、王洪亮译,法律出版社 2006 年版。

9. 费孝通、吴晗等:《皇权与绅权》(增补本),华东师范大学出版社 2015 年版。

10. 中共中央文献研究室综合研究组、《党的文献》编辑组编著:《三中全会以来的重大决策》,中央文献出版社 1994 年版。

11. 国家农业委员会办公厅编:《农业集体化重要文件汇编 1953 ~

1957》,中共中央党校出版社 1981 年版。

12. 中共中央文献研究室编,逄先知、金冲及主编:《毛泽东传(1949 - 1976)》(上),中央文献出版社 2003 年版。

13. 章立凡编:《章乃器文集》(上卷·学术编),华夏出版社 1997 年版。

14. 钱穆:《国史大纲》,商务印书馆 1996 年版。

15. 陈锡文、赵阳、罗丹:《中国农村改革 30 年回顾与展望》,人民出版社 2008 年版。

16. 薄一波:《若干重大决策与事件的回顾》(上卷),中共中央党校出版社 1991 年版。

17. 许经勇:《中国农村经济制度变迁六十年研究》,厦门大学出版社 2009 年版。

18. 赵秀玲:《中国乡里制度》,社会科学文献出版社 1998 年版。

19. 王先明:《近代绅士:一个封建阶层的历史命运》,天津人民出版社 1997 年版。

20. 杜润生:《杜润生自述:中国农村体制变革重大决策纪实》,人民出版社 2005 年版。

21. 罗平汉:《票证年代:统购统销史》,福建人民出版社 2008 年版。

22. 罗平汉:《村民自治史》,福建人民出版社 2006 年版。

23. 于建嵘:《岳村政治:转型期中国乡村政治结构的变迁》,商务印书馆 2001 年版。

24. 张水泉、赵泉钧:《中国土地改革史》,武汉大学出版社 1985 年版。

25. 廖洪乐:《中国农村土地制度六十年——回顾与展望》,中国财政经济出版社 2008 年版。

26. 边燕杰主编:《市场转型与社会分层:美国社会学者分析中国》,生活·读书·新知三联书店 2002 年版。

27. 姚洋:《土地、制度和农业发展》,北京大学出版社 2004 年版。

28. 徐勇:《乡村治理的中国根基与变迁》,中国社会科学出版社 2018 年版。

29. 肖如平等:《民国时期的保甲与乡村社会治理——以浙江龙泉县为中心的分析》,社会科学文献出版社 2017 年版。

30. 肖冬连:《崛起与徘徊——十年农村的回顾与前瞻》,河南人民出版社 1994 年版。

31. 崔建远:《物权:规范与学说——以中国物权法的解释论为中心》(下册),清华大学出版社 2011 年版。

32. 叶祥松等:《新型农村经济组织:农联模式》,上海三联书店 2010 年版。

33. 李昌平:《大气候:李昌平直言"三农"》,陕西人民出版社 2009 年版。

34. 温铁军:《中国农村基本经济制度研究——"三农"问题的世纪反思》,中国经济出版社 2000 年版。

35. 贺雪峰:《地权的逻辑——中国农村土地制度向何处去》,中国政法大学出版社 2010 年版。

36. 蔡昉、王德文、都阳:《中国农村改革与变迁:30 年历程和经验分析》,格致出版社、上海人民出版社 2008 年版。

37. 李茂岚主编:《中国农民负担问题研究》,山西经济出版社 1996 年版。

38. 华生:《新土改:土地制度改革焦点难点辨析》,东方出版社 2015 年版。

39. 张静:《基层政权:乡村制度诸问题》,浙江人民出版社 2000 年版。

40. 陆道平、钟伟军:《农村土地流转中的地方政府与农民互动机制研究》,清华大学出版社 2012 年版。

41. 魏后凯、黄秉信主编,李国祥、孙同全、韩磊副主编:《农村绿皮书:中国农村经济形势分析与预测(2018 ~ 2019)》,社会科学文献出版社 2019 年版。

42. 王习明:《城乡统筹进程中的乡村治理变革研究》,人民出版社 2012 年版。

43. 杨菊平:《非正式制度与乡村治理》,上海交通大学出版社 2016 年版。

44. 金太军、张振波:《乡村社区治理路径研究:基于苏南、苏中、苏北的比较分析》,北京大学出版社 2016 年版。

45. 郭洁:《土地资源保护与民事立法研究》,法律出版社 2002 年版。

46. 王利明:《物权法研究》,中国人民大学出版社 2002 年版。

47. 王万茂主编:《土地利用规划学》,科学出版社 2006 年版。

48. 孙宪忠:《争议与思考——物权立法笔记》,中国人民大学出版社 2006 年版。

49. 丁关良:《土地承包经营权流转法律制度研究》,中国人民大学出版社 2011 年版。

50. 陈胜祥:《制度嵌入的逻辑:农村宅基地制度试点改革"余江模式"解析》,经济管理出版社 2017 年版。

51. 何嘉:《农村集体经济组织法律重构》,中国法制出版社 2017 年版。

52. 王海娟:《地尽其利:农地细碎化与集体所有制》,社会科学文献出版社·独立编辑工作室 2018 年版。

53. 国家统计局编:《中国统计年鉴 1997》,中国统计出版社 1997 年版。

54. 国家统计局编:《中国统计年鉴 2017》,中国统计出版社 2017 年版。

55. 唐鸣、赵鲲鹏、刘志鹏:《中国古代乡村治理的基本模式及其历史变迁》,载《江汉论坛》2011 年第 3 期。

56. 孙立平:《改革前后中国国家、民间统治精英及民众间互动关系的演变》,载《中国社会科学季刊》1993 年第 6 期。

57. 温铁军:《半个世纪的农村制度变迁》,载《战略与管理》1999 年第 6 期。

58. 田锡全:《1953 年粮食危机与统购统销政策的出台》,载《华东师范大学学报(哲学社会科学版)》2007 年第 5 期。

59. 王绍光:《国家汲取能力的建设——中华人民共和国成立初期的经验》,载《中国社会科学》2002 年第 1 期。

60. 秦程节:《粮食统购统销视域下国家与农民关系(1953 - 1956)》,载《北京工业大学学报(社会科学版)》2015 年第 6 期。

61. 王海光:《当代中国户籍制度形成与沿革的宏观分析》,载《中共党史研究》2003 年第 4 期。

62. 杜润生:《中国农村改革漫忆》,载《文史月刊》2016 年第 7 期。

63. 朱守银:《农村基层制度创新与税费体制改革问题研究——减轻农民负担的制度环境与制度创新》,载《经济研究参考》1999 年第 8 期。

64. 陶然、刘明兴、章奇:《农民负担、政府管制与财政体制改革》,载《经济研究》2003 年第 4 期。

65. 赵云旗:《中国当代农民负担问题研究(1949 - 2006)》,载《中国经济史研究》2007 年第 3 期。

66. 张艺雄:《新中国农民负担的阶段性分解与分析》,载《中国经济史研究》2004 年第 3 期。

67. 陶勇:《农村公共产品供给体制与减轻农民负担》,载《北京科技大学学报(社会科学版)》2003 年第 2 期。

68. 张志英:《"乡政村治"的兴起、现状与发展趋势》,载《农村经济》2003 年第 6 期。

69. 左卫民、何永军:《政法传统与司法理性——以最高法院信访制度为中心的研究》,载《四川大学学报(哲学社会科学版)》2005 年第 1 期。

70. 王晓阳:《重新审视土地出让金改革——一个国有产权和公共财政的框架》,载《当代财经》2007 年第 2 期。

71. 赵树凯:《农村基层组织:运行机制与内部冲突》,载《经济要参》2001 年第 32 期。

72. 李辉、王瑛洁:《中国人口老龄化城乡倒置现象研究》,载《吉林大学社会科学学报》2012 年第 1 期

73. 穆怀中、沈毅、陈曦:《农村养老保险综合替代率及其结构分析》,载《人口与发展》2013 年第 6 期。

74. 温铁军、杨帅:《中国农村社会结构变化背景下的乡村治理与农村发展》,载《理论探讨》2012 年第 6 期。

75. 杨斌:《农村面源污染现状及对策研究》,载《山西农经》2017 年第

7 期。

76. 邵丽华:《我国农业面源污染的现状分析及对策》,载《现代化农业》2016 年第 9 期。

77. 王国华:《日本农村空心化治理特征分析》,载《世界农业》2015 年第 9 期。

78. 张国磊、张燕妮:《城市化背景下农村征地问题中的乡镇政府责任研究》,载《中国国土资源经济》2014 年第 2 期。

79. 姜露、戴玉琴:《协调与博弈:"村社合一"治理机制的建构逻辑与发展路径》,载《中共郑州市委党校学报》2017 年第 4 期

80. 曾益、陈才锐:《推进"村社合一" 壮大集体经济——基于沙洋县的分析》,载《中国集体经济》2019 年第 10 期。

81. 迟仁斌:《稳步实现乡村振兴的"村社合一"党建领航》,载《国家治理》2018 年第 39 期。

82. 徐勇:《中国家户制传统与农村发展道路——以俄国、印度的村社传统为参照》,载《中国社会科学》2013 年第 8 期。

83. 谭术魁、赵毅、刘旭玲:《防范征地冲突中地方政府与村委会的委托代理关系研究》,载《华中农业大学学报(社会科学版)》2018 年第 3 期。

84. 张丁、万蕾:《农户土地承包经营权流转的影响因素分析——基于 2004 年的 15 省(区)调查》,载《中国农村经济》2007 年第 2 期。

85. 黄祖辉、王朋:《农村土地流转:现状、问题及对策——兼论土地流转对现代农业发展的影响》,载《浙江大学学报(人文社会科学版)》2008 年第 2 期。

86. 温世扬、武亦文:《土地承包经营权转让刍议》,载《浙江社会科学》2009 年第 2 期。

87. 李俊青:《"反租倒包"流转模式可行性研究》,载《农村经济》2012 年第 8 期。

88. 李泉、李梦、鲁科技:《"三权分置"视域中的农村土地信托模式比较研究》,载《山东农业科学》2019 年第 1 期。

89. 方志权:《上海松江家庭农场十年发展情况的调研报告》,载《产权法治研究》2018 年第 1 期。

90. 张建军:《农村集体经营性建设用地入市范围研究》,载《中国房地产》2019 年第 12 期。

91. 叶剑锋、吴宇哲:《宅基地制度改革的风险与规避——义乌市“三权分置”的实践》,载《浙江工商大学学报》2018 年第 6 期。

92. 夏柱智:《关于中部安徽、江西和湖北三省宅基地制度改革试点的评析》,载《长春市委党校学报》2018 年第 1 期。

93. 刘守英:《按照依法、自愿、有偿的原则进行土地承包经营权流转》,载《求是》2003 年第 5 期。

94. 管清友、王亚峰:《制度、利益与谈判能力:农村土地“流转”的政治经济学》,载《上海经济研究》2003 年第 1 期。

95. 席景奇:《地方政府在农村集体土地流转中的角色分析》,载《兰州大学学报(社会科学版)》2013 年第 5 期。

96. 王军:《农地承包经营权流转原则亟待科学界定》,载《农业经济》2013 年第 1 期。

97. 廖荣兴:《论农村土地承包经营权流转的法律原则与方式》,载《农业考古》2009 年第 3 期。

98. 马福云、张林江:《公平的中国农村公共服务之路——农村集体债务的来源及其化解》,载《北京科技大学学报(社会科学版)》2014 年第 1 期。

99. [美]卢克·埃里克森:《关于中国农村土地私有化的辩论》,官进胜译,载《国外理论动态》2008 年第 8 期。

100. 杨小凯:《中国改革面临的深层问题——关于土地制度改革——杨小凯、江濡山谈话录》,载《战略与管理》2002 年第 5 期。

101. 丁关良:《农村社区集体主体问题研究——以农民集体土地所有权为例剖析》,载《南京农业大学学报(社会科学版)》2008 年第 4 期。

102. 朱广新:《土地承包权与经营权分离的政策意蕴与法制完善》,载《法学》2015 年第 11 期。

103. 高飞:《农村土地“三权分置”的法理阐释与制度意蕴》,载《法学研究》2016 年第 3 期。

104. 孙宪忠:《推进农地三权分置经营模式的立法研究》,载《中国社会科学》2016 年第 7 期。

105. 潘俊:《农村土地“三权分置”:权利内容与风险防范》,载《中州学刊》2014 年第 11 期。

106. 刘俊:《土地承包经营权性质探讨》,载《现代法学》2007 年第 2 期。

107. 叶兴庆:《从“两权分离”到“三权分离”——我国农地产权制度的过去与未来》,载《中国党政干部论坛》2014 年第 6 期。

108. 蔡立东、姜楠:《承包权与经营权分置的法构造》,载《法学研究》2015 年第 3 期。

109. 姚昭杰:《物权变动中的意思主义与形式主义——以预告登记为视角》,载《江西社会科学》2014 年第 4 期。

110. 江平:《私有财产权的保护》,载《中国司法》2004 年第 7 期。

111. 宋志红:《宅基地“三权分置”的法律内涵和制度设计》,载《法学评论》2018 年第 4 期。

112. 席志国:《民法典编纂视域中宅基地三权分置探究》,载《行政管理改革》2018 年第 4 期。

113. 李凤章、赵杰:《农户宅基地资格权的规范分析》,载《行政管理改革》2018 年第 4 期。

114. 宋小青、杨木壮:《农村集体经营性建设用地“入市”思考》,载《中国土地》2015 年第 4 期。

115. 黄志斌:《集体建设用地使用权流转的法律问题》,载《中国土地》2013 年第 9 期。

116. 张鹏:《当前农村集体经营性建设用地制度改革若干构想》,载《苏州大学学报(哲学社会科学版)》2014 年第 3 期。

117. 杨珍惠:《集体经营性建设用地直接入市的若干问题探析》(上篇),载《资源与人居环境》2014 年第 12 期。

118. 李太淼:《农村集体经营性建设用地入市的难点问题论析》,载《中州学刊》2019 年第 1 期。

119. 于艳华:《城乡统一建设用地市场下土地规划编制的思路与方法研究》,载《内蒙古师范大学学报(哲学社会科学版)》2015 年第 1 期。

120. 韩文龙、刘灿:《农民土地财产权的内涵及实现机制选择——基于案例的比较分析》,载《社会科学研究》2013 年第 4 期。

121. 王玲:《我国农村土地所有权思考》,载《合作经济与科技》2006 年第 19 期。

122. 刘庆乐:《村组整合条件下农民土地所有权的效应》,载《改革》2010 年第 2 期。

123. 王海娟、贺雪峰:《小农经济现代化的社会主义道路》,载《中国乡村研究》2018 年第 1 期。

124. 陈培永:《新自由主义对中国未来发展的潜在危害》,载《红旗文稿》2017 年第 24 期。

125. 贺雪峰:《为什么说中国土地制度是全世界最先进的——答黄小虎先生》,载《湖南科技大学学报(社会科学版)》2018 年第 3 期。

126. 贺雪峰、黄晓峰:《农地流转绝不能"不可逆"》,载《国土资源导刊》2011 年第 3 期。

127. 肖立晟、袁野、柯楚秋:《审视中国的债务风险》,载《中国金融》2019 年第 11 期。

128. 温铁军:《土地改革与中国城镇化》,载《小城镇建设》2015 年第 8 期。

129. 亚思明:《不要让土改沦为新形式的土地兼并》,载《资源与人居环境》2008 年第 23 期。

130. 桂华:《城乡建设用地二元制度合法性辨析——兼论我国土地宪法秩序》,载《法学评论》2016 年第 1 期。

131. 王德福、桂华:《大规模农地流转的经济与社会后果分析——基于皖南林村的考察》,载《华南农业大学学报(社会科学版)》2011 年第 2 期。

132. 李红欣:《日本农业人口高龄化危机研究》,载《世界农业》2016 年第 10 期。

133. 梁若冰:《财政分权下的晋升激励、部门利益与土地违法》,载《经济学》(季刊)2010 年第 1 期。

134. 项继权、刘开创:《城镇化背景下中国乡村治理的转型与发展》,载《华中师范大学学报(人文社会科学版)》2019 年第 2 期。

135. 王振、莫建备:《市场深化与农村集体经济组织的变革》,载《社会科学》2001 年第 1 期。

136. 项继权、李增元:《经社分开、城乡一体与社区融合——温州的社区重建与社会管理创新》,载《华中师范大学学报(人文社会科学版)》2012 年第 6 期。

137. 陈小君:《我国农民集体成员权的立法抉择》,载《清华法学》2017 年第 2 期。

138. 贾生华、郑文娟:《规范集体建设用地使用权市场是加快征地制度改革的突破口》,载《经济体制改革》2010 年第 4 期。

139. 杨郁、刘彤:《村务监督委员会的虚置化困境及出路》,载《农村经济》2014 年第 2 期。

140. 徐勇:《“政党下乡”:现代国家对乡土的整合》,载《学术月刊》2007 年第 8 期。

141. 侯绍庄:《从“占田制”到“占山制”看大土地私有制的发展》,载《贵州师范大学学报(社会科学版)》1991 年第 3 期。

142. 何家栋、喻希来:《城乡二元社会是怎样形成的?》,载《书屋》2003 年第 5 期。

143.《安徽省金寨县农村宅基地制度改革试点调查》,载《国土资源》2017 年第 5 期。

144. 张兰庆:《黑龙江垦区农业面源污染现状与治理对策》,载《现代化农业》2014 年第 4 期。

145. 陈义涛、刘艳芳:《湖北省集体建设用地使用权流转现状及分析》,

载《中国房地产》2018 年第 12 期。

146. 贺雪峰:《为谁的农业现代化》,载《开放时代》2015 年第 5 期。

147. 李昌平:《中国土地流转制度过去、现在和将来》,载《吉林农业》2016 年第 15 期。

148. 张绍阳、刘琼、欧名豪:《地方政府土地违法:财政激励还是引资激励?》,载《中国人口·环境资源》2017 年第 8 期。

149. 陈锡文:《当前我国的农业、农村和农民问题》,载《生产力研究》2005 年第 10 期。

150.《报告:2018 年地方政府对"土地财政"依赖度创新高》,载腾讯房产网,http://www.my68.com/news/201901251202462844180.html。

151.《两会科教界代表委员关注焦点分析》,载中国新闻网,http://www.chinanews.com/cul/news/2010/03-05/2153965.shtml。

152.《走进美国农业:农民占人口不到 1%"门槛"高》,载中国新闻网,http://www.chinanews.com/gj/2013/05-30/4874071.shtml。

153.《我国大陆 2018 年末总人口接近 14 亿》,载新华网,http://www.xinhuanet.com/politics/2019-01/21/c_1210043265.htm。

154. 林小昭:《中国经济 70 年:GDP 从 600 亿到 90 万亿,第三产业逐步成为发展新引擎》,载第一财经网 2019 年 6 月 20 日,http://www.yicai.com/news/100231938.html。

155.《中央深改组会议之后,"三块地"改革试点透露未来信号》,载新浪财经网,http://finance.sina.com.cn/roll/2017-11-25/doc-ifypapmz4950786.shtml。

156. 乔金亮:《农村集体产权制度改革向纵深发展》,载《经济日报》2018 年 6 月 20 日,第 4 版。

157. 经济日报社中国经济趋势研究院:《中国家庭财富调查报告(2017)发布——房产净值成家庭财富最重要组成部分》,载《经济日报》2017 年 5 月 24 日,第 15 版。

158. 江宜航:《余江"宅改"缘何走在全国前列——江西省余江县农村宅

基地制度改革调查报告》,载《中国经济日报》2017 年 9 月 4 日,第 4 版。

159. 许光辉、孙志波:《批不了 管不住 退不出 流不动——河北省农村宅基地管理情况调查》,载《中国国土资源报》2013 年 8 月 31 日,第 3 版。

后　记

本书是本人主持的国家社科基金项目“基于优化乡村治理的农村土地流转研究”的最终成果。作为一个较长时间从事物权制度研究的法学学者,农村土地法律制度设计和土地改革实践一直是本人关注的重点。在长期的关注中认识到,在完成农业社会向工业社会转型之前,乡村社会治理与土地制度之间始终存在密切的内在逻辑关系,社会治理方式的选择、绩效与土地法律制度之间互相依存、密不可分,甚至互为因果。农村土地制度与乡村治理两者到底如何相互作用、作用机理何在,抱着对这一命题的好奇,本人开展了对这个交叉学科命题的研究。本书通过对我国社会治理方式的历史变迁,以及我国土地法律制度的历史变迁,尤其是新中国成立以后两者关系的梳理,显示了这样一条规律:土地制度是整个社会体系的子系统,农民作为土地权利的主人,农民享有土地权利的多少,与农民享有的自由和财富成正比。农村土地法律制度变革,解放农村土地权利,其本质就是“解放”农民、释放农村生产力。我国现在进行的农村土地制度改革,固然是社会的阶段性任务,也是社会发展基本规律的内在要求。农村土地改革的基本规律,就是不断扩大农民享有的土地权利,并且将这种土地权利予以法律化。历史不是简单的已经发生事件的记载,其中的经验教训应当成为我们设计当下各种法律制度的镜子,也是我们审视未来的指针。本书正是在总结历史规律和社会发展趋势的基础上,对我国农村土地法律制度和乡村治理提出自己的观点和看法。

本书的写作周期相对较长,其中一些数据变化比较大,再加上部分数据收集比较困难,未能及时更新最新数据,是本书的一大遗憾和不足。本人学术水平有限,书中诸多不足,敬请同行和读者批评指正。

项目研究得到了研究所同事的诸多帮助。项目能顺利结项也得益于江西省社会科学院科研处同志的无私帮助和支持。法律出版社法治与经济分社的编辑老师对书稿不无巨细地反复修改、校对,并对可能出现的问题提出诸多宝贵建议。在此一并表示诚挚的谢意!

2022 年 1 月